JN025315

中澤 潤/坂本真士

監修

心理学概論 アップデート

古典とその後の研究から学ぶ日常にいきる心理学

天谷祐子/小川健二/古川洋和

編著

ミネルヴァ書房

監修者のことば

　心理学は，ブント（Wundt, W.）がライプツィヒ大学で心理学実験室を開設したこと（1879年）を機に成立したとされる。日本の心理学はそれにわずか遅れ，ブントに指導を受けたホール（Hall, S.）に学んだ元良勇次郎が，1888年に帝国大学文科大学（現東京大学）で精神物理学の講義を開いたことにはじまる。

　その後日本の心理学は大きく発展し，今では「心理学科」「心理学部」を置く大学も数多くあり，教育や発達，産業，健康支援，心理治療，災害の防止や安全対策，ロボティックスなど，その学びの内容は多様となっている。同時に心理学は幅広い教養教育の一つとなっており，多くの大学で心理学概論の授業が行われている。本書は各大学で心理学を教える新進気鋭の方々が，それぞれの専門の研究領域を集成した「心理学概論」である。

　本書の大きな特徴は単なる概論にとどまらず，心理学の各領域で基本となる研究や考え方を“Old”，一方でその後の発展や変貌を“New”で紹介するというかたちで，対比しながら論じていることである。「温故知新」という言葉があるが，この Old と New という対比の形式は，自ずと研究の起源を知ること，そして，それを踏まえたその後の発展の方向を示すものとなっている。本書では，執筆者のみなさんの創意と工夫により，初学者が理解しづらいような複雑な内容や一般化しづらいような内容に対して丁寧な説明がなされており，読み進めていく際のサポートになっている。

　執筆者のみなさんは，各領域で研究を進め，最新の先端知識をもっている方々である。それでいて，各担当領域の基本的な概念や事項，またキーポイントとなる事項に幅広く目を配り，それらを盛り込みながらバランスよく章を構成している。本書のこのような構成は，初めて心理学に触れる人が幅広い知識を得られるのはもちろん，かつて心理学を学んだ人が若い頃に学んだ心理学がどのように変化し，何が今の課題になっているのかを理解するうえでも有益な

ものとなっている。読者のみなさんは Old と New の双方を知ることで，同じく「心」のあり方を研究する心理学の変貌の様子や Old から New へのつながりを感じ取ってほしい。

　心理学の発展は，加速度的に進んでいる。行動遺伝学，進化心理学，行動経済学，文化心理学など，概論書である本書の枠を超える新たな領域も拓かれつつある。本書で学んだことをきっかけに，読者のみなさんが心理学に興味をもち，各領域での新たな New の展開，また新規な領域の開拓に加わっていただくことを期待したい。

2024年2月

監修者　坂本真士・中澤　潤

目　　次

監修者のことば

第1章　心と脳

第2章　認　　知

第3章　学　習

第4章　欲　求

第5章　パーソナリティ

第6章　発　達

第7章　社　会

第8章　臨床——精神病理

第9章　臨床——心理療法

第10章　健　康

心と脳

Introduction：心を生み出す脳

　私たちの多様な心は，脳の活動によって生じています。脳は精神活動，すなわち心の働きを担うという点で，他の臓器とは明確に役割が異なっています。「こころの動き」というどこか曖昧でとらえどころのないものが，脳内の無数の神経細胞の活動という物質的な基盤によって支えられているというのは，とても不思議なことのように思われます。

　心と脳の関連性については古くは19世紀から研究がされてきました（Old 1 参照）が，近年の脳の計測技術，特にヒトを対象として脳を傷つけることなくその活動を頭の外から計測できる方法（「非侵襲計測法」と呼びます）の進歩により，心と脳の関係性が徐々に明らかになりつつあります。このような心と脳の関係を調べる学問は，「認知神経科学（cognitive neuroscience）」，あるいは「認知脳科学（cognitive brain science）」と呼ばれています。本章ではまず「心理学と脳計測法」として，心と脳の関係を調べる方法論について解説します。次に具体的なテーマとして「自己と身体イメージ」および「社会的な認知機能」をとりあげます。この2つは古くから脳損傷の症例によって報告されてきましたが，近年の脳活動を可視化（イメージング）する方法に支えられて認知脳科学のなかでも特に発展している分野です。

　心理学研究室は日本では文学部に設置されていることが多いので文系ととらえられていますが，なかでも実験心理学は科学的方法を用いて研究を進める点ではむしろ理系に近いといえます。特に心理学と脳科学は，近年ますますその垣根がなくなってきていると感じます。筆者自身も大学では心理学を専攻するか生物学（脳科学）を専攻するかで悩んだ末に後者に進んだのですが，現在は大学の心理学研究室に籍を置いています。また特に認知心理学はもともと脳科学に近い分野ですが，近年では発達心理学や社会心理学等も脳科学と連携した研究が盛んになされているところです。心の働きを解明する心理学のツールとして脳研究を活用するという考え方がこれからは重要ではないかと個人的には感じています。

Old1 心理学と脳計測法

1 心と脳の関係を調べる3つの方法

　心と脳との関連を調べる方法として，大きく3つの方法があげられます。1つ目は事故や脳卒中などで脳を損傷した患者さんの知覚や行動がどのように変化するかを調べる方法です。このような学問のことを「神経心理学」と呼び，古くから神経外科や内科の現場で調べられてきました。神経心理学は長い歴史をもち，古くは19世紀の脳の言語野（発見者の名前にちなんで「ブローカ野」と呼ばれます）（図1−1）の発見にまでさかのぼります。2つ目の方法は，脳に直接電極を刺し，神経細胞の活動を記録する方法です。この方法は脳を傷つけてしまうため，主にラット，ネコ，サル等の実験動物を用いて行われてきました。3つ目の方法は，ヒトの脳を傷つけることなく（非侵襲で）計測する方法です。これによって健常被験者の脳の活動や構造を生きたまま可視化することが可能になりました。最近はテレビ等でも脳のある部位が光っている（わかりやすく「活性化している」と表現されることもあります）画像を見ることが多いと思いますが，このように脳活動を容易に可視化することが可能になったのはここ20年ほどのことです。ただし脳が光っている画像は脳が実際に光っているところをカメラで撮影しているわけではなく，複雑な信号処理，画像処理，さらに統計処理の結果を擬似的に色づけして表現しているという点には注意する必要があります。なぜなら，複雑な分析の手順を誤ってしまうと，間違った（しかし一見それらしい）結果を導き出してしまうこともあるからです。

2 脳と機能局在性

　脳は場所によって異なる認知機能を担当していることが知られています。大脳皮質は大きく前頭葉，頭頂葉，側頭葉，後頭葉の4つに分けられます（図1−1）。まず，後頭葉は眼から入力された視覚情報の処理に関わることが知ら

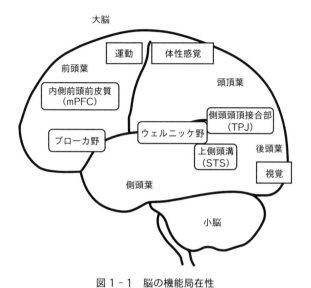

図 1 - 1　脳の機能局在性

れています。次に頭頂葉は，後頭葉で処理された視覚情報あるいは他の感覚情報を利用して自分の周りの空間を認知し，適切な運動を計画する機能に関わっています。一方で側頭葉は，視覚や聴覚等から入力された情報を使って物体の認知や意味の処理を担っています。さらに前頭葉は，意思決定や判断といった総合的な高次認知機能に関わっています。また頭頂葉と前頭葉の境界領域は，それぞれ運動と体性感覚の処理に関わっています。このように場所によって異なる認知機能を担っている性質を，脳の「機能局在性」と呼びます。

3　脳の計測：構造と活動

　脳を計測する対象には2つの種類があります。1つは脳の構造（形態）を測る方法，もう1つは脳の活動（機能）を測る方法です。おおまかに言って前者は脳のハードウェアとしての性質を，後者はソフトウェアとしての性質を測っているとたとえられるかもしれません。

4　脳の構造の可視化（VBM）

　まず脳の構造を見てみると，脳は大きく神経細胞の本体（細胞体）がある灰白質と，神経線維（軸索）の束が走っている白質から構成されています。この灰白質の容量を磁気共鳴画像法（magnetic resonance imaging：MRI）の画像から定量的に測る方法は，ボクセルベース形態計測法（voxel-based morphometry：VBM）と呼ばれます。灰白質の容量を測ることで，ある脳部位（たとえば言語野）の大きさを個人ごとに知ることができます。従来の MRI 画像診断では，脳腫瘍等の目で見ても明らかにわかる変化が対象とされてきました。一方でVBM では，一見目で見てもわからないような違いをコンピュータの詳細な画像解析技術によって半ば自動的に検出することが可能です。これは，MRI の画像計測技術の進歩に加えて，コンピュータの処理能力の向上が可能にした結果です。

　VBM によって，個人差に関わるような脳の構造の違いも報告されています。古典的な研究として，ロンドンのタクシードライバーの海馬後部の容量が，普通のヒトに比べて大きい点が報告されています（Maguire et al., 2000）。またその大きさは，ドライバーになってからの年数が長いほど増大していました。海馬は空間的記憶を司る場所ですので，おそらくドライバーの運転経験によって脳構造が変化した例といえます。このような経験年数の差も，脳の細かな構造に反映されているのです。ただこのように脳構造の違いと心的機能との関連を調べる研究は，21世紀の「骨相学」と揶揄されることもあります。骨相学とは，19世紀初頭に流行した個人の頭蓋骨の形状の違いと個人の気質を対応づける考えですが，現在では似非科学とされている学問です。脳研究者は，単に表面的な相関関係に満足することなく，なぜその脳構造が認知機能を決めるのか，そのメカニズムまで踏みこんで考察していくことが重要でしょう。

5　脳の配線の可視化（DTI）

　同じく MRI を使って，白質（神経線維）を画像化する方法もあり，拡散テン

ソル画像法（diffusion tensor imaging：DTI）と呼ばれています。白質を測ることで，脳部位間のつながり具合，すなわちネットワーク構造を知ることができます。DTI は脳内の水分子の運動を利用して，神経線維の走行方向を計測しています。具体的には，脳内の水分子は何もない空間ではバラバラな方向に拡散運動しています（ちょうど水の上に浮いた花びらのような動きです）。しかし神経線維が走っていると，その走行方向に拡散しやすくなります。なので，水分子の運動の偏り具合を計測することで，その背後にある神経線維の走行方向を間接的に知ることが可能なのです。

　実際に DTI を使った研究で，ヒトでは言語の理解に関わる側頭葉のウェルニッケ野（図 1-1）と前頭葉のブローカ野を結ぶ弓状束と呼ばれる神経線維の束が，ヒト以外の霊長類（チンパンジーとマカクザル）と比べて発達していることが明らかになっており，ヒトの言語進化の基盤ではないかと提案されています（Rilling et al., 2008）。これら灰白質を測る VBM，白質を測る DTI は，被験者に MRI のなかで10分程度じっとしていてもらえれば手軽に計測することができます。

6　脳活動の可視化（EEG と fMRI）

　脳の構造の理解に加えて重要なのは，脳の活動（機能）を測ることです。これは構造の計測とは異なり，被験者に何らかの課題を行ってもらい，その際の脳活動を計測することになります。

　ヒトの脳活動を測る方法として代表的なものに脳波（electroencephalogram：EEG）があります。脳波とは，神経細胞の集団的活動を頭皮上に配置した電極から間接的に計測するものです。脳波は心理学で長い歴史をもつ方法ですが，空間解像度が悪い，すなわち脳のどこが活動したのかを特定するのが困難だという問題がありました。このような問題点を克服できる方法として，機能的磁気共鳴画像法（functional magnetic resonance imaging：fMRI）が1990年代から使われはじめました。fMRI も前述の MRI の原理を利用します。具体的には，MRI を使って脳活動に伴う血流の変化を計測する方法です。まず脳のある場

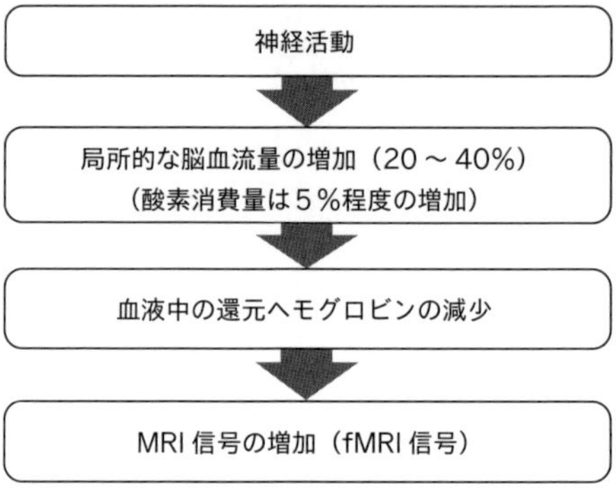

```
┌─────────────────────────────┐
│          神経活動            │
└─────────────────────────────┘
              ▼
┌─────────────────────────────┐
│ 局所的な脳血流量の増加（20 ～ 40％） │
│ （酸素消費量は5％程度の増加）     │
└─────────────────────────────┘
              ▼
┌─────────────────────────────┐
│    血液中の還元ヘモグロビンの減少    │
└─────────────────────────────┘
              ▼
┌─────────────────────────────┐
│   MRI 信号の増加（fMRI 信号）    │
└─────────────────────────────┘
```

図 1-2　fMRI で脳活動を測る原理

所の神経細胞が活動すると，そこに多くの酸素が運び込まれるために血流が一過的に20～40％ほど増加します。しかし酸素消費量自体は5％ほどの増加にすぎないため，結果として酸素が供給過剰の状態になります。血液中で酸素の運び手はヘモグロビンですが，酸素と結合している状態（酸化ヘモグロビン）と結合していない状態（還元ヘモグロビン）になります。この還元ヘモグロビンは周囲の磁場に影響を与えることで，MRI 信号を弱める性質があります。よって脳活動により酸化ヘモグロビンが増え，還元ヘモグロビンが減ることで，見かけ上の MRI 信号の増加が見られます。この違いを計測することで，脳のどこで神経活動が生じたかを調べることができるのです（図1-2）。このような神経活動に付随した複雑な代謝変化を計測することで，fMRI は間接的に脳の活動場所を特定することが可能になるのです。fMRI を使うと，数ミリの精度で正確に脳の活動場所を知ることができます。このような性質により，fMRI は認知脳科学の発展を支えるとともに，心を調べるツールとして非常にポピュラーな方法となっています。ただし fMRI は脳波に比べて時間解像度が悪い，すなわち神経活動の発生したタイミングを正確に知ることができないという問題点があります。よって，目的とする心理学的な問いに応じて，脳計測の方法を柔軟に選択する，あるいは組み合わせて使うことが重要です。

◯Old2　自己と身体イメージ

1　自己という概念

　「自分とはなにか」という問いは，古くは哲学や宗教等で扱われてきたテーマです。この自己意識という感覚も実は脳が生み出したものであり，その証拠に古くから脳損傷による自己意識の不全が知られています。また自己という感覚は，自分の身体イメージとも密接に関連しています。私たちの脳は身体を通して常に多くの運動情報と感覚情報を受け取っていますが，特定の感覚入力が自分の運動の結果として生じたものなのか（フィードバック情報，または再求心性入力と呼びます），あるいは他人が生成したものなのかを容易に区別することができます。このような自分と他人の区別，すなわち自他分離の能力は，自身の主観的な身体感覚，さらには「自己」という概念を構成する基盤であると考えられています。

2　身体に関わる自己

　自己と関連した身体運動に対する感覚として，運動主体感（sense of agency）と身体所有感（sense of ownership）の 2 種類が提案されています。運動主体感とは，自分が知覚している（たとえば眼で見た，あるいは身体で感じた）運動を，自分自身が生じさせたものだと感じとる主観のことで，自分の身体だけでなく使い慣れた道具（たとえばコンピュータのマウスカーソル）に対しても生じるものです。一方で身体所有感とは，感じている身体が自分自身のものであると認識する主観のことで，必ずしも運動を伴わない受動的な体験によっても生じるものです。この運動主体感と身体所有感は，身体に関する自己意識を生成する基盤だと考えられています。またこの機能には頭頂葉が関わっており，頭頂葉は身体の状態を常にモニタリングすることで自己の身体イメージを生み出していると考えられています（Tsakiris, 2010）。

3　身体意識の変容①：病態失認

　このような自分の身体に関する自己という感覚は，私たちの日常生活ではほとんど意識することがないかもしれませんが，脳が生み出している重要な感覚です。その証拠に脳が障害を受けると，身体の自己意識に異常が生じることが知られています。たとえば，主に右半球の頭頂葉の損傷によって，病態失認（anosognosia）という症状が生じます（Aglioti et al., 1996）。これは，自分の左半身の身体が麻痺して，それが自分の身体だということを否認し，代わりに他人の身体（たとえば，奥さんの手）だと主張するという奇妙な現象のことです（この症状を特に「身体パラフレニア（somatoparaphrenia）」と呼びます）。この現象は，主に頭頂葉で生み出されている自己身体のモニタリングの機構，すなわち正常な身体所有感が失われたために生じたものだと考えられます。

4　身体意識の変容②：他人の手症候群

　また同じく頭頂葉損傷や統合失調症の患者さんでは，自分が起こした運動と他人の運動とを区別することが困難になることも知られており，「他人の手症候群（alien hand syndrome）」と呼ばれています（Daprati et al., 1997）。これは，自分の運動意図とその運動結果とを正しく結びつけることができなくなったことによって，運動主体感の不全が生じたためだと考えられています（Frith & Done, 1989）。さらに統合失調症では運動だけでなく，自分の言葉を他人が発したものだと感じてしまうこと（幻聴の一種）や，自分の思考が他人に読み出されている，あるいは操られていると感じる症状（思考察知・操作）も生じます。これらの症状も広く自己モニタリングに関わる神経機構の障害だとされています（McGuire et al., 1996）。統合失調症の原因となる脳の障害についてはまだ未知の部分が多いですが，おそらく脳内のネットワーク，特に前頭葉と頭頂葉との結合が弱くなっており，それによって自己の意図と感覚入力とを結びつけることができなくなっているという説があります（Frith et al., 2000）。

5　身体意識の変容③：自己身体部位失認

　また主に左半球の頭頂葉の障害によって生じる自己身体部位失認（autotopagnosia）や他者身体部位失認（heterotopagnosia）という症例も知られています（Ogden, 1985）。自己身体部位失認とは，自分の身体を自分で正しく指し示すことができなくなる状態であり，自分の身体に関する知識（「身体図式」と呼びます）の異常によって生じると考えられています。一方で他者身体部位失認では，自分の身体を指し示すことはできますが，他者の身体に対しては（たとえば相手の肩を指さしてくださいと言った場合），それができずに自分の肩を指さしてしまうという現象が見られます（Degos et al., 1997）。この場合，自分の身体と他人の身体との区別がつかなくなってしまっている状態であると考えられます。このような自他分離の不全は，New 3 で扱う「ミラー・システム」とも関連しています。すなわち自己と他者に関する脳内表現が一部オーバーラップしたものであるために生じた現象といえます。このような一見奇妙に思える損傷の症例は，脳と自己についての関係性を知る重要な手がかりとなるのです。

Old3　社会的な認知機能

1　社会性と前頭葉

　私たちヒトは社会的な動物だとよく言われます。従来の認知脳科学では，主に知覚，運動や記憶・学習などの基礎的な認知機能が研究対象とされてきました。一方で近年は，社会的な認知機能に関する研究も多くなされてきています。

　脳と社会的認知に関する古典的な研究としてよく知られているのが，フィネアス・ゲージ（Phineas Gage）の例です（Damasio et al., 1994）。ゲージは土木作業中の事故で鉄の棒が前頭前野を貫通しました。奇跡的に一命はとりとめ，また左眼は失明したものの，運動や言語といった基本的な認知機能は正常に保た

れていました。しかし社会的能力に大きな問題をかかえ，損傷前は真面目で勤勉でしたが，損傷後は幼稚で無責任で不注意な状態が目立つようになりました。

また1940年代には，精神疾患の治療として前頭葉を他の脳部位から切り離す「ロボトミー」という手術が行われたことがあります。具体的には，前頭葉と他の皮質連合野および視床等の脳深部の神経核を結ぶ連絡線維を外科手術によって広範囲に切断する方法ですが，これにより患者は一見おとなしく安定した精神状態になります。しかし，不安や強迫症状などが軽減したかわりに，パーソナリティの浅薄化や抽象的思考力や判断力・自発性・感受性，あるいは抑制力の低下等が見られました（丹羽，1988）。これらの例は，前頭葉が人間的な営み，特に社会性に関連している古典的知見といえるでしょう。

2　自閉症スペクトラム障害

また社会的認知の障害として，自閉症スペクトラム障害が知られています。自閉症スペクトラム障害の特徴として，1つ目に対人相互作用の障害があります。すなわち他人とのやりとりや関わりあいが困難であり，他人と視線を合わせられない，身振りや表情を使った感情のやりとりが難しい等があります。2つ目はコミュニケーションの障害です。「言葉通り」にしか理解できないため，冗談や皮肉を理解するのが困難な点があります。3つ目は行動や興味の対象が限定的，または反復的である点です。具体的には，家から学校まで必ず同じ道を使う点や，手をひらひらさせて眺めるといった行動がよく知られています。このなかでも，社会的認知の不全については近年の脳科学からも精力的に調べられています。

*

以上ここまでは心と脳の関係について，その研究手法を解説した後で，主に古典的な神経心理学，特に脳損傷や精神疾患の症例研究を通して紹介してきました。一方で近年めざましいものとして，脳イメージング技術の発展があげられます。fMRI に代表される健常者を対象とした非侵襲の脳イメージングが可能になったことにより，より詳細に心と脳の関係性が明らかになりつつありま

す。認知脳科学は発展途中の分野ですのでまだ未知の部分も多いですが，以降のトピックでは現時点での最先端の内容について紹介していきたいと思います。

○New1　心理学と脳計測法

1　脳からの情報解読（デコーディング）

　心理学と関連する脳計測法について，近年注目されているトピックを3つ紹介します。それは「脳情報の解読」「脳情報の実時間利用」そして「安静時脳活動」です。

　1つ目は，脳からの情報解読技術です。従来の fMRI 分析では，ある実験課題や認知機能に付随した脳活動の変化を計測し，実験変数（刺激や行動）からの予測に合う脳活動部位を（回帰分析という統計的手法を使って）見つけるという作業を行っていました。すなわち実験要因が独立変数であり，脳活動が従属変数であったわけです。またこの方法は，脳活動によって実験変数がどのように符号化されているかを分析している点で，符号化（エンコード）モデルと呼ばれます。一方で近年は，脳活動から実験要因を逆に解読する方法が盛んになっています。すなわち従属変数と独立変数が逆の関係になり，脳活動が独立変数，実験要因が従属変数となるわけです（図1-3）。このような分析は，脳情報から実験変数を読み出すという意味で，脳情報解読，あるいは復号化（デコーディング）と呼ばれます。fMRI の空間解像度の単位はボクセルと呼ばれます（ピクセルは2Dですが，ボクセルはその3D版です）。従来の分析では個々のボクセルの活動値を個別に分析してきました。一方，脳情報デコーディングでは，複数のボクセルの活動を多変量解析の方法を使ってまとめて分析します（小川，2011）。この際使われるのが工学分野で用いられてきた機械学習の方法です。コンピュータに知的な作業，たとえば手書き文字の識別や音声の認識をさせることを機械学習，特にパターン認識と呼びますが，このパターン認識の技法を使ってボクセルの活動パターンから，そのヒトの脳の状態を読み取ろう

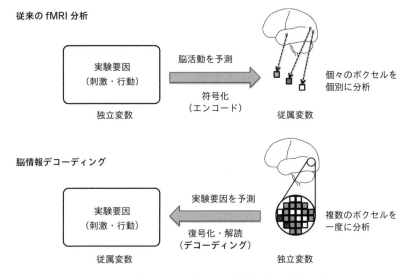

図 1 - 3　従来の fMRI 分析法と脳情報デコーディング

とするのが，脳情報デコーディングです。

　この方法を使って，まず2005年には被験者がどちらの傾き方向の線分を見て
いるかを視覚野の活動パターンから読み出すことに成功しています（Kamitani
& Tong, 2005）。また，2008年には被験者が見ている文字の解読（Miyawaki et
al., 2008），2011年には動画の再構成（Nishimoto et al., 2011），さらに2013年には
夢の内容まで解読できたという研究（Horikawa et al., 2013）も出てきています。
このような方法が発展すると，自分でも気づいていないような心の動きを脳活
動から読み出して知ることが可能になるかもしれません。ただこのような脳情
報の解読には倫理的な問題があり，脳神経倫理学（ニューロエシックス）とい
う学問も近年議論されています。

2　リアルタイム処理とニューロフィードバック

　2つ目は，脳計測の実時間（リアルタイム）処理の技術です。最近の計測技
術や分析法の進歩によって，fMRI の脳計測結果をリアルタイムに得ることが
可能になってきています。そこでこの脳活動を被験者自身にフィードバックし，

その活動を望ましい方向へと変化させるという方法が試されてきています。これはニューロフィードバックと呼ばれる方法ですが，いわば本当の意味で「脳を鍛える」方法といえるかもしれません。たとえば実際には身体を動かさずに運動のイメージだけを行うと，実際に運動するのと同じ脳の場所（運動野）が活動することが知られています。ただし，その活動は実際に運動するときに比べると微弱なものです。そこで運動イメージ時の脳活動を実時間で被験者本人に提示することで，イメージをより活発化させ脳活動を増加させることができる点が示されています（deCharms et al., 2004）。さらに運動障害であるパーキンソン病の患者さんに対してニューロフィードバックによって運動野の活動を高めると，運動不全がある程度改善されたという報告もあります（Subramanian et al., 2011）。また先ほど紹介した脳情報デコーディング法と組み合わせることで，より詳細な脳状態を訓練することも可能です。たとえば視覚野の特定の傾き方向に対する感度を，ニューロフィードバックによる訓練で選択的に上昇させることができることも知られています（Shibata et al., 2011）。

3　ニューロフィードバックの応用

　このようなニューロフィードバックは，生理心理学や臨床心理学で従来からあるバイオフィードバックと同じ考え方です。バイオフィードバックとは，心拍・筋電・脳波等の生理指標を，被験者にフィードバックして自身でコントロールできるようにする方法です。一方で近年のニューロフィードバックは，fMRI を利用することで空間的により詳細な脳情報をフィードバックできるという利点があります。ニューロフィードバック研究はまだはじまったばかりですが，正常な認知機能の向上のみならず，精神・神経疾患等の治療に対しても大きな応用可能性を秘めています。また脳活動を実時間で利用してロボットやコンピュータを操作するブレイン・マシン・インタフェース（BMI），あるいはブレイン・コンピュータ・インタフェース（BCI）という SF のような技術の実現も，近年急速に現実味を帯びてきています。このような心の状態をリアルタイムに可視化して利用するという技術によって，逆に脳自体がどのように

変化していくのかを調べることも興味深いテーマです。

4　何もしていないときの脳活動

　3つ目は，安静時脳活動です。実験心理学の父といわれるジェームズ (James, W.) は1890年に「我々の知覚の一部分は外界からの感覚に由来するが，他方（そしてそれはもっと大きな部分を占める）はつねに我々の頭の中から生じている」という言葉を残しています (Raichle, 2010)。また脳波の発見者ベルガー (Berger, H.) は1929年に「脳活動は寝ているときでもつねに活動しており，心的（意識的）活動は，それに対して少ししか影響を与えない」と述べています (Raichle, 2011)。すなわち先人達は，安静時の脳活動の重要性をすでに見抜いていたといえます。従来の脳機能イメージングの実験では，被験者がなにかの心理学的課題を行っている際の脳活動を測定してきました。一方で最近では，ヒトがなにもしていないときの活動にも注目が集まっており，「安静時 (resting-state)」の脳活動や「デフォルト・モード (default-mode)」の脳活動と呼ばれています。このような安静時の脳活動は，以前は単なるノイズだと思われてきました。しかし詳細な分析の結果，このような安静時活動が意味をもつものだということが明らかになってきたのです。

　脳は体重のわずか約2％ですが，エネルギー消費は約20％を占めます。また知覚や思考等の意識的な認知活動に関わるエネルギー消費の増加は5％以下であることも知られています (Raichle, 2009)。実際に被験者が認知課題を行った際に，fMRI で計測する脳活動の信号変化率は大きくても1％程度にすぎません。すなわち大半の脳活動は無意識的に使われていることになります。

5　安静時脳活動の役割

　このような安静時脳活動は，自己内省 (self-reflection)，すなわち自分が過去にしたことを想起することや，自分の身体や感情の状態についての考えに関連するものだと考えられてきました (Moran et al., 2013)。しかし近年ではより多くの認知機能を反映することも示されており，たとえば自閉症スペクトラム

障害における「社会性の障害」と安静時脳活動に関連がある点も示唆されています（Kennedy et al., 2006）。また脳が発達するにつれて安静時脳活動も変化することが知られており，安静時脳活動から実年齢を当てることができた研究もあります（Dosenbach et al., 2010）。「私たちの意識に上る活動は氷山の一角である」とは，古典的なフロイトの精神分析における考えですが，最新の脳科学はある意味これを支持しているといえるかもしれません。ただし安静時脳活動の役割についてはまだ未知の部分が多く，現在精力的に研究されている最中です。

New2　自己と身体イメージ

1　運動制御と自己感覚

　先に紹介した古典的な症例研究に加えて，近年は運動制御理論や脳イメージング研究により，自己と身体イメージを生み出す脳内機構が明らかになってきています。

　自己と身体イメージについて，近年は特に運動制御の分野から説明するモデルが提案されてきています。私たちは普段，自分の身体を思い通りに動かすことができますが，これは脳が過去の経験情報から運動を学習している結果です。たとえば眼の前のコップに手を伸ばすという簡単な動作1つをとってみても，眼から入ったコップの位置の視覚情報を，適切な手腕の筋肉の運動指令の情報に変換する必要があります。これをヒューマノイドロボットで実装しようとすると，実は複雑な方程式を計算する必要があるのですが，ヒトはどのように筋肉を動かしたらよいかなどと意識的に考えることなく素早く手をコップまで動かすことができます。これは脳のなかに視覚から運動への変換器が存在しており，その変換器が自動的に目的の運動を生成しているためです。この変換器は「内部モデル」と呼ばれており（内部とは脳内にあるという意味です），運動指令から視覚情報に変換するモデルは「順モデル」と呼びます。一方で，視覚情報から運動指令に変換するモデルを「逆モデル」と呼びます。このような順逆の

内部モデルによって，視覚と運動との対応づけが自動的に計算され，ヒトの素早い動作が実現できているのです（今水，2001）。

2　内部モデルと脳内シミュレーション

またこの内部順モデルは，自分の運動指令の結果どのように手が動くかという予測にも使うことができます。すなわち，実際の運動を脳内でシミュレーションすることができるのです。これが身体運動の内的なイメージであると考えられています。またこの順モデルによる予測と，実際に運動した後に受容される感覚フィードバックが比較されて，これが一致している場合に自分の運動であると判断されます。すなわち，運動結果の予測誤差が小さいものは自分の運動，すなわち運動主体感を生じさせるのです。たとえば，自分を自分でくすぐってもくすぐったくないという現象がありますが，これは自分でくすぐった場合にはその結果を順モデルで予測できるために，感覚情報（くすぐったさ）がキャンセルされているためと提案されています（Blakemore et al., 1999b）。実際に fMRI で脳活動を計測してみても，自分でくすぐる場合に比べて，他人がくすぐったほうが触覚を扱う二次体性感覚野の活動が高いという報告もあります（Blakemore et al., 1998）。またこのモデルに基づくと，先に紹介した統合失調症の「他人の手症候群」は，順モデルによる予測と実際のフィードバックの誤差を実際よりも大きく評価しているため，自分の運動を他人の運動だと感じてしまう現象ではないかと提案されています（Blakemore et al., 2003）。このように自己の身体意識を運動制御のモデルから説明するという考え方が近年の主流になっています。

3　内部モデルの脳内基盤

内部モデルの神経基盤について，逆モデルはおそらく小脳に獲得されていることが数々の脳イメージング（fMRI）研究から明らかにされています。小脳は大脳の下後方に位置する脳部位で，運動の調整に関わっています（図1-1）。たとえば複雑な運動スキルを身につける場合，学習に対応して小脳の一部の活

動が上昇することが知られており，これが内部モデルを反映する活動だと考えられます（Imamizu et al., 2000）。また自分で自分をくすぐった場合にも，小脳の内部モデルが結果を予測することで，感覚野に対してくすぐったさを抑えるキャンセル信号を送っているという考えもあります（Blakemore et al., 1999a）。ただし順モデルについては，その神経機構は未知の部分が多く，前頭葉から頭頂葉の回路がその役割を担っているとする説（Mulliken et al., 2008）も有力です。

4　身体所有感と体外離脱体験

　一方で身体所有感についても，その脳内機構が提案されてきています。1つ手がかりとなる現象は，「体外離脱体験（out-of-body experience：OBE）」です。体外離脱体験は古くから臨死体験の一部として知られており，ともすればオカルト的な話だととらえられていましたが，近年は真面目な認知脳科学の研究対象となっています。体外離脱体験では，寝ているとき実際の体から自分の身体のイメージが抜け出ていって，上から自分を見下ろしているような錯覚が生じます。つまり体外離脱では，物理的な体から身体イメージが抜け出て，離れたところに視点が移動して，そこから自分を見ているという状態が起きるのです。この体外離脱体験を人工的に生み出すことに成功したという研究があります（Blanke et al., 2002）。この研究では，側頭葉と頭頂葉との接合部（temporo-parietal junction：TPJ）（図1−1）に電気刺激を与えると，体外離脱を生じるというものです。TPJは頭頂葉のなかでも，視覚・体性感覚・前庭感覚等の多種の感覚情報が集まってくる場所です。すなわちTPJを阻害することで，自己の身体の統一性に異常が生じて，ばらばらな身体（すなわち自分が見ている身体と，感じている身体）が生じてしまうというのです。これはまた，自己の身体の保持が脳の特定の場所の機能によって支えられている根拠ともいえるでしょう。

■New3 社会的な認知機能

1 社会脳

　近年の脳イメージングの発達により，従来の動物実験では調べられてこなかった認知機能の神経基盤も研究されてきました。その1つは言語ですが，もう1つは社会的認知に関するもので，社会認知神経科学（social cognitive neuroscience）という大きな分野を構成しています。近年の研究から明らかになった社会的認知に関わる脳領域は，「社会脳（social brain）」と呼ばれています（小川，2014）。

　社会脳を構成する脳部位として，まず上側頭溝（superior temporal sulcus：STS）（図1-1）があげられます。STSは主に視覚野からの情報を受け取る場所ですが，視覚情報から他者の存在（意図性）を検出する機能をもっています。たとえばヒトの動作はバイオロジカル・モーションと呼ばれ，光点のみでその動きを表現した際にも，鮮明に人間の動きを感じ取ることができることが知られていますが，STSはこの機能に関わっています（Grossman et al., 2000）。また他人の視線を読むという能力も，STSの機能だと考えられています（実際STSには他者の視線方向に選択的に応答する神経細胞も見つかっています）。このような機能からSTSを他者の「意図検出器」とする提案もあります。また社会脳ネットワークの核となるのは，前頭前野です。Old 3で前頭前野が社会認知と関わっている古典的知見を紹介しましたが，近年は脳イメージング研究からもその知見が支持されてきています。特に前頭前野の内側面（medial prefrontal cortex：mPFC）（図1-1）は他者の心的状態を推測する機能，すなわち「心の理論」に関わっている点が，数多くの研究から示唆されています（Amodio & Frith, 2006）。

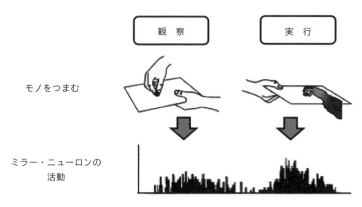

図 1 - 4　ミラー・ニューロン

注：ある特定の行為（たとえば「モノをつまむ」）を自分自身で実行する際にも，他人
　が同じ行為を実行しているところを観察したときにも発火する神経細胞（ニューロ
　ン）を「ミラー・ニューロン」と呼ぶ。
出所：Rizzolatti et al., 1996 より作成

2　ミラー・システムと身体化による認知

　このような社会脳とは別に社会認知研究に関する大きな流れとして，近年
「ミ ラ ー・シ ス テ ム（mirror system）」が 重 視 さ れ て い ま す（Rizzolatti &
Fabbri-Destro, 2008）。これは他人を理解するという機能が，自分の脳で同じこ
とを追体験（シミュレーション）することで実現されているという考え方です。
前述の社会脳をどちらかというと「理論的に他者を理解する」過程だとすると，
ミラー・システムとは「体感的に他者を理解する」と言ってもよいかもしれま
せん。このミラー・システムは，1990年代のサルでのミラー・ニューロンの発
見に大きな影響を受けています。ミラー・ニューロンとはサルの運動前野で見
つかった神経細胞で，サルがある動作（たとえばエサをつまむ）を行う場合だ
けでなく，同じ動作を他者が行っているのを見たときにも応答するものです
（図 1 - 4 ）（Rizzolatti et al., 1996）。ミラー・ニューロンの存在は，他者の行為を
自分が実行するニューロン（神経細胞）を使って認識しているという考え方を
示唆し，この考えは「身体化による認知（embodied cognition）」と呼ばれてい
ます。またヒトの脳イメージングでも，従来は運動の実行のみに関わると思わ

れてきた運動関連領域（運動前野と頭頂葉）が，他者の行為を観察するだけでも活動することがわかってきました（Iacoboni & Dapretto, 2006）。これはヒトのミラー・システムと呼ばれています。

　また運動だけでなく，触覚や感情に関するミラー・システムも知られています。たとえば，他人が触られているのを見ただけで，触覚処理に関わる二次体性感覚野が活動することが報告されています（Keysers et al., 2004）。実はこの二次体性感覚野は，先に紹介したくすぐり実験で主観的なくすぐったさを反映した場所です。すなわち二次体性感覚野は，物理的な刺激の強さではなく，主観的に感じる刺激を表現しているといえるでしょう（一方，触覚処理のより前段階である一次体性感覚野では，主に物理的な刺激の強さを反映しています）。また痛そうな写真（注射針が腕に刺さっている写真）を見ると，自分も痛いかのように感じると思いますが，実際に脳の痛み中枢と呼ばれる場所（前帯状皮質）が活動していることがわかっています（Ogino et al., 2006）。すなわち他者の経験をあたかも自分のことのように脳内で追体験することで，他者の痛みを理解しているのです。

3　マインド・ブラインドネス仮説と壊れたミラー仮説

　また先に紹介した自閉症スペクトラム障害の社会認知障害ですが，近年その原因として２つの仮説が提案されています。１つは「心の理論」の障害であり，「マインド・ブラインドネス仮説」です（Baron-Cohen, 2009）。これは主に心の理論に関わる脳部位の不全によって，自閉症の社会機能不全が生じるとするものです。もう１つは，「壊れたミラー理論（broken mirror theory）」です（Ramachandran & Oberman, 2006）。これは前述の社会的認知に関わるミラー・システムの不全に起因するというものです。私たちが他者の運動を見た際にはミラー・システムが活動することは前述のとおりですが，実際に自閉症児ではミラー・システムの活動が小さいことが示されています。fMRI研究から，他者の表情の模倣時に，自閉症群では健常群に比べてミラー・システムの活動低下が報告されています（Dapretto et al., 2006）。また脳波を使った研究からも，

健常児に対して自閉症児では他者の動作を観察したときにミュー波抑制という現象が小さいことが報告されており，これは運動野のミラー・システムの活動低下を反映しているとされています（Oberman et al., 2005）。しかし最近のfMRI 研究から，自閉症群において正常なミラー・システム特性が見られるとの報告（Dinstein et al., 2010）もあります。自閉症とミラー・システムとの関連については論争が多く（Southgate & Hamilton, 2008），近年の社会認知神経科学における一大テーマとなっています。

第 1 章のまとめ

　本章では心と脳に関する研究について，主に脳損傷の研究に基づく古典的な知見から，最新の脳イメージング等を使った研究までを概説しました。私たちの複雑な心を生み出す脳はミステリアスな存在ですが，実は一つひとつの神経細胞の動作原理は，長い神経科学の歴史のなかで比較的詳しく調べられています。簡単に言えば，1 つの神経細胞がやっていることは，他の神経細胞からの入力信号を受け取り，その総和が一定値（閾値）を超えると別の神経細胞へと出力信号を送るという，単純なバケツリレーにすぎません。神経細胞の挙動から，私たちの精神活動，さらには意識がどのように生じるかという問題は「心脳問題」と呼ばれ，古くて新しい問題です。脳と意識に関する研究についてはここでは述べることができませんでしたが，心と脳の問題を扱ううえでももっとも難しいテーマといえるかもしれません。また近年は，ニューロフィードバックやブレイン・マシン・インタフェースのように，脳科学が基礎研究にとどまらず，社会に対して役に立つ学問としての役割も見えてくる時代になってきました。これからの心理学と脳科学の発展については予測不可能ですが，社会への応用可能性という意味でも多大な可能性をもっている分野といえるでしょう。

神経細胞（ニューロン）

　脳内での情報の処理および伝達に関連する細胞。大きく樹状突起，細胞体，軸索から構成される。樹状突起上にあるシナプスから他の細胞からの入力を受け取り，軸索を通じてまた別の細胞へと信号を出力する。

ブローカ野とウェルニッケ野

　ヒトの言語処理に関連する脳部位（言語野）で，右利きの人では通常脳の左半球に存在する。主にブローカ野は言語の産出（発話），ウェルニッケ野は言語の理解に関わる。そのためブローカ野を運動性言語野，ウェルニッケ野を知覚性言語野と呼ぶこともある。

独立変数と従属変数

　ある変数Xが別の変数Yに対して影響を与える場合，Xを独立変数（または説明変数），Yを従属変数（または依存変数）と呼ぶ。たとえばある心理学実験により，単語の提示回数の違いによる記憶成績への影響を調べたい場合，提示回数が独立変数，記憶成績が従属変数となる。

文献案内
――さらに詳しいことを学びたい人に――

---

1 カーター，R.（著）養老孟司（監修）（2012）ビジュアル版　新・脳と心の地形図　原書房

　脳と心との関係について，その発達から，知覚，感情，記憶，意識といったテーマについて，美しいイラストとともにわかりやすく書かれている。

2 村上郁也（編著）（2010）イラストレクチャー認知神経科学――心理学と脳科学が解くこころの仕組み　オーム社

　上記の本と比べるとより専門的な内容で，認知神経科学の最先端の研究内容がイラストとともにわかりやすく説明されている。

3 開　一夫・長谷川寿一（編）（2009）ソーシャルブレインズ――自己と他者を認知する脳　東京大学出版会

　最近特に研究が進んでいる社会脳科学に関する研究について，その分野の専門家による詳しい解説がなされている。

認　知

Introduction：何を明らかにするのか

　心理学は「心の科学」としばしば表現されますが，みなさんは「心」をどのようにとらえているでしょうか。目で見ることや手で触れることができず，とらえることの難しいもの，または，「心」という文字の成り立ちから心臓を思い浮かべたりした方もいるかもしれません。

　しかし，心理学は頭（脳）の働きであるマインド（mind）について探求する学問です。たとえば，「経営マインド」という言葉からは，意思決定に関わる頭の働きとしての「マインド」の語感をとらえやすいでしょう。もし，あなたが社長で重要な経営判断を求められたとき，あなたはどのような判断を下すでしょうか。認知心理学では，最終的に下した判断の良し悪しの結果よりも，どのようなプロセスで判断が下されるのかについて関心があります。認知心理学が成立した当初は，マインドとコンピュータとの類比（アナロジー）に基づいた情報処理アプローチによって，人間（動物）の認知的な機能のプロセスと構造を探求する学問でした。現在では，脳の構造や活動と関連づけながら，行動を通して得られる指標を用いて認知的な機能のプロセスについて解明を進めています。研究対象としているのは，感覚，知覚，注意，記憶，言語，思考などの認知的な機能です。

　この章では，認知心理学の成立の経緯や，現在注目されているトピックについて紹介します。人間は様々な環境に対してどのように適応して行動できるのか，またどのようにして様々な環境に適応できるようになっていくのかについて，いくつかのモデルや説を紹介します。筆者の興味は，認知心理学を通して，当たり前に行っている自身の行動が実際にはとても複雑な処理に基づいていると自覚させられることにあります。

Old1　マインドをどうとらえるか

1　認知心理学とは

　認知心理学とは，私たちの認知的な機能や処理過程（認知プロセス）について明らかにする研究分野で，感覚，知覚，注意，記憶，言語，思考などに関して探求します。19世紀後半の心理学の成立の頃には，すでに認知プロセスについて注目されていましたが，20世紀前半の行動主義の時代には影を潜めました。しかし，1950年頃の人工知能の出現とともに，認知プロセスが再び注目されるようになり，認知心理学という研究分野が成立しました。まずは，認知心理学の成立の歴史的な経緯を含めて述べていきます。

2　感覚と知覚

　心理学が学問として成立する前の19世紀初めからすでに，神経生理学の分野で感覚（sensation）の研究が進められていました。感覚とは，眼や耳などの感覚器官を通して外界の情報をとらえる機能のことです。一般的には，視覚，聴覚，触覚（皮膚感覚の一部），嗅覚，味覚が五感として知られています。そのほかに，皮膚感覚（温感や痛覚など），内臓感覚，平衡感覚などがあります。外界の情報を得るためには，物理的な刺激や化学的な刺激を脳が処理できる信号にまず変換する必要があります。視覚を例にしますと，眼球の網膜上にある視細胞が受容器の役割を果たして，光（電磁波の一種）を電気的な信号に変換し，視神経などを通じて脳に伝えられます。そして，感覚器官からの情報をもとにして認識したり，関係性を見出したりすることを知覚（perception）といいます。感覚には，受容器と脳領域との経路がそれぞれあり，感覚モダリティ（sensory modality）とも呼ばれます。

　物理的な大きさと感覚の大きさの関係については19世紀半ばからフェヒナー（Fechner, G. T.）らの心理物理学（精神物理学）として研究されてきました。

「ある」と検出できる最小の刺激の大きさや強さを刺激閾あるいは閾値（threshold）と呼びます。たとえば，視力検査では，環状になっている図形（ランドルト環）の隙間の開いている方向を答えます。この検査では，どのくらい小さな隙間が見えるかということを測定しています。他方，二つの刺激の大きさや強さの違いを判別できる最小の刺激の強度を弁別閾といい，丁度可知差異（just noticeable difference：JND）とも呼ばれます。同じくらいの大きさのニワトリの卵（約60 g）を両手に一つずつ持ったとき，どちらが重いかを弁別することは非常に困難です。この状況では，ニワトリの卵のわずかな重さの違いが弁別閾よりも小さいために重さの違いを認識できません。

3　心理学の成立から行動主義・新行動主義まで

19世紀後半にヴント（Wundt, W. M.）は，人間の精神過程（認知過程）について実験を用いて調べ，心理学を学問の一つの領域として確立しました。実験では，実験室内で実験者が実験参加者（被験者）に刺激を与え，それに対する意識的な状態を実験参加者自身が実験者に報告する手法（内観）を用いました。しかし，内観という手法は客観性，再現性，一般性に問題があると行動主義の心理学者たちは批判しました。

20世紀初めから1960年代，ワトソン（Watson, J. B.）らを代表とする行動主義においては，刺激（S：stimulus）と反応（R：response）の関係（S－Rモデル；第3章学習を参照）を用いて人間の行動を説明しようとしました。また，同じ時代に人間の知覚や記憶，思考などを部分や要素の単なる集合ではなく，全体の構造からとらえるゲシュタルト心理学がおこり，後の認知心理学にも影響を与えました。

行動主義に関してはその後，S－Rモデルでは説明できない現象が数多く示されました。トールマン（Tolman, E. C.）やハル（Hull, C. L.）らによる新行動主義では，生活体（O：organism）の概念を取り入れ，S－O－Rモデルが考えられました。たとえば，ネズミに迷路を記憶させる課題において，報酬となるエサがない条件でもエサがある条件と同じように，ネズミは迷路を覚えました

（潜在学習）。この現象は，報酬によって行動が強化される（強化説）という行動主義のモデルでは説明できません。ネズミが期待や仮説に基づいて行動することで，周囲の環境を学習したと考えられます（認知地図）。つまり，刺激（S）に対する反応（R）が生起する間のプロセス（O）が注目されるようになったのです。言い換えると，生活体が刺激をどのようにとらえるかによって反応が変化することなどがこのモデルで説明できます。このOの部分が後に，認知として考えられていくことになり，認知心理学に発展しました。なお，認知心理学において，厳密な実験に基づいて行動を調べるという基礎的な研究手法は行動主義を踏襲しています。

4　認知心理学の成立

　認知心理学成立には，1950年頃からのコンピュータの発展が深く関わっています。成立の当初は，デジタル・コンピュータに入力した情報が操作されたり，保存されたり，検索されたりして出力されるというプロセスそれ自体が，人間の認知プロセスを探求することを動機づけました（Neisser, 1976）。そのため，認知心理学ではコンピュータ科学の用語がしばしば使用されています。たとえば，記憶（memory）が主要なプロセスとして取り上げられ，記憶への符号化（encoding）というような様々なコンピュータ科学用語が認知心理学用語として使用されています。

　ミラー（Miller, 1956）は情報科学の理論を心理学に導入し，人間の認知プロセスをコンピュータに類比させて，後述のように短期記憶の情報保持容量が7±2個であることを示しました。さらに意味のある情報を「かたまり（チャンク：chunk）」として処理の単位をとらえることで記憶できる量が増加することを示しました。このように，初期の認知心理学では，デジタル・コンピュータをもとにした情報処理が重視されました。つまり，心理学が成立したヴントの時代のマインドのプロセスを調べるという当初の目的が，方法を変えて科学技術の進歩とともに再び注目されたといえます。

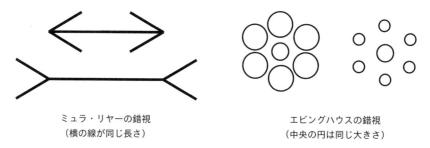

ミュラ・リヤーの錯視　　　　エビングハウスの錯視
（横の線が同じ長さ）　　　　（中央の円は同じ大きさ）

図 2 - 1　錯視図形

5　自覚しない認知的なプロセス

　認知心理学の研究の対象となる私たちの認知的なプロセスについて，私たち自身がいかに知らないのかを直感的にわかる事例として，錯視（visual illusion）があります。図 2 - 1 に示したような錯視図形を見て騙される不思議な体験を楽しむことができます。しかし，錯視図形のタネ明かしがなければ，おそらく，何が「おかしい」のかわからないでしょう。つまり，私たちは，網膜に物理的に映る像をそのまま見ているのではなく，頭のなかで変更が加えられていることを自覚なしに見ています。繰り返しになりますが，錯視図形に限って頭のなかでの変更が加えられているのではなく，いつも変更が加えられています。環境や条件によっては，物理的な特性と主観的な特性が異なって認識されることがあり，このような現象を錯覚と呼びます。また，特に視覚に関する錯覚を錯視と呼びます。

　図 2 - 2 の二つの図を比較すると，それぞれの左側のモデルの大きさが同じ（右側のモデルの 4 分の 3 の大きさ）なのに大人に見えたり子どもに見えたりと，物理的な大きさと主観的な大きさの違いをとらえやすいでしょう。距離によって人や物の主観的な大きさがあまり変動しないことによって，遠くの人や物を認識しやすくなっています（大きさの恒常性：size constancy）。しかし，たとえば，横断歩道を渡るときにバイクが自分に向かってきている場面では，「バイクが小さく見えるから今のうちに横断歩道を渡ろう」とすると危険なときがあります。この場合では，バイクが遠くて小さく見えるのではなく，バイクが実

大人が二人 　　　　　　　　　　　子どもと大人

（左の人は右の人の４分の３の大きさ）

図２-２　大きさの恒常性

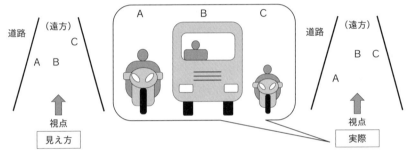

AはBより小さくて接近しているように見えないが，かなり近くて危険。
CはBより小さくてかなり遠くに見えるが，意外と近い。

図２-３　交通場面の危険性

際に小さいにもかかわらず，「バイクが小さい＝バイクは遠い」と誤った判断
をしてしまう可能性があります（図２-３）。また，大きさの恒常性のほかに色
の恒常性や形の恒常性などもあります。

Old2　注　意

1　トップダウン型とボトムアップ型

　心理学の成立の経緯で触れたように，認知心理学では認知のプロセスが重要
です。日常生活で当たり前とされるような様々な行動は，私たち自身がそれを
自覚していないだけで，実は多くの様々な認知的処理に支えられています。た

とえば，街角の交差点を横断するときには，鮮やかな広告看板ではなく，信号機をすぐに見つけることができます（パターン認知：pattern recognition）。

　信号を見つけようとする機能と思わず看板に目を奪われる機能はそれぞれ，能動的なコントロール（トップダウン型，概念駆動型）と受動的なコントロール（ボトムアップ型，データ駆動型）が関わっています。トップダウンコントロール（top-down control）は，能動的にある刺激に注意を配分しコントロールすることです。ボトムアップコントロール（bottom-up control）は，データ駆動型とも呼ばれるように，外部の刺激によってコントロールすることです。

2　選択的注意

　多くの情報のなかから必要な情報を抽出したり，時には必要な情報を見逃してしまったりすることには選択的注意（selective attention）が関わっています。選択的注意の研究では，カクテルパーティー効果（両耳分離聴）（Cherry, 1953）が有名です。パーティー会場のような，騒然とした環境であっても自分と会話をしている相手の声を聞きとり，話を理解することができます。

　このとき，パーティー会場で自分とは関係のない話を完全に無視しているかというと，そうではありません。もし，あなたが会話をしているグループとは別の近くのグループの会話のなかであなたの名前があがれば，あなたは自分のグループと会話をしていたとしても，自分の名前が話されたことに気づくでしょう（Moray, 1959）。

3　注意のフィルター理論

　1980年代以前の認知心理学では，注意の選択を一連の処理の流れのなかに時間的に位置づけようと努力しました（図 2 - 4 ）。歴史的に見て初期のモデルでは，処理のはじめのほうに選択プロセスが働くと考えられました。この考えを前期選択説といいます。ブロードベント（Broadbent, 1958）は，処理の初期段階で情報をふるいにかけるような役割（ボトルネック）となるフィルターがあり，注意していない情報を拒否すると考えました（フィルター理論）。しかし，

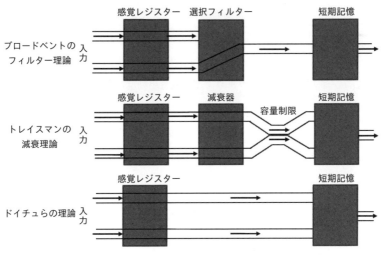

図 2-4　ブロードベントの理論（上），トレイスマンの理論（中），
ドイチュらの理論（下）の比較
出所：Eysenck & Keane, 2020 より作成

パーティー会場の例では，注意していないはずの自分の名前を聞きとれるよう
に，この結果はフィルター理論と矛盾します。

　トレイスマン（Treisman, 1964）はボトルネックの位置が場面ごとに移動し，
注意していない情報が処理の段階の初期と後期の比較的広範囲で処理されると
考えました（減衰理論）。さらに，後期選択説のドイチュら（Deutsch &
Deutsch, 1963）は注意の選択を処理の最後の反応付近に位置づけました。これ
らの理論では，パーティー会場の例で自分の名前を聞きとることができる事実
と整合します。

　フィルター理論では，選択されなかった情報は捨て去られると考えられてい
ました。しかし，捨て去られたはずの情報と同じ情報が後でもう一度出現する
と，反応の処理スピードが遅くなるという注意の選択理論では説明できない現
象が見出されました（負のプライミング）（Tipper, 1985）。この現象は，それよ
りも20年くらい前に，すでにストループ課題（Stroop, 1935）で見出されました
が（Dalrymple-Alford & Budayr, 1966），ティッパーが再発見したことでその注

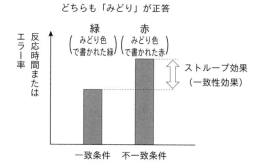

図 2 - 5　ストループ課題とストループ効果の概要

意研究における重要性が認知心理学のなかに位置づけられました。

4　ストループ課題

　ストループの研究は日本で臨床検査法（ストループ検査）として古くから知られていますが，認知心理学の研究では注意研究の黄金的測定課題として認められています（MacLeod, 1992）。ストループ課題では，色名称の単語が色つきの文字で表記されており（図 2 - 5），その単語（妨害情報）を無視して，単語の文字の色を答えます（色命名）。たとえば，みどり色で書かれた赤という単語（漢字）では，参加者は単語「あか」を読まずに，「みどり」と答えます。このとき，「あか」を完全に無視することは困難です。具体的には，みどり色の赤（不一致条件）のときに色と単語の意味に矛盾（コンフリクト）が生じるため，矛盾のないみどり色で書かれた緑（一致条件）に比べて反応時間あるいはエラー率が大きくなります（ストループ効果）。

　単語を読むことは，学校教育の結果，ひと目見ただけですぐにできるため，まるで生まれつき備わった行動であるかのように感じます。このように後天的に学習した行動があたかも生得的に備わっていたかのような性質をもつことを自動性（automaticity）といいます（Shiffrin & Schneider, 1977）。ストループ課題では，自動的な単語読みを抑えることが求められるため，注意に関する研究によく用いられます。その他，サイモン課題（Simon, 1990）やフランカー課題

(Eriksen & Eriksen, 1974) などもコンフリクトの生じる課題です。

Old3 記　憶

1　技能習得

　自動性と注意の関係は，発達と学習の関係で考えることができます。つまり，初心者の段階ではある技能を実行するのに，多くの注意を必要としますが，熟練者になるとあまり注意を必要としなくなるようなことです。さらに，熟練者は初心者に比べてはるかに優れた能力を発揮できます。

　技能の習得は，次のような経過をたどります。技能を習得しはじめた初心者は，ある一連の動作をするのにも，一つひとつの動作を確認しながら行わなければできません。しかし，動作を確認しながら何度も練習しているうちに，徐々に一つひとつの動作に注意を払わなくても複数の動作をまとまりのある動作として行うことができるようになります。さらに練習を繰り返すことで，複雑な動作であっても一つひとつの動作を自覚することなく行うことができるようになります。この例では，運動を表す動作という言葉を用いましたが，暗算や将棋のような認知的な技能についても同様の過程で技能を習得します。

　いったん技能を習得すると，一つひとつの動作について自覚することが困難となります。あなたが日本語を母国語とするならば，日本語の発音方法を留学生に教えようとしても，自分がどうやって発音しているのかを自覚することが困難でしょう。むしろ，舌の動かし方を意識すると話しにくくなるように，熟練者に一連の動作を個別の動作に分離して自覚するように教示すると，その技能の成績が低下します。

2　スキーマ

　熟練者は，初心者に比べて単に技能の成績が高いだけでなく，その技能に関する知識が豊富であり，その知識を利用して多くのことを記憶できます。たと

えば，チェスの駒の配置を覚える実験において，熟練者と初心者に，実践配置（実際のゲーム過程の配置）とランダム配置を5秒間で覚えさせてチェス盤で再生させました（Chase & Simon, 1973）。実践配置では熟練者のほうが初心者に比べて成績が2倍から4倍高かったのに対して，ランダム配置では熟練者と初心者にほとんど違いがありませんでした。これは，ランダム配置では互いの駒の攻撃や防御などの関係性が欠落しているために，熟練者はチェスに関する知識を利用できなかったためです。このようなチェスの知識のように高度に構造化された心的構造をスキーマ（図式：schema）と呼びます。

3　長期記憶

長期記憶は分単位から年を越えるような長い期間にわたって記憶を保つことができ，容量には制限がありません。タルヴィング（Tulving, 1972）は言語的に表現することができる宣言的記憶（declarative memory）をエピソード記憶（episodic memory）と意味記憶（semantic memory）に区別しました（図2-6）。手続き記憶（procedural memory）とプライミング（priming）は，言語的に表現することが困難であり，想起の意識が伴わないため，非宣言的記憶（nondeclarative memory）に分類されます。

エピソード記憶は，「卒業旅行で友達と遊園地に遊びに行った」というような，特定の時間，場所に生じる特定の出来事の記憶に関係しています。意味記憶は，「遊園地」とは，どのような場所であるかというような辞書的な意味とその対象についての記憶に関係しています。

手続き記憶は運動学習や認知技能学習に関係し，自転車に乗ることなどの記憶のことです（技能習得も参照）。プライミングは，以前に経験した刺激と類似した刺激あるいは同じ刺激が提示されたとき，促進あるいは抑制される効果のことで，プライム（prime）とは，呼び水という意味です。たとえば次の文を読んで回答してみてください。

次の単語の空欄に文字を埋めて意味のある単語にしてください（プ＿＿ム，ク＿＿ド）。多くの人が二つ目よりも一つ目のほうが簡単に解けるでしょう

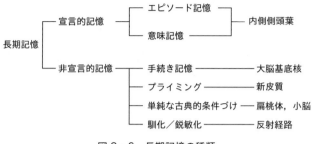

図 2-6　長期記憶の種類

出所：Henke, 2010 より作成

（プライム，クラウド）。一つ目が容易なのは，すでに答えが本文中に登場しているためです。これは反復プライミング（直接プライミング）と呼ばれ，成績の向上（促進）の効果が得られます。意図的に覚えようとしなくても効果が生じ，本文中の単語であるという想起の意識が伴いにくく（潜在記憶），再生や再認の課題のように意識的に想起する状況とは異なります。また，成績が低下するものを負のプライミングと呼びます。

4　短期記憶

　短期記憶は数十秒ほど保つことができ，容量については直接記憶の範囲としてマジカルナンバー 7 ± 2 として知られています（Miller, 1956）。ランダムな文字列であれば 7 文字程度しか記憶できませんが，有意味単語であれば意味的なまとまり（チャンク）としてとらえることができるために，7 単語程度まで記憶できます。また，短期記憶のように短い時間の記憶の種類として，後述するワーキングメモリがあります。

5　感覚情報保存

　短期記憶に比べてもっと短い 1 秒に満たない記憶を研究するために，スパーリング（Sperling, 1960）は，視覚刺激を用いた部分報告法を用いて短期記憶に入る前の段階の情報処理をとらえました。この前段階の過程を視覚以外の感覚とまとめて感覚情報保存（sensory information storage：SIS）（図 2-7）と呼び，

図 2 - 7　感覚・記憶システム

出所：Atkinson & Shiffrin, 1968 より作成

特徴を抽出して短期記憶に入るために一時的に情報を置いておく機能を果たしています。特に，視覚に関するものをアイコニック・メモリー（iconic memory），聴覚に関するものをエコイック・メモリー（echoic memory）と呼びます。この特徴の抽出に関して，熟練者のほうが初心者に比べて自動的な処理に基づいてより多くの情報を処理することができます。

6　記憶の分類

　アトキンソンとシフリン（Atkinson & Shiffrin, 1968）は，人間の記憶システムを記憶の保持時間の長さに基づいて，短期記憶（short-term memory：STM）と長期記憶（long-term memory：LTM）に分類する二重貯蔵モデルを提案しました。そして，彼らは記憶内容が流れ作業のように，短期記憶から長期記憶に移行すると考えました。長期記憶に移行しなかった短期記憶の情報は急速に減衰し消失します。彼らは，さらにスパーリング（Sperling, G.）がその存在を示した感覚記憶の概念を取り込み，一連の記憶の流れのモデルを示しました（図2-7）。

7　記憶の過程

　短期記憶から長期記憶への移行に際しては，特定の刺激に注意を向けることが必要です。これに加え，繰り返し唱えること（リハーサル：rehearsal）やいくつかの事柄にまとまりを見出すこと（体制化：organization）やより詳しく知ること（精緻化：elaboration）などの情報処理が積極的に行われ，既存の知識などと連合すると，情報が長期記憶として定着することに有効にはたらきます。また，視覚的なイメージを利用することも記憶の定着に有効です。

長期記憶のシステムには「符号化（encoding：コード化），貯蔵（storage），検索（retrieval）」，あるいは「記銘（memorization），保持（retention），想起（remembering）」という3つの過程があります。符号化（記銘）は知覚した刺激を記憶できるかたちに変換すること，貯蔵（保持）は情報を内的に蓄えておくこと，検索（想起）は貯蔵された情報のなかから特定の情報を探し出すことをいいます。

想起には再生（recall）と再認（recognition）があり，一般に再認のほうが再生よりも成績が高くなります。再生とは貯蔵した内容をそのまま表すことで，空欄に記述するように想起します。再認では示されたものが見たり聞いたりしたことがあるものかどうかを想起します。たとえば，答えることができなかった問題の答えを聞いて「アッ」と思い出すこともあるでしょう。

8　忘　却

学習したことでも思い出せないことを忘却と呼びます。忘却は，学習した直後から急速にはじまります（忘却曲線）。忘却のメカニズムは減衰説，干渉説，検索失敗説に分けられます。減衰説では，時間の経過によって記憶が減衰していくため忘却が生じると説明します。干渉説では，他の記憶が干渉することにより忘却が生じると説明します。検索失敗説では，記憶が残っているが，その記憶を検索できない（たどり着くことができない）ため忘却が生じると説明します。

干渉による忘却のメカニズムとして，順向干渉（proactive interference）と逆向干渉（retroactive interference）があります。たとえば，パスワードを変更して新しいパスワードを覚えたにもかかわらず，古いパスワードを思い出せるが，新しいパスワードを思い出せない状況があります。この状況は，古い記憶によって新しい記憶が思い出せなくなった状況で，順向干渉と呼ばれます。逆に，新しいパスワードを思い出せるが，古いパスワードを思い出せない状況は，新しい記憶によって古い記憶を思い出せなくなった状況で，逆向干渉と呼ばれます。

他方，久しぶりに自転車に乗っても運転できるように，習得した技能はほとんど忘却しません。

◯Old 4　言語と思考

1　言　語

　日常生活での覚える，思い出す，忘れるなどについて記憶の項目で述べました。日常において，様々な事柄や情報を覚えることは重要ですが，単に詰め込むだけでは必要なときにすぐに覚えた内容を利用することはできません。記憶の機能をすばやく利用しているもっとも身近な例として，言語があります。母国語であれば，一つひとつの単語の意味をいちいち思い出すことなく，記憶から自動的に検索されることで，あまり努力することなく文章を読むことができます。他方，習いはじめた外国語ではそうはいきません。

　読みのプロセスは，フレーズや文のレベルで働くものや，文章や主題をとらえるレベルのものもあります。たとえば，単語の読みに関する知識を内的語彙（mental lexicon）と呼びます。内的語彙は単語の綴りに関する綴り表象，発音に関わる音韻表象，形態学的な表象，意味表象などを含んでいます。印刷された単語を読むとき，単語に関する情報を検索するために内的語彙と照合するプロセスを語彙アクセスと呼びます。

2　言語と思考

　言語は思考とも深く関連しています。言語と思考の関係において，言語の違いによって習慣的な思考が異なるという仮説があります（サピア・ワーフ仮説）。たとえば，雪を示すときに，英語では snow ですが，イヌイットの言語では，雪の性質によっていくつもの独立した名称がつけられています。つまり，イヌイットは単に「雪（snow）」として認識するのではなく，雪の状態に応じて「名称づけられた雪」として認識しているという仮説です。しかし，英語においても独立した名称がないとしても「icy snow」などのように性質の異なった雪を区別して認識しているという反論もあります。

言語と思考の関係において，言語の発達過程を考えるとき，ヴィゴツキー（Vygotsky, L. S.）は他者とのコミュニケーションから言語が発達すると考えました。他者との発声を伴うコミュニケーションの道具としての言語（外言）から，自身の思考の道具としての発声の伴わない言語（内言）へ移行すると考えたのです。また，外言から内言への移行の過程で子どもが自分の考えを発するような「ひとりごと」が観察されることがあります。

3　思　考

　問題が発生したとき，念頭にある対処法が解決に有効でない場合には，解決策を新しく考える必要があります。複雑な問題であっても様々な方略を試すような試行錯誤（trial and error）をしているうちに解決策が見つかることがあります。また，解決策がひらめきによって突然見つかる場合もあります（洞察：insight）。

　他方，同じような問題を繰り返し解決しているときには，同じような解法を利用することができます。このように効率的に問題を解決できるようになる状態を習慣的な構え（set）と呼びます。しかし，習慣的な構えによって同じような解決方法を採っていると，従来の解法に頼ってしまい，新しい解決策に気づきにくくなります。

　ルーチンスの水差し問題（Luchins, 1942）では，AからCの大きさの違う容器を用いて，水を出し入れすることで目標の水の量を計ります（図2-8）。問題1から問題6は，同じ方法（B−A−2C）を用いると目標の水の量を計ることができます。しかし，問題5と問題6には，より簡単な水の測り方（A−C）が存在します。問題1から問題4を解いた後に問題5と問題6に取り組むと，習慣的な構えによって簡単な解法が思いつきにくくなります。また，道具などの本来の使い方に固執していると柔軟な発想を阻害してしまうという機能的固定（functional fixedness）と呼ばれる現象があります。

問題	容器の容量			目標
	A	B	C	
練習	29	3	－	20
1	21	127	3	100
2	14	163	25	99
3	18	43	10	5
4	20	59	4	31
5	23	49	3	20
6	15	39	3	18

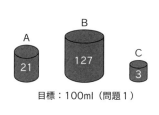

目標：100ml（問題1）

図 2 - 8　水差し問題

出所：Luchins, 1942 より作成

4　推　論

　思考には事実や前提条件から結論を導き出す過程があり，推論（reasoning）
と呼びます。推論は，演繹推論（deductive reasoning）と帰納推論（inductive
reasoning）に大別されます。また，類推（analogy）による推論などがあります。
　演繹推論は，自明の事実や前提条件から論理操作によって導かれる推論です。
推論によって導かれる解は，間違いがないものの論理操作が難しい場合があり
ます。次の二つの問題について，規則に違反していないかを明らかにするには，
少なくともどのカードあるいはどの封筒を確認すればよいでしょうか（図2-9）。

　ウェイソン選択課題（Wason, 1966）：もしカードの片面に母音が書かれてい
るならば，そのカードのもう片面には偶数が書かれている。
　封筒問題（Johnson-Laird et al., 1972）：もし封筒に封がしてあれば表面に50切
手が貼られている。

　両問題とも，問題の規則そのもの（命題）を満たすもの（カードE，あるいは
封のある裏向きの封筒）と反証（対偶）になるもの（カード7，あるいは封のある
可能性がある40切手付きの封筒）を選ぶことが必要となります。命題とは平叙文
で表され，真あるいは偽で判定されます。また，命題が真（偽）のとき，対偶
は必ず真（偽）となることが論理学で定まっています。封筒の問題のように具
体的な事例の場合には，論理学を学んでいなくても正しく解を導くことが比較

問題：規則に違反していないかを明らかにするには，少なくとも
どのカードあるいはどの封筒を確認すればよいでしょうか。

もしカードの片面に母音が書かれているならば，そのカードの
もう片面には偶数が書かれている。

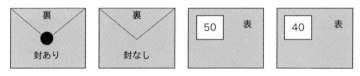

もし封筒に封がしてあれば表面に50切手が貼られている。

図2-9　ウェイソン選択課題（上）と封筒問題（下）
出所：Wason, 1966；Johnson-Laird et al., 1972 より作成

的容易となりますが，ウェイソン選択課題のように抽象的な事例であると解決
が難しくなります。

　帰納推論は，以前の経験や具体的な事例に基づいて一般化して推論する方法
です。簡単にもっともらしい推論ができますが，解が間違っていることがしば
しばあります。たとえば，サイコロを振って，次の目を予測するとします。六
の目が3回連続で出たので，次は六の目が出ないだろうと推論するかもしれま
せん（同じ目が4回続けて出る確率は約0.5%）。しかし，不正のないサイコロの
場合，六の目が出にくいと推論することは確率論では誤っています（ギャンブ
ラーの誤謬）。つまり，同じ数字の目が連続して出る確率は小さいという経験
に基づいて帰納的に推論した結果は，必ずしも正しいとはいえないことがわか
ります。

　日常では様々な思考が求められます。たとえば，商品開発の新しい発想を得
たいときや，詐欺のような思わぬ落とし穴にはまらないように気をつけるため
にも思考について学ぶことが役立つかもしれません。

○New1　マインドをどうとらえるか

1　4つの研究アプローチ

　Old 1 では，心理学の成立以前から認知心理学の成立までを簡単に紹介しました。ここでは，現在の認知心理学の研究がどのように進められているのかを示します。認知心理学の研究アプローチは，実験認知心理学（experimental cognitive psychology），認知神経心理学（cognitive neuropsychology），計算論的認知科学（computational cognitive science），認知神経科学（cognitive neuroscience）の4つに大別できます（Eysenck & Keane, 2020）。

　実験認知心理学は，厳密に統制された実験室条件下で健康な個体を対象にして実験を行い，そこで得られた反応時間（reaction time or response time：RT）やエラーなどの行動指標をもとにして，認知プロセスを探求します。

　認知神経心理学は，脳損傷患者を対象に，認知的な機能が低下する部分と低下しない部分を比較することにより，健康な個体の認知プロセスを探求します。認知システムが機能的なまとまりのある部分（モジュール）になっていると仮定し，損傷を受けた脳の領域がある課題の遂行に必要なモジュールなのかを知ることができます。そのため，脳の領域と機能の関係を直接的に調べることができますが，脳損傷には個人差が大きく，損傷した認知機能を補う別の方略（ストラテジー）を利用している場合もあるという点で限界があります。

　計算論的認知科学は，計算論モデルを構築し，人間と同じ出力を得られるようなプログラムをコンピュータに実装することを目指すことで，認知プロセスを探求します。計算論モデルには大きく分けると二つの研究があります。一つは ACT-R（思考の適応制御：Adaptive Control of Thought-Rational）に見られる研究であり，もう一つは並列分散処理モデル（parallel distributed processing：PDP）の研究です。

　認知神経科学は，神経イメージング（neuroimaging）などの技法を用い，空

間的，時間的な脳の生理学的活動を測定することで，認知プロセスを探求します。認知神経科学については第1章で詳しく述べられています。

2　研究アプローチの長所と短所

　これら4つのアプローチのなかで，実験認知心理学は歴史的にみて重要であり，その他の3つのアプローチで使用されている実験手続きも，実験認知心理学に基づいているものが多くあります。

　実験認知心理学の研究は行動指標に基づいているために，認知プロセスを知ることができても，脳のどこでいつどのような処理が働くのかという物理的な機構を知ることができません。認知神経科学でよく用いられる fMRI（functional magnetic resonance imaging）では，空間解像度がミリメートル単位で高いので，脳の物理的な構造を詳しく知ることができますが，時間解像度が数秒単位で比較的低いという欠点があり，脳の活動領域を示すことができても領域間の関連性を示すことが困難です。他方，事象関連電位（event-related potentials：ERP）は，空間解像度が低いですが，逆に時間解像度は非常に高く，fMRI の長所と短所が逆になっています。たとえば，実験認知心理学と認知神経科学または認知神経心理学のアプローチと組み合わせることで認知のプロセスとそのプロセスに関わる脳領域の機構を知ることができます。これらの4つのアプローチを用いて，認知プロセスについて複眼的に研究されています。

3　研究アプローチの連携

　Old 1 では感覚と知覚について述べ，感覚器官で得た外部の情報を単に物理的に処理しているのではなく，自覚しない処理を経て知覚していることを示しました。錯覚は，錯視のように単一の感覚モダリティで生じるものだけではありません。複数の感覚モダリティにまたがるクロスモーダルの錯覚が生じることがあります。

　腹話術の人形を見ていると，まるで人形が話しているかのように視覚と聴覚との間で錯覚が生じます。この例では，腹話術師の口が動かず，人形の口が動

いているので，人形が話しているように聞こえます。つまり，聴覚から推定される音源の場所よりも，視覚的に推定される音源を優先して判断していることがわかります。また，視覚的に「ガ」と発音している映像に，「バ」の音声を重ねると視覚の情報と聴覚の情報が統合されて「ダ」に聞こえます（マガーク効果）（McGurk & MacDonald, 1976）。

　視覚と触覚のクロスモーダルの錯覚であるラバーハンドイリュージョンの研究（Botvinick & Cohen, 1998）があります。この研究では，本物の手を被験者に見えないようにして，偽物の手を見えるようにします。本物の手（見えない状態）と偽物の手（見える状態）に同じタイミングで触れることで，視覚情報と触覚情報が統合され，目の前で刺激されている偽物の手が，あたかも本物の自分の手であるかのように認識されます。脳の活動を測定した研究でも，あたかも本物の手のように認識していることが示されます（Ehrsson et al., 2005）。また，様々な錯覚を応用した，リハビリテーションの研究や仮想現実への没入感に関する研究なども進められています。

　例に示した錯覚の研究のように，認知心理学全般において様々なアプローチを使って研究が進められています。

New2　注意から認知コントロールへ

1　認知コントロール

　注意の研究は，実験認知心理学の様々な認知課題を利用し，前節で紹介したアプローチを用いて行われています。

　認知コントロール（cognitive control）は，適切に情報を選択し，適切な反応を優先して実行する機能のことです。日常生活であなたがある行動をとるとき，周囲にあるほとんどの情報があなたの目的を達成するのに不必要な情報です。あなたはそれらの情報からあまり影響を受けずに目的の行動をとることができます。そして注意をどの情報に振り向け，どのような行動をするのかも認知コ

ントロールの機能の一つです。

　たとえば，コップに入ったオレンジジュースが出された場合，あなたはどのような行動をしますか。いつものように冷たいオレンジジュースだと思ってコップを手に取ると，実はホットオレンジジュースで火傷しかけたという予想に反した状況に遭遇することもあるでしょう。なぜなら，コップに入ったオレンジジュースは一般的に冷えている（確率が高い）と思われるからです。しかし，コップに入った飲み物がオレンジジュースではなくコーヒーであれば，火傷しそうにならなかったかもしれません。というのも，ホットコーヒーはホットオレンジよりも一般的である（確率が高い）と思われるからです。ここで，オレンジジュースとコーヒーの違いを示しましたが，火傷しないようにコップを手に取るとき，本来気をつけるべきは，飲み物の種類ではなく，飲み物の温度そのものなのです。

　これから紹介する研究では，実験操作が容易なストループ課題を用いることにより，自動性とコントロールの関係についてどの程度「気をつけているのか」を自覚しないレベルでとらえる研究が進められています。

2　予期に基づくコントロール

　ストループ課題において，コンフリクトに高い確率で出くわすか，ほとんど出くわさないかでコンフリクトを解決するプロセスが異なることが示されています。便宜的に先の例と関連づけると，コンフリクトのない条件（一致）に高い確率で出くわすことは，出されたオレンジジュースがたいてい冷たいことに対応し，逆にコンフリクトのある条件（不一致）に高い確率で出くわすことは，出されたオレンジジュースがたいてい熱いことに対応すると考えます。

　比率一致性効果（proportion congruency effect）は，コンフリクト課題の一致条件と不一致条件の比率によってコントロールされる効果です。たとえば，不一致条件に出くわす比率が高いとき，能動的に妨害情報を無視しやすくなります（飲み物の種類に影響されにくい）。さらに，ほとんどが不一致条件に出くわすときでは，一致条件よりも不一致条件のほうがやりやすくなり逆転すること

さえ観察されています（Logan & Zbrodoff, 1979）。つまり，同じ課題であっても，一致性の比率などの文脈の違いによってコンフリクトの解決のプロセスが異なり，人間の繊細で柔軟なコントロールの特性を示しています。

3　予期できないときのコントロール

先に示した例での比率一致性の操作では，実験参加者は一致性の比率について事前に知らされたり，学習や経験に基づいたりして，あらかじめ準備することができます。

それに対して，実験参加者に一致性の比率を知らせず，さらに比率を自覚させないように比率一致性が操作された場合であっても比率一致性効果が得られるという結果が示されています（Jacoby et al., 2003）。これらの研究では，無視している情報（妨害情報）であっても，自覚なしにその情報の影響を受けたり，むしろその情報を利用したりしてコントロールを修正していることが示唆されています。興味深いことに，実験後の実験参加者への聞き取りで意図的にコントロールを修正したという報告はほとんどありませんでした。さらに，コントロールの修正が数秒やより短い時間で生じているという研究が示されています。

従来のコントロールの考え方を多くの経験に基づく緩慢なコントロールだと考えると，近年ではより速い迅速なコントロールと考えることができる研究がなされています。迅速なコントロールは，数秒以内で生じます。他方で，迅速なコントロールの現象は実はコントロールの証拠ではなく，刺激と反応の単なる学習によって説明できるのではないかという論争が行われています（Schmidt & Besner, 2008）。

日常場面を振り返ってみますと，何気なく暮らしていると思っていても，膨大な情報から必要な情報を取捨選択し，時には不必要と思われる情報ですら利用して，適切な反応や行動をしていることが示唆されます。そして，このような柔軟なコントロールのプロセスはほとんど自覚されません。

New3 記 憶

1 熟練化

　熟練した技能者は暗黙知といわれるような，自身の技能について言語化できないような状態，あるいは自覚できないような状態で技能が身についています。Old 3 で示したように宣言的記憶と手続き記憶をシステムとして分離し別個のものとしてとらえました。しかし，宣言的記憶から手続き記憶への移行を熟練化，手続き化としてとらえる考え方があります（インスタンス理論）(Logan, 1988)。さらに，ローガンは自動性とコントロールが連続的で対立しないという考え方を技能習得の研究に歴史的に見て早い段階で導入しました。また，熟練化は一つひとつの手順の高速化ではなく，練習によって得られた知識（経験や解決の方法）に基づいていると考えられています。

　この理論では，記憶されるのは具体的な事例であると考えます。そして，エピソード記憶，意味記憶，手続き記憶の区別はあまり問題となりません。練習の初期には，注意と努力を要し，一つひとつ手順を確認するやり方（アルゴリズムによる手順に基づく処理）が優勢ですが，そのときの解決の方法や手段が記憶に蓄積されることによって熟練度が上昇すると考えます。したがって，練習を重ねることで手順を踏んだ処理に頼らずに解いた答えを記憶から検索することが多くなっていくと考えます。

　熟練者は，多くの経験によって豊富な事例（知識）が蓄えられているために，蓄えられた事例から解を直接検索するほうが，初心者のようにアルゴリズム処理によって解を導く処理に比べて，処理時間が速くなります。そのため，熟練者は記憶検索に基づいたプロセスに依ることが多くなると考えます。この考えでは，エピソード記憶が意味記憶に変化し，さらに過剰学習により手続き記憶に変化すると考えられます。つまり，宣言的記憶から手続き記憶への移行としてとらえられます。

　数学などの試験において，問題に真剣に取り組んだ結果，自身の答案が間違っているとき，あなたは復習しているでしょうか。紹介した研究に基づくと，適当に解いた答案が間違った場合よりも，一所懸命に解いて間違った場合のほうが記憶に残りやすくなります。つまり，試験の答案が返却されたら，試験を受けたときよりも一所懸命に復習することが必要とされます。試験の本番だけ頑張ることは逆効果といえるかもしれません。

2　ワーキングメモリ

　Old 3 で少し触れたワーキングメモリ（working memory）は，バッデリーとヒッチによって提案されました（Baddeley & Hitch, 1974；Baddeley, 2000）。ワーキングメモリは目的達成のための処理をしている間に，情報を一時的に保持しておく機能のことで，作動記憶（作業記憶）とも呼ばれます。ワーキングメモリには容量の限界があり，二重課題法によって測定されます。二重課題法は，異なる二種類の課題を並行して実施するものです。たとえば，リーディングスパンテスト（reading span test）やオペレーションスパンテスト（operation span test）などがあります。リーディングスパンテストでは言語に関する課題と記憶課題を並行して行い，言語に関わる処理資源の大きさを測ります。オペレーションスパンテストでは計算課題と記憶課題を並行して行い，認知的な処理に関わる処理資源の大きさを測ります。

　不慣れな技能であればワーキングメモリを多く消費しますが，熟達することでワーキングメモリの消費を小さく抑えることができます。つまり，初心者が不慣れな技能について手順を踏んで実行するために頭が一杯になるのに対し，熟達者は他のことと同時にその技能を実行できることと整合します。熟達化によって生じるワーキングメモリ容量の余剰分は，他の目的のために使用することができたり，より効率的に技能を実行するためのコントロールに使用できたりします。たとえば，技能が熟達することで安全に注意をはらった運転や，文章を考えながらのキータイプ入力が可能となります。

　高齢になるとワーキングメモリの容量が小さくなり，複数のことを同時に考

えられなくなったり，一つのことに過度に集中してしまったりします。たとえば，高齢者ドライバーが運転中に前方ばかりを注視してしまって，後方を確認するなどの安全行動ができなくなってしまっている場合があります（目標無視：goal neglect）。本人は，ワーキングメモリを含めた様々な認知機能の低下を自覚していないことが多いので，周囲の人が気に掛けるなどのサポートが必要と考えられます。

◯New4　言語と思考

1　バイリンガル

　一般的に成人では，母国語で書かれた文章を読んだり，母国語で話したりすることにあまり努力を必要としません。Old 4 では内的語彙や語彙アクセスを紹介し，素早く理解したり話せたりする機能について示しました。しかし，いったん外国語を習得しようとすると，言葉を話すことがとても困難なことであることを自覚させられます。バイリンガルがどのように複数の言語を扱っているのかの研究が進められています。ここでは，複数の言語を話すことができるバイリンガルを対象とした語彙アクセスの研究を紹介します。

　バイリンガルの言語の語彙アクセスには，言語選択アクセス仮説と言語非選択アクセス仮説があります。バイリンガルが一方の言語で話したり読んだりするとき，もう一方の言語はまったく関係しないという考え方が言語選択アクセス仮説です。他方，バイリンガルが一方の言語を使用しているときであっても，使用していないほうの言語も同時に活性化しているという考え方が言語非選択アクセス仮説です。バイリンガルが複数の言語を使い分けることができるという経験に基づいて選択的に言語を使用していると推測したとしても，実証的な研究では互いの言語が影響しあっている言語非選択アクセス仮説の証拠が多く得られています。

　バイリンガルと一口に言っても，様々なレベルの状態があります。二つの言

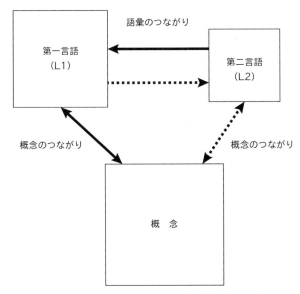

図 2 - 10　バイリンガルの非対称な処理の図式
出所：Kroll & Stewart, 1994 より改変

語を両方とも第一言語（母国語）のように扱えるバイリンガルから，第二言語
があまり優れていないバイリンガルまで連続的に分布しています。第一言語と
第二言語の非対称な関係について，クロールとスチュワート（Kroll & Stewart,
1994）のモデルに基づけば，第二言語から第一言語への翻訳のスピードが速い
が，第一言語から第二言語への翻訳には概念を仲介するので多くの時間がかか
る，という非対称性をうまく説明できます（図 2 - 10）。日本語を母国語とする
人が，英語を学んでいる場合，一般的に英作文が英文和訳よりも難しく感じる
ことと整合します。

2　言語の違い

　このような語彙アクセスに関する研究は，欧米での英語などの表音文字を使
用した多くの研究によって進められてきました。表音文字は，視覚的な文字の
並びによって音を表しているため，文字の並び自体が音の手がかりとなってい
ます。他方，日本語の漢字のような象形文字を起源にもつロゴグラフィックス

クリプトでは，視覚的な文字と音韻との関連が比較的弱くなっています。ロゴ
グラフィックスクリプトを用いた研究でも，自動的な音韻の活性化の有無につ
いて議論されていますが，音韻が関与しているという研究が少なくありません
（Perfetti et al., 2005）。

3 確率に基づく推論

　Old 4 では演繹推論や帰納推論を示しました。最近では，真か偽の二極的な
推論の考え方を統合して確率論的アプローチが採られ，ベイズ理論が取り入れ
られています。ベイズ理論の考え方では，あらかじめ事前確率（事前信念）を
もっており，新しい情報が得られたら，その新しい情報を用いて事前確率を更
新し，事後確率（事後信念）を得ます。さらに，新しい情報が得られたら，先
ほどの事後確率が事前確率となり，再帰的に推論が繰り返されることで確信度
が変動します。1970年代にはベイズの考えでは思考を適切に表現できないとさ
れましたが，近年では再び注目されています。たとえば，ウェイソン選択課題
のカードの選択されやすさの違いをベイズの考え方で説明するものもあります
（Oaksford & Chater, 2007）。

4 認知バイアス

　突然ですが，気象警報や特別警報が発令されたとき，あなたはその情報を適
切に認識できるでしょうか。避難することは億劫で，進んでやりたくはありま
せん。あなた自身が何十年間も被害を受けたことがないから，自分の住んでい
る地域には特別警報が出ていないからという理由だけで対策や避難をしなかっ
たりする判断は適切でしょうか。

　最近では，SNS などの様々なツールが開発され普及することによって，誰
でも情報を発信することができ，いつでも最新の情報を得ることができます。
しかし，いくら情報があったとしても，自分の期待や都合の良い情報ばかり見
ていては判断を誤るおそれがあります。膨大な情報から適切な情報を選択し，
適切な判断を下し，実際に行動に移すのは自分自身です。この問題に答えるに

は認知心理学だけでなく社会心理学などを含めた議論が必要になりますが，心理学について考えるきっかけになるかもしれません。

第2章のまとめ

　この章では，感覚，知覚，注意，記憶，言語，思考について紹介しましたが，残念ながら詳しく紹介できなかった領域が多くあります。私たちの日常と認知心理学は関連しています。たとえば，あなたが新しいことを学んだり，技術や技能を身につけたりするなら，認知的なプロセスについて少し考えてみてはいかがでしょうか。新しいことを身につけるには，繰り返し学んだり練習したりすることが必要であると誰もが知っています。しかし，実際には，繰り返すことが効率的とはいえなかったり，精神的につらかったりすることがあります。そんなとき，認知心理学で学んだように，なぜ繰り返す必要があるのか，繰り返すことで何が変化するのかなど，学習のプロセスを意識することによって反復の方法を見直すと，学習が効率的になったり精神的な負担が和らいだりするかもしれません。試験勉強では，忘れることが当たり前であるという姿勢で臨んだり，試験に出る用語に関連することを少し詳しく調べたりするといったことだけでも，学習の効率性は上がると考えられます。ここでは学習の例をあげましたが，日常には認知心理学が関わる事例があふれています。目に見える結果だけにとらわれず，あなた自身の内部で生じる認知的なプロセスについて考えてみませんか。日常の些細な行動から命に関わる重大な行動まで，あなたの知らないうちに，あなたの頭のなかで働く認知的な処理によって，あなたの日常は支えられています。

語句説明

コンフリクト（conflict）

　二つあるいはそれ以上の動機が同時に存在し，それらの動機を同時に達成することができない状況のこと。葛藤とも呼ばれる。コンフリクト課題の一つであるストループ課題では，単語読みと色命名の二つの動機がある。

知覚（perception）

　感覚によって得られた情報を，意味のある物事としてとらえること。感覚の膨大な情報から必要な情報を取り出したり捨てたりすることで，違いを見出したり（弁別），まとまりを見出したり（組織化）し，意味のあるものとしてとらえること。

文献案内
──さらに詳しいことを学びたい人に──

1 箱田裕司・都築誉史・川畑秀明・萩原　滋（2010）認知心理学　有斐閣

　認知心理学の領域全般について，図表を多用しわかりやすくまとまっている。総538ページと充実した内容で，初学者は全体を見通しながら，しっかりと学ぶことができる。

2 綾部早穂・熊田孝恒（編）（2014）スタンダード　感覚知覚心理学　サイエンス社

　感覚知覚について詳しくまとめられている。視覚，聴覚，嗅覚といった感覚知覚の基礎的な内容から新しい研究成果まで記述されている。

3 マンクテロウ，K.（著）服部雅史・山　祐嗣（監訳）（2015）思考と推論──理性・判断・意思決定の心理学　北大路書房

　思考と推論について詳しくまとめられている。古典的な研究と新しい研究が章に分けて記述されており，学びやすく構成されている。

4 嶋田博行・芦髙勇気（2012）認知コントロール──認知心理学の基礎研究から教育・臨床の応用をめざして　培風館

　認知コントロールの研究動向について詳細にまとめられている。用語集や索引が充実し，実験課題を追試することができるように工夫されている。

5 アイゼンク，M. W. & グルーム，D.（編）箱田裕司・行場次朗（監訳）（2017）古典で読み解く現代の認知心理学　北大路書房

　有名な14の古典的研究を現在の視点から第一線の研究者がわかりやすく解説している。より詳しく学びたい人にも充実した内容となっている。

学 習

Introduction：学習とは

　みなさんは「学習」という言葉を聞いて何を思い浮かべるでしょうか？　真っ先に思い浮かぶのは，本を読むことで新しい知識を身につけたり，英会話学校に通うことで英語が話せるようになる，といった勉強のイメージかもしれません。また，練習を繰り返すことでスポーツが上手くなることや，恋愛や別れを通じて価値観が変わることを思い浮かべるかもしれません。実はこれらすべてが心理学で扱われる学習の一例なのです。学習とは「経験による比較的永続的な変化」のことを指します。つまり，何かしらの出来事を経験した結果，ものの見方や自らの行動が変われば，それらはすべて「学習」ということになり，その内容も多岐にわたります。本章では，学習心理学が扱うトピックのなかでも，もっとも古くから研究がなされている2つの代表的な学習のタイプについて紹介します。

　1つ目は，「パヴロフのイヌ」で知られる「古典的条件づけ」です。幼い頃に公園でお尻をかまれてから，イヌをみるだけで怖くなった。街で偶然嗅いだ香水の匂いから，昔，好きだった人の思い出がよみがえってくる。これらは日常用語としても学術用語としても用いられる「条件反射」と深く関わっています。2つ目は「アメとムチ」という日常用語や「報酬と損失」という学術用語と関わっている「オペラント条件づけ」です。学校で窓ガラスを割って先生に叱られてから，その先生を避けるようになった。算数で良い成績をとったご褒美に好きなゲームを買ってもらってから，算数のテスト勉強だけは頑張れるようになった，などがその例です。条件づけの研究では，私たちが普段「習慣」と呼んでいる行動がなぜ生じるか，またどのように変わっていくかを明らかにしていきます。

　条件づけと学習に関する知見は，私たちの「心」の働きとして理解している事柄について，それを自然科学的に理解する方法論を提供します。また，自分自身や周囲の環境を「どのように変えていくのか」ということについて，新しいものの見方を提供する，魅力的な枠組みでもあります。本章では2つの条件づけを共通に理解しようとする「随伴性判断」という枠組みについても紹介します。

○Old 1　古典的条件づけ

「パヴロフのイヌ」という言葉をご存じでしょうか。帝政ロシア時代の生理学者パヴロフは，イヌの消化腺活動に関する研究を行い，唾液の分泌量と分泌時間が口のなかに入れられた餌の種類と量の関数であることを発見しました（Pavlov, 1902）。また，彼はその研究のなかで，イヌが餌皿を見たり飼育員の足音を聞いたりしただけで，なぜか唾液を分泌することに気がつきました。食べ物などの生物に重要な刺激によって生じる反応は，その刺激とペアにされたことのある別の刺激に対しても，類似の反応として引き起こされることがあります。この現象は古典的条件づけ（classical conditioning）として知られています。

1　古典的条件づけの考え方：先行事象による行動の制御

古典的条件づけの実験では，生得的行動である無条件反応（unconditioned response：UR）を喚起する刺激，無条件刺激（unconditioned stimulus：US）に先行して，条件刺激（conditioned stimulus：CS）を呈示します。こうした操作を繰り返すと，条件刺激に対してはそれまでみられなかった反応，条件反応（conditioned response：CR）が出現します（図3-1）。「パヴロフのイヌ」の例では，餌皿の見た目や飼育員の足音は条件刺激（CS），肉粉などの食べ物は無条件刺激（US），唾液分泌は条件反応（CR），あるいは無条件反応（UR）に相当します。もしも，条件刺激と無条件刺激が対呈示されなければ，条件刺激に対して条件反応が生じることはありません。そのため，パヴロフは古典的条件づけにおけるもっとも基本的な手続きを，条件刺激と無条件刺激の対呈示と考えました（Pavlov, 1927）。

ところで，こうした「パヴロフのイヌ」に関する研究はイヌなどの動物だけにとどまりません。CRはパヴロフが古典的条件づけ研究の糸口としてイヌに認めたように，人間の日常生活にも認めることができます（古武，1944）。たと

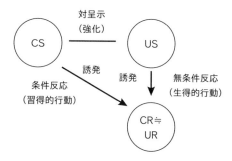

図3-1　古典的条件づけ手続きと条件反応の獲得
注：条件刺激（CS）は無条件刺激（US）に先
行することが多い。条件反応（CR）と無条
件反応（UR）は各刺激に誘発される反応で，
前者が対呈示を経験しなければ生じない習得
的行動であるのに対し，後者は経験せずとも
生じる生得的行動であり，外見上，類似して
いることも多い。

えば，「梅干し」と聞いただけで唾液が口のなかに出てきます。この場合，「梅
干し」という言葉はCS，梅干しの酸味はUS，言葉によって生じる唾液分泌は
CR，酸味によって生じる唾液分泌はUR，ということになります。この現象
は梅干しの酸味を知っている人間だけに認められ（林，1950），チョコレート
など他の食べ物を用いた研究でも観察されます（Watson，1919）。

　また，食べ物などの刺激だけでなく，電気ショックや大きな音などの嫌悪的
な刺激をUSとして用いたとしても，古典的条件づけは成立します。たとえば，
ワトソンとレイナーは赤ちゃんを対象に実験を行い，白ネズミをみせてから，
彼の背後で鉄棒をハンマーで叩き驚かせる，という手続きを繰り返すと，赤
ちゃんが白ネズミを怖がるようになることを報告しました（Watson & Rayner，
1920）。この場合のCSは白ネズミの見た目で，大きな音はUS，音によって生
じる驚愕反応はUR，ということになります。この研究は被験者である赤ちゃ
んの名前から「アルバート坊やの実験」として知られており，恐怖症やトラウ
マなどの不安障害の基礎研究の先駆けとしても有名です。

　これらの実験から，古典的条件づけの研究では，「刺激」という先行事象が
「反応」や「行動」という後続事象を引き起こすという，因果の図式を重視し

ていることが浮き上がってきます。かつて，ワトソンは目に見えない「心」ではなく目に見える「行動」を研究対象とすること，「刺激」とそれに対する「反応」との関係を分析することを提言し（Watson, 1913），その考えは「行動主義」として広く普及しました。しかし，1940年になると，人間をコンピュータの一種とみなす「認知主義」が出現し，また心理学に関する測定技術も大きく発展したことから，条件づけの手続きを用いた研究は心理学のなかで少しずつその数を減らすことになります。認知主義の考えはコンピュータの出現と情報理論の発展に基づいており，人間や動物などの生活体を刺激の入力と反応の出力をつなぐ情報処理体，コンピュータの一種としてとらえることに特徴があります。

　それでは，古典的条件づけの研究は，心理学のなかでもう廃れてしまったのでしょうか？　実はそうではありません。認知主義に基づく研究が流行するなか，1960年後半になると，古典的条件づけは環境内の事象間の関係に関する情報（あるいは知識）を生活体が獲得していく過程として再解釈され，再び注目されていくことになります（中島，2014）。次項では，なぜ古典的条件づけは生じるのか，という問題に関わる1つの研究史を紹介します。

2　古典的条件づけの研究史

　パヴロフの実験では，被験体であるイヌに対して，メトロノームの音を聞かせてから肉粉を与える，という手続きを繰り返します（図3-2）。その結果，イヌは本来肉粉とは関係のないはずの，メトロノームの音にも唾液を示すようになります。前項で述べたように，こうした現象は人間などイヌ以外の動物でも認められますし，電撃などの刺激を用いても認められます。古典的条件づけの実験では，被験体（最近はネズミ，人間の場合が多い）が，実験室のなかでも口や体が動かせるなど何らかの反応ができる状況に置かれます。そして，音や光などの刺激に続いて，食べ物や電撃などが呈示されます。

　上記のような唾液分泌を用いたCRの形成は「嗜好性条件づけ」と呼ばれ，相当な日時の経過を必要としますが，パヴロフは唾液分泌をモノサシとした実

給餌口

メトロ
ノーム

図3-2　イヌを用いた古典的条件づけの実験場面
出所：関西学院大学文学部 故・宮田洋名誉教授
より提供

験方法が，自然な CR を観察するための優れた方法と考えました。しかし，こ
うした方法は研究効率の観点から，今日ではあまり使用されなくなってきてお
り，むしろ実験統制の容易さの観点から，刺激を避けて体を動かすなど人工的
な CR の形成を目的とした急性実験（Bechterev, 1933）や，電撃などを用いた
「嫌悪性条件づけ」を用いることが一般的となっています。

　古典的条件づけの研究ではその詳細を明らかにするために様々な変数が実験
的に操作されます。たとえば，パヴロフは CS と US を呈示するタイミングを
時間的に近づけるほど CR が大きくなることを見出しました。この事実は「接
近の法則」として今日では広く知られています（Pavlov, 1927）。また，2つの
刺激が数多く対にされるほど，それらを結びつける連合が強くなり，CR が大
きくなることも知られています（Hull, 1943）。この事実は「頻度の法則」とし
て知られ，初期の学習に関する数理的理論の基礎となっています。興味深いこ
とに，古典的条件づけが成立するために，あるいは CR が獲得されるためには，
下記のようないくつかの条件が必要なようです。

　一般的な古典的条件づけでは，重要な事象（たとえば，餌の呈示）に先行し
て，ある事象（たとえば，メトロノームの音）が出現します。この順序をひっく
り返してしまうと，本来は CS であるはずの事象に，CR がみられないことが
知られています（漆原, 1999）。この事実は，古典的条件づけの獲得には，刺激
の「呈示順序」が関わることを示しています。また，先行事象である CS が呈
示されたときに，後続する US が出現する確率に合わせて，CR の大きさが変

化することも知られています（北口，1996）。たとえば，平均して2回に1回，CSの後にUSが呈示される場合は（CSがUSを予測する確率は0.5），CSが呈示されるたびにUSが呈示される場合（確率は1.0）に比べて，CRの量は一般的に小さくなります（Rescorla, 1968）。この現象は「随伴性効果」と呼ばれています。

3　なぜ古典的条件づけは生じるのか

「接近の法則」から「随伴性効果」までをふりかえってみますと，どうやら，古典的条件づけが成立するか否かは，CSとUSが時間的・空間的に接近していることに加え，そのCSがUSの到来や非到来の信号として機能していることが重要なようです。たとえば，CSがUSに先行している場合にCRの獲得が良好なのは，CSがUSの到来を知らせているからかもしれません。この順番を逆にしてしまうと，CSはUSの到来を信号しないことになります。また，「随伴性効果」のように，CSがUSを予測する確率が低くなるとCRが獲得されにくいのは，CSがUSの到来を知らせていないからかもしれません。先に述べた「接近の法則」や「頻度の法則」も，CSがもつ「信号」や「予期」の機能を重視するこれらの考えと矛盾しません。仮にこの立場が正しいのであれば，人間だけでなく，イヌやネズミなどの動物も，古典的条件づけの実験のなかで，とても複雑で高次な学習を行っていることになります。後述するNew 1では私たちの日常場面に近い場面を想像しながら，古典的条件づけのメカニズムを考えます。

◇Old 2　オペラント条件づけ

「ソーンダイクの問題箱」という言葉をご存知でしょうか。アメリカの心理学者ソーンダイクは，動物の知能に関する研究において，ネコが餌を求めて閉じ込められた箱から脱出すること，そして脱出に要する時間が試行を重ねるごとに短縮されることを発見しました（Thorndike, 1898；1911）。その後，アメリ

カの心理学者スキナーはこの実験を発展させ，ネズミやハトを対象に独自の実験装置である「オペラント箱」を用い，生活体の行動原理について体系的な研究を行いました（Skinner, 1938）。これらの実験はオペラント条件づけ（operant conditioning）の研究として広く知られています。

1 オペラント条件づけの考え方：後続事象による行動の制御

ネズミも，人間である私たちも，なぜそのように行動するのでしょうか？ この本を手にとっているみなさんは，それに答えるためには「心」を知る必要があると考えたからこそ，心理学に興味をもったのかもしれません。そして，もしもそう考えていたならば，みなさんは「心」という先行事象が「行動」を引き起こすという，「心→行動」のような説明の図式を想定しているのかもしれません。しかし，オペラント条件づけの研究では，行動を説明するために「心」という先行事象には注目しません。その代わりに，行動に後続して何が起きるのかという，行動の後続事象，よりわかりやすくいえば行動の「結果」に注目します。行動の頻度を増加させる結果（たとえば，空腹時の食べ物）を強化子（reinforcer），逆に行動の頻度を減少させる結果（たとえば，生命に危機を及ぼすほどの電気ショック）を弱化子（罰子：punisher）と定義し，この強化子・弱化子が伴う（随伴する）ことによる行動変容を扱うのがオペラント条件づけの研究です。

強化子と弱化子の概念は，「アメとムチ」や「報酬と損失」という用語とほぼ同義です。こう聞くと，強化子・弱化子による行動変容などは，さも当たり前のことを述べているように感じるかもしれません。しかし，「アメとムチ」の考え方はそれほど当たり前のことではありません。というのも，私たちは何かの原因を考える際，それに先行する出来事に注目する癖があるからです。みなさんは普段，行動の原因をそれに先行する「心」を仮定することで説明してはいませんか？ たとえば，勉強をしないのは「やる気」がないからだと考えてはいませんか？ この時みなさんは，見たことのない非物理的存在である「やる気」を仮定し（「これがやる気です！」と断言できるような物体を観察したこ

とはないはずです），そうした非物理的存在がどのようにして物理的存在である行動に影響するのかという問題を棚上げにしつつ，とにかくも先行する「心」が行動に影響したという説明の図式を採用していることになります。こうした説明に代わり，行動の結果としての強化子（勉強行動が増えないのはそれに強化子が随伴していないからだ）や弱化子（勉強の難しさが弱化子となって勉強行動が増えない）に注目し，「行動←結果」という説明の図式を採用しようというのがオペラント条件づけの見方なのです。次項では，強化スケジュール（reinforcement schedule）の古典的な研究例とその最新の流れを紹介します。行動を「動機づけ」や「認識」といった心的概念から説明するのではなく，その結果との関わりから説明するという姿勢が明らかとなるはずです。

2　オペラント条件づけの研究史

図3-3は，先ほど紹介したスキナーが開発したオペラント箱の一例です。被験体はハトで，ハトの正面のパネルに設置されたキーに対し，いつでも自由につつき行動（反応）を行えます（こうした場面はフリーオペラント場面と呼ばれます）。キーの下部には給餌口があり，ここから強化子として餌が呈示されます。人間を対象とする場合には，たとえばコンピュータディスプレイ上にハトの実験における正面パネルと同じようなものを表示させ，キーにカーソルを合わせたうえでのマウスクリックを反応としてカウントします。強化子にはポイント（後に金銭に交換可能となる場合もある）などが用いられます。被験体はほかにもネズミやサルなどが対象となっています。

強化スケジュールとは，行動－強化子間の随伴性の規則のことです。たとえば，固定比率（fixed ratio：FR）スケジュールとは，規定の反応回数に到達するごとに強化子が呈示されるスケジュールです。FR20ならば，毎回20回目の反応に強化子が随伴します。では，このFRスケジュールのもとではどのような行動が表れるのでしょうか？　FRスケジュールをある程度経験すると，人間を含めた動物全般で，「ブレーク・ラン」と呼ばれる行動パターンが表れます。これは，強化子呈示後に一定時間の休止が起き（ブレーク），その後はFR

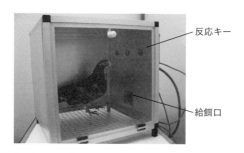

反応キー

給餌口

図 3-3　ハトを用いたオペラント条件づけの実験場面
出所：関西学院大学文学部　中島定彦教授より提供

値を満たし強化子が呈示されるまで一気に反応する（ラン）というパターンです。このブレーク・ランの行動パターンは，歩合給場面での人間の労働パターンに近いと考えられています。強化スケジュールとは，私たちが日常生活で経験する随伴性を抽象化したものと考えることができます。

　これまで数多くの強化スケジュールが考案されてきましたが（Ferster & Skinner, 1957），ここでは初期の頃から存在する，変動比率（variable ratio：VR）スケジュールと変動時隔（variable interval：VI）スケジュールに注目します。前者の VR スケジュールとは，FR の反応回数にばらつきをもたせたものです。たとえば VR 20 ならば，平均して20回の反応に対して 1 回の割合で強化子が呈示されます。後者の VI スケジュールは，VR のように反応回数ではなく，時間経過に依存して強化子を呈示するスケジュールです。たとえば VI 20秒では，平均して20秒ごとに強化子が呈示されます（正確にいうと，平均20秒経過すると強化子が準備状態となり，その後の初発反応に対して強化子が呈示されます。強化子は反応に随伴して呈示されるのであり，時間経過により自動的に呈示されるわけではありません）。

3　なぜ VR-VI 反応率差は生じるのか

　前述の VR と VI を比較すると，VR でより高い反応率（反応数／単位時間）が示されます（VR-VI 反応率差）。図 3-4 は，バウム（Baum, 1993）による

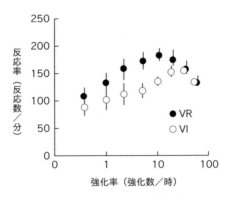

図3-4　VR-VI 反応率差の例

注：各データポイントのバーは標準誤差であ
る。横軸は対数スケールで示されている。
強化率が等しい（横軸値が同じ）VR と VI
を比較すると，右側の強化率が高い2条件
を除き，VR でより高い反応率が示される。
出所：Baum, 1993 より作成

VR-VI 反応率差のデータです。彼は図3-3のようなハトのキーつつきの場面
において，VR の値を2（2の1乗）から256（2の8乗）までの8条件間で系
統的に操作しました。またそこで得られた強化率（強化数／単位時間）に合わ
せ，VI の値も系統的に操作しました（この操作により強化率はスケジュール間で
等しくなります）。その結果，VR 値が4以下で強化率が極端に高くなる2つの
条件を除き，VR でより高い反応率が得られました。VR-VI 反応率差は，
ファースターとスキナーによる最初の報告以降（Ferster & Skinner, 1957），ハ
ト，ネズミ，サル，人間において確認されています。この結果は，強化子の頻
度が同じでも，その与え方のスケジュールが異なると，反応の起きやすさに違
いが表れることを示しています。

　なぜ VR で高い反応率が示されるのでしょうか。よくある素人的な答えは，
VR と VI はそれぞれ歩合給と時間給のようなものなので，VR ではより「やる
気（動機づけ）」があったというものです。あるいは，VR と VI のそうした報
酬構造の違いを「認識（弁別）」し，VI では反応を抑えたということも考えら
れます。「やる気」や「認識」という心的概念のオンパレードですが，果たし

て本当にこれらが VR-VI 反応率差の原因なのでしょうか？　後述する New 2
では，実に巧妙にその原因を明らかにした一連の研究を紹介します。

Old3　随伴性判断

　私たちは「スイッチを押すと電気がつく」ことを前提に，日々の暮らしを営
んでいます。また，「空が曇ると雨がふる」ことを観察し，傘を準備するかど
うかを決定しています。しかし，当たり前のようにも思われるこれらの営みは，
出来事と出来事の関係，すなわち随伴性（contingency）を経験によって理解す
るという高次な認知機能に基づいています（Shanks, 2007）。「随伴性」という
言葉を日常生活で聞くことはほとんどありませんが，普段，私たちが薬効や信
頼性，影響力，関係の強さ，規則，因果関係と呼んでいる概念は，この概念に
より統一的に理解することができると考えられています。「随伴性判断」とは
行為と結果の関係や刺激と刺激の関係を，身の回りにある環境内から抽出する
ことを指します。本節では随伴性判断について簡単に解説し，2つのタイプの
条件づけとの関係について考えてみます。

1　随伴性の概念

　ものごとの関係を記述するためには，2 × 2の組み合わせを考える必要があ
ります。たとえば，前述のスイッチ（押す／押さない）と電気（つく／つかな
い）や，曇天（あり／なし）と降雨（あり／なし）の関係は，2値事象が2個あ
るので，その組み合わせには4通りの状態があることになります（図3-5左）。
随伴性判断の実験ではコンピュータや冊子などを用い，テレビゲームのような
かたちでaからdまでの各セルの生起を経験してもらうことで統計的随伴性
（ΔP）を操作し（図3-5右），被験者がどのように判断を行うか，規範的な値
に従うか否かを検討することが多いようです。前述の例では2事象間に関係が
あることが推測されますが，実際の実験では被験者に事前知識のないカバース
トーリーのもとで課題に参加してもらうこともあります。

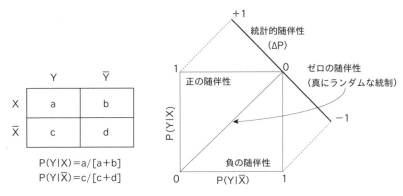

図3-5　2×2の随伴性テーブル（左パネル）と随伴性空間（右パネル）

注：セル a は事象 X と事象 Y の共生起，セル b は事象 X の単独生起，セル c は事象 Y の単独生起，セル d はどちらも生起しなかったことを示す。セル a からセル d までの頻度情報は P（Y|X）と P（Y|X̄）の2種類の条件つき確率に変換され，その大小関係は ΔP および随伴性空間上の一点として表現される。

2　随伴性判断の実験パラダイム

　図3-6 にはポパイとブルートのけんかの様子が示されています（嶋崎，2003）。事象 X はほうれん草をポパイに与えるか否か，事象 Y はポパイがけんかに勝つか否かに相当します（2人はアメリカの漫画の登場人物で，ポパイはほうれん草を食べるとパワーを出すキャラクター，ブルートはポパイの天敵です）。この実験ではほうれん草を与えるか否かを被験者が選択した後（a），向かい合って立つポパイとブルートが画面の中央に向かって歩き（b），そこでけんかをし，どちらかが勝った様子が示されます（c）。実際の勝率はコンピュータが決めているのですが，そのこと自体は被験者には知らされていません。この様子の観察を何度か繰り返してもらった後に，被験者に「ポパイがけんかに勝つことに対するほうれん草の効き目」，事象 X の事象 Y に対する随伴性の評価を求めることになります（d）。

　随伴性判断の実験で用いられる事象は刺激であることも，被験者による何らかの反応であることもあります。たとえば，「スイッチを押すと電気がつく」ことはオペラント条件づけの「反応と結果」の関係，「空が曇ると雨がふる」

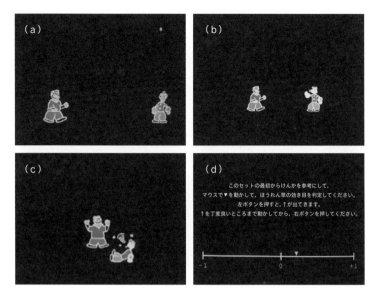

図3-6　コンピュータを用いた随伴性判断の実験場面
出所：関西学院大学文学部　嶋崎恒雄教授より提供

ことは古典的条件づけの「CSとUS」の関係に類似しています。過去の研究ではどちらのタイプの判断でも「随伴性効果」がみられること（Baker et al., 1989；Wasserman et al., 1993），「接近の法則」の影響がみられること（Vallee-Tourangeau et al., 2005），が報告されています（随伴性の概念では，事象が反応であるか刺激であるかを区別せず，これらを同じ枠組みで扱うことも多いようです）。人間が環境に適応するためには，古典的条件づけやオペラント条件づけによって自らの行動を変えることが重要ですが，そのメカニズムの一端は，随伴性判断の実験からもうかがい知ることができます。

◯New1　古典的条件づけの発展的広がり

「接近の法則」や「随伴性効果」までの研究では，主として1つの条件刺激（CS）と1つの無条件刺激（US）を対呈示するという，比較的単純な手続きを用いていました。それは環境統制のために，実験で操作する対象を可能な限り

単純化する必要があったためだと推察されます。しかし，人間や動物が生きている現実の世界では，あるUSに対して特定のCSだけが明示されるという状況はきわめて稀であるように思われます。むしろ，一般的には1つのUSが呈示された場合は，その前後には無数のCSになりうる刺激があり，そのなかでもっとも目立つものがCSとして機能するようになる，と考えたほうが妥当かもしれません。こうした思想に基づき，「手がかり競合」あるいは「刺激競合」と呼ばれる現象が注目されるようになりました。

1　手がかり競合

手がかり競合とは，ある条件刺激（CS_X）が無条件刺激（US）と対呈示されているにもかかわらず，それ以外に別の条件刺激（CS_A）も存在しているために，条件反応（CS_XへのCR）が認められないことをいいます。たとえば，小麦粉と卵をふんだんに使ったケーキを食べた時にアレルギーが生じても，そのどちらがアレルギーの原因なのか特定することは困難です。手がかり競合はCSとUSの対呈示を行ったにもかかわらず，特定の条件刺激（ここではCS_X）に条件反応（CR）がみられないため，「接近の法則」や「頻度の法則」に関する知見に疑問を投げかけていることになります。ここでは，その好例である「阻止」の現象について解説します。

阻止（blocking）とは，あらかじめ条件刺激と無条件刺激を対呈示しておくと（CS_A→US），その後この条件刺激と別の条件刺激を複合して対呈示した際に（CS_{AX}→US），付加された条件刺激（CS_X）に対する条件反応（CR）が小さくなる現象です（表3-1）。たとえば，ケーミンはネズミの恐怖条件づけの実験で，訓練期1では音刺激（A）と電撃の対呈示を行い，続く訓練期2では音と光の複合刺激（AX）と電撃を対呈示しました（Kamin, 1968；1969a；1969b）。その後，テスト期にて複合刺激AXの要素である光刺激（X）に対する恐怖反応を測定したところ，その量は非常に小さいことがわかりました。

この現象は当初，CSによるUSの予期と実際に起きた出来事との間のズレ，すなわち「驚き」の概念によって説明されました。たとえば，ケーミンの実験

表3-1　阻止の実験デザイン

訓練期	1	2	テスト	結果
阻止群	A+	AX+	X	CR↓
統制群	—	AX+	X	CR

注：刺激の数をそろえるため，統制群では—（何もしない）のかわりに B+ を行うことがある。

における実験群では訓練期1でのトレーニングにより，刺激 A がすでに電撃を信号するようになっています。そうなると，訓練期2で与えられる電撃はネズミに驚きを生じさせません。そのため刺激 X には古典的条件づけが生じないのだ，ということになります。このような解釈は，刺激間の接近だけが重要なのではなく，ある刺激が情報価をもつか否かが重要であるという，情報理論の立場を支持しています。阻止という現象の発見はそれまでの古典的条件づけの考えに衝撃を与え，レスコーラとワグナーのモデルなど，学習理論の研究に多大な影響を与えたことでも知られています（Rescorla & Wagner, 1972）。

2　結果の加算性の枠組み

ところで，阻止の現象は「生活体がどのように情報の取捨選択を行うのか」という問題を明らかにするうえで重要であるといえます。なぜなら，この現象は CS がもつ信号機能を，その背後にある刺激や過去の履歴との相互作用のなかで検証する必要があることを示しているからです。たとえば，ケーミンの阻止実験で CR がみられないのは，訓練期1のトレーニングにより刺激 A が電撃の信号となっているために，刺激 X はあってもなくてもいい冗長な刺激だったからかもしれません。この知見は人間の恐怖条件づけの実験でも再現されており（Mitchell & Lovibond, 2002），一般性が高いものだといえます。

しかし，「なぜ阻止などの手がかり競合の現象が生じるのか」については，CS がもつ「信号」や「予期」の機能を重視するほかにも，様々な見解があります。ここでは古典的条件づけを「○○は△△である」という命題的知識（propositional knowledge）を獲得するための手続きとみなす新しい立場を紹介します。ベッカーズら（Beckers et al., 2006）はネズミの恐怖条件づけの実験で，

表 3 - 2　ベッカーズらの実験デザイン（実験 2 より一部省略）

群	練習試行	訓練期 1	訓練期 2	テスト期	結果
Additive	$F_1+/F_2+/F_1F_2++$	A+	AX+	X	CR↓
Irrelevant element	$F_1+/F_2+/F_3++$	A+	AX+	X	CR
Irrelevant compound	$F_1+/F_1+/F_2F_3++$	A+	AX+	X	CR↓

練習試行中に「ある CS の後に US がくる（F_1→US）」「別の CS の後にも US がくる（F_2→US）」「CS が 2 つ呈示されるとより強い US がくる（F_1F_2→US×2）」という経験をさせる Additive 群と，ほかの経験をさせる 2 つの群を用意しました（F はフィラーの略号であり，実験のターゲットではないことを意味します）。ここでは「足し算の発想（結果の加算性）」，あるいは「CS が 2 つあると US が強まる」という経験をネズミに与えるかを操作したことになります。その後の本番では，訓練期 1 で刺激 A と無条件刺激を対呈示し（CS_A→US），訓練期 2 に刺激 A と別の刺激 X を複合して対呈示し（CS_{AX}→US），付加した刺激（CS_X）に対する条件反応が小さくなるかを検討しました（表 3 - 2）。その結果，「CS が 2 つあると US が強まる」という経験をした 2 群（Additive 群と Irrelevant compound 群）ではテスト期で刺激 X への阻止がみられましたが，経験しなかった Irrelevant element 群で阻止はみられませんでした。

　なぜこのような実験結果が得られたかについては，様々な解釈が可能です。ベッカーズらはこの結果を「人間は死ぬ（大前提）」「ソクラテスは人間である（小前提）」「（ゆえに）ソクラテスは死ぬ（結論）」の例で知られる，演繹推論の立場から説明しています。たとえば，「CS が 2 つ呈示されるとより強い US がくる」という経験をした 2 群（Additive 群と Irrelevant compound 群）では，実験中に次のような推理がなされたと考えます（図 3 - 7）。Additive 群と Irrelevant compound 群で同様の結果がみられたことから，ベッカーズらは「ネズミなどの動物は訓練の有無に関わらず，もともと大前提に相当する「足し算の発想（結果の加算性）」を持っているのではないか」という大胆な仮説を主張しています（こう考えるとケーミンの実験結果もうまく説明できます）。

　ベッカーズらの実験では練習試行とは違い，実際の実験（本番）では強い

大前提：もしも CS_A と CS_X の両方が US の原因なら，US の強度はそれらが単独で呈示される
　　　　よりも強くなる。

小前提：US の強度はそれらが単独で呈示されるよりも強くならなかった。

結論：∴（ゆえに）CS_A と CS_X の両方が US の原因ではない。

図 3 - 7　相互排他性が獲得されるまでの推論プロセス

大前提：CS_A または CS_X は US の原因である。

小前提：CS_A は US の原因である。

結論：∴（ゆえに）CS_X は US の原因でない。

図 3 - 8　阻止が生じるまでの推論プロセス

US が与えられることはありません。そのため，練習試行から本番にかけては，図 3 - 7 のように「CS_A と CS_X の両方が US の原因ではない（どちらかが US の原因である）」，という排他的な枠組みが 2 群で獲得されることになります（Irrelevant element 群では獲得されません）。この考えに基づくと，本番での経験内容は図 3 - 8 のように解釈されることになり，2 群では阻止が強くなること，Irrelevant element 群で阻止が弱まることを説明できます。

　この知見はネズミを対象に得られたものですから，推論のような高次なプロセスを仮定したり，一種の「言語」を用いた説明を採用することは，ちょっと言い過ぎではないか，という批判もあります。人間の恐怖条件づけの場合は，練習試行を用いなくても，「足し算の発想（結果の加算性）」を言葉で教示することで阻止が強くなることが示されていますが（Mitchell & Lovibond, 2002），現時点でこれらの知見をシンプルに説明する試みは十分ではありません。さらなる研究の発展が望まれます。

3　古典的条件づけ研究からわかること

　New 1 では「好き嫌い」や「価値観」を変えるための手続きとしての古典的条件づけを紹介し，どのような研究がなされているのか，そして人間や動物が示す「行動の変化」の背景で何が起きているのか，について紹介しました。どうやら，古典的条件づけが成立する背景には，私たちが想像していたよりも遥かに複雑で高次なメカニズムがあるようです。近年ではベイジアン・ネット

ワークと呼ばれている数理的な立場から，条件づけのメカニズムを解明しよう
とする研究も登場しています（Blaisdell et al., 2006）。こうした研究動向からも
示唆されるように，古典的条件づけは決して古臭くなく，現在もなお新たな成
果を生み出している，魅力的な研究パラダイムであることがわかります。

　これまでに紹介した研究は「基礎研究」と呼ばれるもので，その多くは動物
を対象として行われています。しかし，近年は脳神経科学の隆盛に伴って，人
間を対象とした古典的条件づけも多く行われるようになりました（沼田・宮田,
2011）。たとえば，恐怖条件づけの実験は，精神医学的な研究との親和性が高
いと考えられています。それには，（1）CR の獲得が恐怖症などの精神疾患の
モデルとみなせることや，（2）CR の消去に関する技法が曝露療法（exposure
therapy）など問題行動の治療に関する新しい知見を提供してきたこと，など
の理由があります。近年では恐怖症やトラウマを効率よく治療したり，再発を
防ぐ方法についても研究が進められています（Schiller et al., 2010）。これらの試
みは，学習心理学と臨床心理学のつながりを示す，好例といえるでしょう。

　また，古典的条件づけの枠組みから，日常場面でのわれわれの行動を分析す
ることも試みられています。テレビ CM などの広告により購買行動は影響を
受けるか，はその好例といえます（中島, 2006a；2006b；2010）。美しい風景や
TV タレントは US，商品そのものや企業のロゴは CS の 1 種とみなすことがで
きるためです。その他にも，美味しい食事を一緒にすることで相手の気持ちを
開くランチョン・テクニックなどは古典的条件づけの原理を応用したものと考
えることができます（Razran, 1938）。これらは学習心理学が社会心理学や行動
経済学など，多くの近接領域と結びついていることを示す好例といえます。

　古典的条件づけの研究はまだまだ，これからです。CR の獲得や消去に関す
る研究も，「パヴロフのイヌ」の研究をもって，すべてがつくされたわけでは
ありません。基礎研究や近接領域との学際的研究をはじめとして，これから取
り組むべき課題はたくさんあります。Old 1 と New 1 では条件づけの研究から，
人間や動物の「心」のあり方が浮かび上がってくることを紹介しました。古く
て新しい，古典的条件づけ研究のさらなる発展が期待されます。

○New2　オペラント条件づけの発展的広がり

1　反応間時間に基づく理解

　Old 2 で紹介した VR-VI 反応率差を理解するために，ピールらが注目した
のは反応間時間（inter-response time）でした（Peele et al., 1984）。反応間時間と
は，文字通り，ある反応と次の反応との間の時間間隔です。反応間時間は，生
活体が実際にはどのように反応しているのか，すなわち行動パターンを知るた
めの１つの指標となっています（たとえばオペラント箱内を一周してからキー
を押すという行動パターンは，長い反応間時間として示されます）。さて，VR では，
強化子呈示は反応回数に依存します。このため，反応間時間の長短と強化子呈
示の間にはなんらの関係もありません。これに対して VI では，強化子呈示は
時間経過に依存します。反応間時間が長い反応ほど長く「待っている」ことに
つながりますから，その反応に随伴して強化子が呈示されやすくなります。こ
れより，強化子はその直前の反応間時間（行動パターン）の増減に関わってい
ると考えることで，VR-VI 反応率差を説明することができます。

　ピールらは，この考えが正しいことを実験的に示しました。そこでは，VR
と VI が次のように修正されました。VR では，反応回数の基準を満たしただ
けでは強化子を呈示せず，その後に１度だけ長い反応間時間の生起を求めまし
た。また VI では，時間経過の基準を満たしただけでは強化子を呈示せず，そ
の後に１度だけ短い反応間時間の生起を求めました。その結果，もともと VR
であったスケジュールの反応率は VI と同程度に，またもともと VI であった
スケジュールの反応率は VR と同程度になりました。

2　コピーイスト・モデル

　しかしピールらのアイデアは完全なものではありませんでした。筆者のひと
り（丹野）は，ピールのアイデアに基づいたコンピュータ・シミュレーション

のモデルを作成し，反応率の具体的な予測値を算出してみました。そしてその予測値を先行研究で得られている実測値と比較したところ，その精度（説明率）はわずか24％しかありませんでした。ピールらの実験結果から，彼らのアイデアが質的に正しいことは明らかです。しかし量的精度の問題は，彼らのアイデアには修正が必要なことを示唆しています。

　そこで丹野らは次のような修正を加えました（Tanno & Silberberg, 2012；Tanno et al., 2015）。ピールらのアイデアでは，強化子の効果は，強化直前の反応間時間に限定されていました。丹野らはこれを，(1) 強化子の効果は，強化直前の反応間時間のみならず，複数個前の反応間時間にまで波及する，(2) ただしその効果は，強化子呈示からの時間的距離に従い指数関数的に減衰する，というかたちで修正しました。コピーイスト・モデルと名づけられたこのモデルは，上述の先行研究での実測値に対し，91％という高い精度を示しました。

　以上の研究から得られる結論は次の2点です。1つ目は，VR や VI といった変動スケジュール下では，オペラント条件づけは微視的な時間枠で機能するということです。われわれの行動は，変動しやすい環境においては，強化子が得られた直前の行動を繰り返す傾向があるようです。2つ目は，オペラント条件づけにおける「形成」の視点です。VR-VI 反応率差の原因は，結局のところ，VI では長い反応間時間を示すような行動パターンが形成されたというものでした。つまり VR-VI 反応率差とは，行動の生起頻度の大小ではなく，行動の仕方の変容に関わる問題だったということになります。強化子の効果を以前に生じた反応のコピーとみなし，そのコピー範囲が「接近の法則」に影響されるというコピーイスト・モデルの考えは，オペラント条件づけが，私たちが想像していたよりも遥かに単純なメカニズムで成立していることを示唆しています。

　ここで「心」の問題に戻りましょう。Old 2 では，VR-VI 反応率差の心的概念を用いた説明として，①VR では「やる気（動機づけ）」が高くなった，②VR と VI の報酬構造の違いを「認識（弁別）」した，という2点をあげました。ここまでの話を知らなければ，みなさんもこうした心的概念により，VR-VI

反応率差を説明するのではないでしょうか？　最初から行動と結果の関係に注目し，強化子が得られた直前の行動を繰り返しているだけだという見解に到達できたでしょうか？　「アメとムチ」の思考様式はそう当たり前のことではないのです。VR-VI 反応率差の研究例を通して，オペラント条件づけ研究における，「行動←結果」という単純で明快な図式の重要性が示されたことと思います。

3　オペラント条件づけ研究からわかること

　オペラント条件づけ研究の多くは，心理学の一分野である行動分析学と呼ばれる分野において行われています。ここでの研究の評価基準は「行動の予測と制御」に貢献するか否かという，プラグマティズムに従ったものです。本節では，「やる気」や「認識」などの心的概念に頼った行動の説明，もう少し広くいえば「心→行動」という説明の図式を否定しました。そして代わりに，強化子や弱化子による「行動←結果」という図式による行動の説明を示しました。ここでの問題は，「行動の予測と制御」を前進させるにあたり，「心」を仮定する必要があるかどうかということなのです。

　「行動の予測と制御」へのプラグマティックな姿勢が，オペラント条件づけ研究（行動分析学）を他の心理学から特徴づけるものとなっています。他の多くの心理学での興味対象は，まず「心」にあります。ここでは，「心→行動」という図式を前提とし，観察できる「行動」を指標として，観察することのできない「心」を理解しようとします（これは方法論的行動主義と呼ばれており，古典的条件づけ研究の一部を含みます）。一方，オペラント条件づけ研究（行動分析学）における興味対象は「行動」です。そして行動の予測と制御という基準から，「心」ではなく「結果」による説明を採用しているのです。

　オペラント条件づけ研究（行動分析学）のこうしたプラグマティックな姿勢は，多くの応用研究へとつながってきました。たとえば，ビジネス場面でのパフォーマンス・マネジメントや，発達に関わる行動問題の解決を目的とした発達臨床において，オペラント条件づけの知識が活かされ大きな成果をあげてい

ます（Cooper et al., 2007）。私たちはなぜそこを見るのか（Schroeder & Holland, 1969）といった日常生活の些細なことまでも，オペラント条件づけにより制御されていることを示した研究もあります。

　さて，心理学の書物を手にもつあなたの興味は，実際のところ，「心」と「行動」のどちらにあるのでしょうか？　筆者のひとり（丹野）が心理学に求めたのは後者であり，それゆえオペラント条件づけを研究対象に選びました。読者のなかにも，きっと「心」ではなく「行動」に興味があったからこそ，本書を手に取った方がいることでしょう。そしてそうならば，ここでの話は発想の転換になったと思います。オペラント条件づけは，「心」に頼らず，「結果」から行動を説明する図式をもたらすのです。

■New3　随伴性判断の発展的広がり

　Old 3 で紹介したように，人間の随伴性判断は，一般に X が生起したもとで Y が生起する確率（条件付確率）や統計的随伴性（ΔP）などの客観的な値に従うと考えられています。しかし，状況によってその判断にはバイアスと呼ばれる歪みが生じることも知られています。たとえば，オペラント条件づけに類似した実験では，反応率の差や強化率の違いによって被験者の判断が異なることが示されています（首藤ほか，2011；堀ほか，2014）。また，古典的条件づけに類似した実験では阻止など先行経験による影響も検討されています（Beckers et al., 2005；沼田・嶋崎，2009；2014）。

　これらの試みは人間と動物に共通する認知機能を研究する，という文脈を提供することにもつながります。また，どのような状況であれば人間が判断を誤りやすいか，という教育心理学的な研究にもつながります。コンピュータがあればどこでも実験ができるという利便性や，カバーストーリーや随伴性の提示・評価方法など操作できる変数も多いことから，今後，随伴性判断の研究はさらに増加していくと考えられています（漆原，2014）。

第 3 章のまとめ

　本章では学習心理学で扱われるトピックのうち，古典的条件づけとオペラント条件づけという 2 つの学習のタイプに関する知見を紹介しました。古典的条件づけでは「パヴロフのイヌ」から近現代にいたるまでの研究史を紹介し，「阻止」という現象を題材に，Old 1 から New 1 にかけてどのように研究が発展しているかを解説しました。ここでは古典的条件づけの諸現象が，「推論」のような複雑で高次なメカニズムによって生じることが示唆されています。一方，オペラント条件づけではハトの「オペラント箱」に関する実験方法を紹介し，強化子（平たく言えばアメとムチ）の与え方，すなわち強化スケジュールの違いによって動物の行動にどのような違いが生じるかを，Old 2 から New 2 にかけて議論しました。ここでは強化子呈示の直前の行動を繰り返すなど，単純なメカニズムによって私たちの複雑な行動を説明できることが示唆されています。そして，Old 3 から New 3 では「随伴性判断」のパラダイムを紹介し，2 つの学習のタイプと「随伴性」の概念との関係，動物や人間で蓄積された知見がこの事態でもみられることを紹介しました。本章で示した知見のなかには直観に反するものもあるかもしれませんが，それだけに「学習」について多くの示唆を私たちに与えてくれます。

　学習心理学の考え方や説明の仕方は様々ですが，本章で紹介した研究史からは「私たちはなぜそのように行動するのか」という疑問を解決するために多くの実験がなされ，知見が蓄積されてきたことがわかります。本章の内容からは，学習心理学者たちが異なるアプローチでこの疑問に答えようとしてきたこと，その研究が様々な研究領域とつながっていることもわかります。条件づけと学習は人間や動物の「心」や「行動」を理解するための有用な枠組みなのですが，国内では年々研究数は減少しつつあります。一方，脳神経科学や薬理学といった近接領域では，学習心理学は必須の知識となっており，研究も盛んに行われつつあります。今後の展望として，心理学者はもちろん，複数の立場の研究者が共同して行う学際的，領域横断的な研究が重要になると予想されます。

　また，紙幅の都合上詳しく述べることはできませんでしたが，近年の研究で

は2つの条件づけや随伴性判断の能力が加齢・発達によって変化することも示されています（沼田，2015；2016；堀ほか，2019）。たとえば，シムズら（Simms et al., 2012）は子どもを対象とした随伴性判断で阻止の実験を行い，New 1 で触れた「足し算の発想（結果の加算性）」の練習試行の効果が就学児（6〜7歳）では認められるものの，未就学児（4〜5歳）では認められないことを報告しています。これは学習心理学と発達心理学のつながりを示す例といえます。その他にも，学習に関する知見は，自分自身や周囲の環境を「どのように変えていくのか」に関する新しいものの見方を提供することにつながり，New 1 から New 3 までで言及したように，臨床心理学や教育心理学とも密接に関わっています。本章で紹介した内容は，学習心理学という領域の一部でしかありませんが，それぞれのトピックにはそれぞれの面白さや奥深さがあることがわかります。実験の話が中心ですから，読者のみなさんからみて，難しいと感じた箇所もあるかもしれません。しかし，よく想像してみると，紹介した知見から日常生活を違う目線で眺めることができたり，その他の心理学，研究領域とのつながりを感じることができるようになります。学習心理学，興味があれば是非，勉強してみてくださいね。

反射

　刺激によって引き起こされる，体の一部の定型的な運動パターン。一般に意思とは関係なく生じるものを指し，行動分析学ではレスポンデント行動と表現される。たとえば，空腹のイヌに餌を与えると，唾液を出す。これは唾液分泌反射という無条件反射の好例であり，餌という刺激に誘発されたレスポンデント行動の一種である（条件づけ手続きを行った場合にのみ観察される，条件反射もまた反射に含まれる）。類似の用語として「反応」があるが，こちらは骨格筋運動などの比較的複雑な行動を含んでおり，より広い意味で用いられることが多い。

消去

　刺激を単独呈示する手続き，あるいは単独呈示によって反応が減弱する現象のことを指す。古典的条件づけの場合は無条件刺激を伴わずに条件刺激のみを呈示した場合，オペラント条件づけの場合は反応に強化子を随伴させない場合に，手続きとしての「消去」という用語が用いられる（実験的消去とも呼称される）。手続きと現象の，どちらの意味で用いられているか，注意が必要である。

曝露療法

　不安などの不適応反応を引き起こす刺激に，患者が身をさらすこと。エクスポージャー（exposure）とも呼称される。慣れ，あるいは消去による恐怖反応の減少を目的として，反応が生じなくなるまで不安を喚起する刺激に身をさらす心理療法である。不安階層表を用いて徐々に恐怖場面に直面させる「段階的エクスポージャー」と，最初からもっとも強い恐怖場面に直面させる「フラッディング」がある。直面する刺激は想像でも現実に存在するものでもよいが，一般に後者のほうが介入成績は良好とされる。

恐怖症

　不安障害の一症例で，特定の対象に対する強い恐怖が慢性的に持続し，患者の日常生活に支障をきたすものを指す。フォビア（phobia）とも呼称される。患者は自分の感じている恐怖を和らげたいと考えているものの，思い通りにならないと訴えることが多い。発症メカニズムについては諸説あるものの，認知行動療法の枠組みでは古典的条件づけとその般化によって説明されることが多く，エクスポージャーやその派生形が介入方法として用いられることが多い。

文献案内
──さらに詳しいことを学びたい人に──

1 実森正子・中島定彦（2019）学習の心理 ── 行動のメカニズムを探る（第2刷） サイエンス社

　学習心理学の重要な事項について，簡明に記述がなされている。古典的条件づけについては，基本的特徴から信号機能，生物学的な発現機構にいたるまで，説明がなされている。オペラント条件づけについて，基礎から強化スケジュール，刺激性制御とこれらの技法を用いた応用研究にいたるまで，幅広く解説がなされている。

2 Mazur, J. E. (2006) *Learning and Behavior* (6th edition). New York : Psychology Press.（メイザー，J. E.（著）磯博行・坂上貴之・川合伸幸（訳）（2009） メイザーの学習と行動（日本語版第3版） 二瓶社）

　学習心理学に関する包括的な教科書である。古典的条件づけについては，ベーシックな実験事実から学習理論の展開までを網羅しており，日常場面と古典的条件づけの関連についても解説がなされている。オペラント条件づけについても，強化スケジュールなどの基礎的なトピックから行動分析学まで，丁寧な解説がなされている。

3 Skinner, B. F. (1953) *Science and human behavior.* New York : Macmillan.（スキナー，B. F.（著）河合伊六・長谷川芳典・高山　巌・藤田継道・園田順一・平川忠敏・杉若弘子・藤本光孝・望月　昭・大河内浩人・関口由香（訳）（2003）科学と人間行動　二瓶社）

　スキナーの著作であり，行動分析学の基本的な考え方だけでなく，思考，社会的行動，自己制御，政治と法律，教育，文化など日常生活における幅広い分野の諸問題への応用も平易に解説されている。「科学としての心理学」を考えるうえでも，とても参考になる。

第4章

欲　求

Introduction：日々の生活で抱く様々な欲求

　三大欲求（「食べたい，眠りたい，○○したい」）は，私たちが日々の生活のなかで頻繁に感じているものです。三大欲求以外にも，「お金がほしい」「友達と遊びたい」「人の役に立ちたい」のように，様々な欲求を私たちは抱いています。宮本（1981）は「欲求とは，生体の生理的あるいは心理的な状態が，何らかの意味で不均衡になったとき，またもっと大きな喜びや刺激を求めるときの内的状態」としています。わかりやすく言うのであれば，「欲求とは，人々のこころや身体が何かを求めている状態」といえます。

　三大欲求をはじめとして，渇きや排泄の欲求など，人々に生得的に備わっている基本的な欲求を，一次的欲求（生理的欲求）と呼んでいます（中島ほか，1999）。一方，学習経験によって獲得され，社会的な生活を送るうえで形成されてきた欲求を，二次的欲求（社会的欲求）と呼んでいます。生理的欲求と社会的欲求のもつ特徴や役割の違いなどから，心理学のなかでも，欲求を扱う領域は多岐にわたっています。たとえば，欲求の生じる過程を扱う生理心理学や学習心理学，不健康な行動を導く欲求を治療対象と考え，その欲求のコントロール方法を考える臨床心理学など，様々な領域で研究は行われています。

　本章を担当する筆者は，社会心理学を専門とする研究者です。食行動や嗜癖行動に関連する研究と出会い，もっと知りたい，わかっていないことをもっと明らかにしたいという思いからこの領域の研究をはじめました。もちろん研究を進めるなかではマイナスな側面もありますが，この領域の研究はとりわけ日常生活と密接に関連しており，多くの研究が日常生活を送るうえでの疑問や問題から生じてきているため，非常に面白い領域だといえます。

　本章では，食行動と関連する食欲，そして飲酒やギャンブル行動といった嗜癖行動と関連する欲求を取り上げ，私たちが日々感じている欲求について考えていきます。

Old 1　古典的な欲求の分類

はじめに説明したように，欲求（need）とは，行動を生じさせる個体内の状態のことをいいます（中島ほか，1999）。たとえば，「食べたい」という欲求が「食べる」という行動を引き起こしますし，「お金がほしい」という欲求が「働いてお金を稼ぐ」という行動を引き起こします。このような欲求について説明した代表的な理論が2つあります。1つがマレー（Murray, 1938）による欲求の分類で，もう1つがマズロー（Maslow, 1970）による欲求階層説です。

1　マレーによる欲求の分類

欲求の研究において，最初に体系的な理論を提唱したのがマレーです。マレーは，生命を維持するために必要な生理的欲求を一次的欲求とし，社会生活を送るなかで必要な社会的動機を二次的欲求として分類しました。人間の欲求のなかでも生理的欲求は基本的なものであり，これにはお腹が空いた，のどが渇いたといった欲求が含まれます。

一方，社会的動機は，家族や友人などとの社会的な関係のなかで学習されます。マレーはこの社会的動機を細かく分類し，表4-1のような二次的欲求のリストを作成しています。これらの二次的欲求のなかでもっとも研究されているのは，達成動機に関するものです。マレーの理論の問題点は，二次的欲求のリストが多すぎることであり，30近くあります。

2　マズローの欲求階層説

マズローは，人間の欲求を5段階の階層として理論化した欲求階層説を提唱しました。欲求階層説では，いろいろな欲求は階層的な構造をしており，低次の心理的欲求が満たされると，高次の心理的欲求が生じると考えられています（図4-1）。階層の最下層には生理的欲求が位置づけられています。

生理的欲求が満たされると，より高次な欲求が生じるようになります。安全

表4-1　マレーの二次的欲求リストの一部

達成欲求	努力して目標を達成したい
親和欲求	人と仲良くなりたい
攻撃欲求	相手を攻撃したい
援助欲求	弱い人を助けたい
遊戯欲求	楽しさやおもしろさを追求したい
自律欲求	自由と独立を求める

図4-1　マズローの欲求階層
出所：Maslow, 1970 より作成

や安心を求め，恐怖や不安から逃れようとする安全の欲求です。大人がこのような欲求を意識することはあまり多くはありませんが，子どもは日々の生活でこの欲求を満たそうとするために，様々な行動をとります。たとえば，親と離れたときやカミナリなどの大きな音がしたときなど，新しくてなじみのない環境や刺激に直面したときに，泣いたり隠れたりします。

　生理的欲求と安全の欲求が満たされると，所属と愛情の欲求が生じてきます。この欲求は，家族や友人などの周囲の人々に受け入れられたい，愛されたいという欲求です。集団に所属することを望み，孤独や不安を感じることを避けようとします。この欲求が満たされないことが，不適応や社会的不安などの原因になることもあります。

　続いて生じる承認の欲求は，課題を達成して高い自己評価を得たい，他者からの尊敬や注目を得たいという欲求です。この欲求は２つに分けることができます。１つは，達成感や自信などの自分自身に対する承認欲求です。もう１つは，他者から得られる評判や承認などへの欲求です。これらの欲求が満たされることで，人々は自信や強さを得ることができますが，満たされなければ，劣等感や無力感を感じます。

　これまでの欲求すべてが満たされた後に生じる欲求が，自己実現の欲求です。この欲求は，人が潜在的にもっている能力や可能性を実現したいという欲求です。この欲求がどのようなかたちで実現されるのかは，人によって大きく異なります。ある人は楽器を演奏することで表現するかもしれませんし，ある人は

スポーツをすることで表現するかもしれません。

　このように，下位の欲求が満たされることで，より高次の欲求が生じるのですが，逆に言えば，食事や睡眠がしっかりとれていなければ（つまり，生理的欲求が満たされていなければ），目標をもってそれに向かって努力していくことはできない（自己実現の欲求が生じない）のかもしれません。

　マズローの欲求階層説の問題点としては，実証的な検証が困難な点があげられます。この理論を支持する客観的なデータはまだ得られていません。しかし，この理論は心理学以外の分野でも欲求に関する研究の基礎として応用されています。

　ここまでみてきたように，どちらの理論においても，食欲は基本的で生理的なものであるととらえられています。食欲によって引き起こされる「食べる」という行動は，本能的行動あるいは生物的行動であると考えられていたため，心理学的にはあまり活発に研究されてきませんでした。しかしながら，近年では，様々な分野からのアプローチによって，食行動が単なる本能的行動ではないことが明らかになってきています。New 1 では，具体的な研究を紹介しながら，そのことについてみていきたいと思います。

Old 2　欲求に関連する認知的活動

　これまで紹介してきたとおり，欲求は様々な領域で扱われている概念です。そのため，欲求という用語については，研究者の寄って立つ理論や立場，学問領域によって，その呼び方が異なっていて，動因，動機づけ，欲望などと呼ばれています（中尾，1998）。ここでは，臨床心理学の領域において，欲求がこれまでにどのように扱われてきているのかをみていくことにします。

1　欲求が対象とされてきた研究領域

　PubMed（健康科学・医学系の文献を調べる際に用いられる無料のデータベース）を使用して，電子検索を行い，欲求に関してどのくらいの研究数があるかを調

べてみました（2024年1月）。「craving」という述語を用いて検索したところ，12,000件を超える研究論文が見つかりました。次に，その12,000件の研究論文について，どのような領域で欲求に関する研究が行われているかをみてみると，特定の食べ物，お酒，タバコといった特定の食物摂取や物質使用に関する研究，ギャンブルやオンラインゲームといった特定の行動に関する研究，そして性行為をはじめとする性にまつわる行動に関する研究が中心であり，主に嗜癖行動と称される領域における研究が行われてきていることがわかりました。さらに，どのような研究が行われているかについては，なぜこれらの欲求が生じるかに関するメカニズム解明のための研究をはじめとして，欲求を上手くコントロールできずに様々な問題に直面した人たちに対して治療を施した研究，生理学的・主観的に欲求を測定する方法を開発する研究など，様々なレベルで欲求の研究が行われてきています。

2 嗜癖行動を理解するうえでの欲求の分類

ここで紹介した嗜癖行動（飲酒，ギャンブル，性にまつわる行動など）の領域では，欲求はその特徴によって2つのタイプに分類されています。たとえば，"お酒を飲みたい"と"お酒を飲んでストレスを発散したい"は，区別されて取り扱われているのです。マーラットとゴードン（Marlatt & Gordon, 1985）によると，"お酒を飲みたい"という欲求は衝動的欲求（urge：行動をとる前の一次的で突発的な衝動）と呼ばれ，"お酒を飲んでストレスを発散したい"という欲求は渇望的欲求（craving：特定の行動に伴う効果や結果が得られることに対する主観的な欲望）と呼ばれています。

欲求が衝動的欲求と渇望的欲求とに区別されたことは，行動のメカニズムを明らかにしようとする研究者たちに1つの重要な視点を与えたといえます。というのも，私たちの行動を理解するうえで，条件づけ理論が中心的な役割を担うことは第3章で述べられましたが，バンデューラ（Bandura, 1977）によって，行動を理解するうえで，条件づけ理論だけでなく，予期（expectancy）をはじめとする認知的活動も重要であるとみなされるようになったからです。

たとえば，ある人は「今日パチンコで〇円勝つことができれば，借金を少し
でも減らすことができる」と考えてギャンブルをするかもしれませんし，また
ある人は「もう少しゲームをやれば，クリアできるので，今ゲームをやるしか
ない」と考えて，オンラインゲームをするかもしれません。坂野（1995）も，
人々の行動は様々な出来事の経験や得られた情報に対する「解釈」によって影
響を受ける，としています。ここであげられている「解釈」の1つとして，結
果予期（outcome expectancy：行動した結果，何が起きるかに関する予期）があり，
マーラットとドノヴァン（Marlatt & Donovan, 2005）は，渇望的欲求を"ポジ
ティブな結果予期に対して強く動機づけられた状態"と呼んでいます。

Old 3　嗜癖行動を引き起こすものとは

　ところで，欲求や結果予期は嗜癖行動が引き起こされる一連の過程のなかで，
どのような役割を担っているのでしょうか？　ここでは，嗜癖行動を引き起こ
す状況に関するモデルの1つを紹介し（Marlatt & Gordon, 1985），嗜癖行動の生
起における欲求の役割について述べていきます。また，欲求が湧いてくるきっ
かけについても述べたいと思います。

　図4-2を見ると，日常生活を送るなかで，宮本（1981）の言う不均衡が発
生することによって，その不均衡を解消したい，あるいは自分の意のままに振
る舞いたいという思いが生じ，渇望的欲求や正当化をはじめとする認知的活動
にいたるといった一連の状態が，嗜癖行動を引き起こす状況であると考えられ
ています。

　飲酒を例として，具体的に飲酒を引き起こす状況について考えてみましょう。
日常生活の不均衡については，「恋人にフラれて，世界の終わりのようだ」や
「仕事が上手くいった」といった様々な出来事や気分などが考えられます。不
均衡には，マイナスのものもあればプラスのものもあります。そして，不均衡
を解消したいという思いから，「とにかく，お酒を飲みたい（衝動的欲求）」や
「お酒を飲んで，嫌なことを忘れたい（渇望的欲求）」と思ったり，「今日くらい

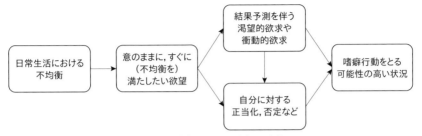

図4-2 嗜癖行動を引き起こす状況
出所：Marlatt & Gordon, 1985 より作成

は，あびるほどお酒を飲んでも構わない（正当化）」と考えたりする認知的活動にいたり，ついついお酒に手を出すことになります。このようなモデルからいえることは，欲求は行動を引き起こす要因の1つであり，結果予期とともに，行動の生起に重要な役割を果たしているといえます。

また，嗜癖行動に関連する欲求を抱く人々の特徴の1つに，注意バイアスというものがあります。注意バイアスとは，特定の情報に対して意識が向いてしまう特徴を指しています。ギャンブル依存症やアルコール・薬物依存症の人々は，各嗜癖対象への注意バイアスを有している傾向があることから（Field et al., 2009），日々の生活を送るなかで，様々な状況において，特定の情報に意識が向きやすくなってしまい，それがきっかけとなって欲求を引き起こしているといえます。つまり，ギャンブル行動を例にすると，ギャンブル依存症者は，パチンコ屋の看板や音に気がつきやすかったり，もしくは本屋でギャンブル情報雑誌に目がいきやすかったりと，日常生活場面でギャンブルに関連する刺激に注意が向きやすいため，ギャンブルに対する欲求が高まりやすいのです。また，少し話はそれますが，最近のスマートフォンやパソコンでみる Yahoo ニュースなどでは，利用者の検索履歴によって紐づけられてくるニュースに偏りがみられます。そのため，ギャンブル依存症者は，自然と多くのギャンブルに関連する情報にさらされることにもなっているため，欲求のコントロールも難しいといえます。注意バイアスという特徴を考えると，欲求が引き起こされるのは，上記で述べたマーラットとゴードンのモデルにとどまらないともいえ

るので，欲求については，まだまだ研究が必要な領域であるといえます。

◯New1　人は"何を""どのくらい"食べるのか

　人はなぜ食べるのでしょう。もちろん生きていくためだと考える人もいると思います。でもそれだけではないでしょう。もし食べる目的が生きていくためだけだとしたら，生きていくために必須の栄養素を含んだ同じ食べ物を，毎日同じ量だけ食べればすむはずです。極端に言えば，サプリメントを摂取するだけでも足りるでしょう。でも実際にはそうではありません。人は，日々様々な食べ物のなかからあるもの（たとえば，好きな食べ物）を食べ，また別のあるもの（たとえば，嫌いな食べ物）は食べないということがあります。また，人は食べ過ぎて肥満になったり，逆に食べずにやせたりもします。このようなことはなぜ起きるのでしょうか。

　Old 1 で説明したように，食欲は人間のもっとも基本的な欲求の1つです。しかしながら，上述のように，この食欲によって引き起こされる「食べる」という行動は，単に生命維持のための栄養を補うという生理的要因だけではなく，他の多くの要因の影響を受けています。ここではそのなかでも，生理的要因を含む重要な3つの要因を取り上げ，比較的新しい知見を交えて説明していきます。また，食行動には様々な側面がありますが，本節では，「どのくらい食べるのか」「何を食べるのか」という2つの側面に注目します。

1　食行動に影響する身体の要因

　私たちは，空腹感を感じて食べ物を食べはじめ，満腹になって食べるのをやめます。つまり，どのくらい食べるのかには生理的要因が関与します。空腹に関するもっとも初期の研究としては，アメリカの生理学者キャノンとウォッシュバーン（Cannon & Washburn, 1912）による実験があります。彼らは，実験参加者に風船のようなものを飲み込ませ，胃の中のその圧力の変化を測ることで，胃の収縮状態を調べました。その結果，胃が収縮したときに実験参加者は

表4-2 各視床下部領域に対する処置と摂食量の変化との関係

視床下部領域	破 壊	刺 激
腹内側核（VMH） 満腹中枢	摂食量の増加	摂食量の減少
外側野（LH） 摂食中枢	摂食量の減少	摂食量の増加

空腹感を報告したため，胃の収縮によって空腹感が生じていると考えられました。しかし，その後の実験で，胃の収縮がなくても空腹感を感じることがあることがわかり，現在では，胃の収縮が空腹感，つまり食欲の重要な要因であるとは考えられていません。

　近年では，脳の様々な部位が空腹と満腹に関係していることがわかってきていますが，そのなかでももっとも重要な部位が，視床下部外側野（lateral hypothalamus：LH）と視床下部腹内側核（ventromedial hypothalamus：VMH）です。外側野は，摂食中枢（空腹中枢）とも呼ばれ，食行動の開始に関係すると考えられています（表4-2）。ラットのこの部位を手術によって破壊すると，食事をあまりしなくなり，逆に電気刺激によって細胞を活性化させると，摂食量が増加します。一方，腹内側核は，満腹中枢とも呼ばれ，食行動の終了に関係していると考えられています。この部位を破壊すると，必要以上に食べて肥満になります。電気刺激を与えると，摂食量が減少します。

2　食行動に影響する心の要因

　食行動には，身体の生理的な状態だけではなく，食べるときの気分やこれまでの経験などの心理的要因も影響します。ここでは，記憶と学習の2つについて説明します。

　どのくらい食べるのかという側面には記憶が影響します。ヒグス（Higgs, 2002）は，直近の食事の記憶がその後の摂食量にどのように影響するのかについて，実験的に検討しています。彼女の実験では，女性の実験参加者が，実験参加前（直近）の昼食を想起する群，昨日の昼食を想起する群，自分の好きな

内容を想起する群の3群に分けられました。昼食を食べてから数時間後に実験を行い，上述のようにそれぞれの群ごとに異なる内容を想起してもらいました。その後，ビスケットを自由に摂食してもらい，その摂食量を比較しました。その結果，直近の昼食を想起する群の摂食量は，他の2群よりも少ないことがわかりました。つまり，直近の昼食の記憶が，その後に摂食する量を減少させる効果があることを示したのです。これは，直前の食事について思い出すことで，現在の食欲を抑えることができる可能性を示しています。

　一方，何を食べるのかという側面に強く影響するのは，学習です。私たちが何を食べるのかということは，ある程度は生得的に決まっています。人は生まれたときから甘味と塩味を好み，苦味と酸味を嫌悪する傾向をもっています。では，具体的な食べ物に対する好みはどのように形成されるのでしょうか。私たちは食べ慣れた食べ物を好みます。関西の人が納豆をあまり好まないのは，納豆を食べる習慣がないからだと考えられます。この現象は単純接触効果（mere exposure effect）と呼ばれ，ある対象に対する印象は，経験する回数が多いほど，肯定的な評価になるというものです。プリナー（Pliner, 1982）は，ある特定の味を経験する回数が多いほどその味が好きになるということを明らかにしました。彼女の実験では，大学生の実験参加者があまり飲んだことのない3種類のジュースを飲んで，味に対する好みの程度を評価しました。このとき，3種類のジュースを飲む回数が20回，10回，5回に操作されていました。次に，その3種類のジュースと初めて飲む1種類のジュースの計4種類のジュースについて，好みの程度を評価しました。そして，1週間後にも同じ4種類のジュースに対して好みの程度を評価しました。その結果，飲んだ回数の多いジュースほど，好みの評価が高くなりました（図4-3）。つまり，単なる接触の回数によって，好意度が高まったのです。関西の人が，お好み焼きやたこ焼きを好むことも，この単純接触効果から説明することができます。

3　食行動に影響する社会の要因

　3つ目の要因は，社会的要因です。ある洋菓子店のケーキがテレビ番組で紹

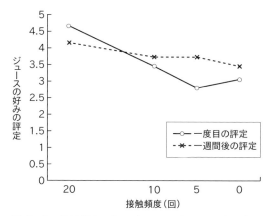

図4-3 接触頻度によるジュースの好みの評定の違い
注：値が高いほど，好みの程度が高いことを示す。
出所：Pliner, 1982 より作成

介されているのを見ると，とてもおいしそうに感じて食べたくなります。そして実際にそのお店に行ってみると，すでに売り切れてしまっていたりします。このように，食行動には社会や文化という社会的な要因（この場合はメディア）も影響しています。

　海外に行って，レストランやカフェなどで注文した食べ物や飲み物の量が多くて驚く人もいるでしょう。同じメニューや食べ物でも，提供されるサイズは国によって違います。ロジンら（Rozin et al., 2003）は，レストランやスーパーマーケットで提供される食べ物のサイズは，フランスよりもアメリカのほうが大きいという調査結果を示しています。たとえば，マクドナルドで提供されるフレンチフライ（フライドポテト）の重さ（ミディアムサイズ）は，フランス（パリ）で90 g，アメリカ（フィラデルフィア）で155 g でした。また，ソーダ（ラージサイズ）の重さは，フランスで530 g，アメリカで545 g でした。ちなみに，日本のマクドナルドで提供されるフライドポテト（M サイズ）の重さは135 g，ソーダ（L サイズ）は420 g でした（日本マクドナルド，2016）。

　また，人々は特定の食べ物をどうしても食べたいという強い欲求をもつことがあり，これを食物への渇望（food craving）といいます。たとえば，海外旅行

に行ってしばらく味噌汁を食べずにいると，どうしても味噌汁が食べたくなることがあると思います。この現象が食物への渇望です。欧米の研究では，渇望がもっとも頻繁に感じられる食べ物は，チョコレートであることがわかっています。日本人を対象とした調査でも，チョコレートに対する渇望は頻繁に報告されています。しかし，日本人がもっとも渇望を感じる食べ物は，チョコレートではなく，「ごはん（白米）」であることが示されています（Komatsu, 2008；小松ほか，2009）。欧米と日本で，渇望を感じる食べ物が違うことは，食文化の違いに原因があると考えられます。このように，文化は食べ物のサイズや渇望に強い影響を与えます。

New2　欲求を調べる，理解する

　Old 2，3 では，欲求が臨床心理学領域において，行動を引き起こす要因の1つであり，行動の生起に重要な役割を果たしていることを述べました。ここでは，実際に研究や臨床場面で使用されている，欲求を測定する指標の紹介をするなかで，どのような特徴があると，欲求が高いとみなされるかについて述べたいと思います。ここでは，New 1 でとりあげた食べ物への欲求を測定する指標と，本章を執筆するなかで見つけた欲求の経験の程度を測定する指標を紹介します。ここで紹介する2つの指標は，様々な研究で使用されているため，欲求を研究するうえで知っておくべきものです。そして，欲求に関する研究について，その後どのようなものが行われているかを紹介するなかでみていきます。

　New 1 で紹介された食べ物への欲求について調査を行った，セペダ - ベニトら（Cepeda-Benito et al., 2000）の研究を紹介します。表4 - 3をみると，15個の質問文によって，食べ物への欲求を測定していることがわかります。この研究では，各質問文に対して，どのくらいあてはまるのかを5件法（「1．全くあてはまらない」〜「5．かなりあてはまる」）で回答してもらい，合計得点が高い人ほど欲求が高いことを示しています。また，この Food-Cravings

表 4 - 3 　食べ物に対する欲求

1. ある特定のものを，食べたいと強く思っている。
2. ある特定の食べ物を欲している。
3. ある特定の食べ物を強く求めている。
4. ある特定のものを食べることによって，物事がうまくいくだろう。
5. 欲しているものを食べようとすると，気分が良くなるだろう。
6. ある特定のものを食べることは，素晴らしいことだ。
7. 何か食べたなら，だるさや元気のなさを感じることは無いだろう。
8. 自分の欲求を満たすことによって，イライラしないだろう。
9. 自分の欲求を満たすことができれば，今よりも生き生きするだろう。
10. ある特定の食べ物を手にしてしまうと，食べずにはいられない。
11. ある特定のものを食べたいという強い思いに，圧倒されてしまう。
12. 実際に食べ終わるまで，ある特定のものについて考え続けるだろう。
13. 空腹である。
14. 今すぐ食べれば，空腹感を感じないだろう。
15. 食べていない自分は弱い。

注：この質問文は，筆者が本書執筆のために作成したものであるので，日本語版を作成
　　する方は原著者の許諾を得てください。
出所：Cepeda-Benito et al., 2000 より作成

Questionnaires は，イタリア語，ドイツ語，スペイン語など様々な国々で翻訳
されており，研究者の間では，食べ物への欲求を測定する指標としてもっとも
よく用いられているものであるといえます。この指標を応用して，チョコレー
トに対する欲求を明らかにしようとした研究（Meule & Hormes, 2015）や日本
人女性を対象にごはんや寿司に対する欲求について検討した研究（Komatsu,
2008）などがあります。

　次に，欲求の経験の程度を測定する指標を開発した，メイら（May et al.,
2014）の研究を紹介します。表 4 - 4 をみると，10個の質問によって，欲求の
強さ，イメージ，欲求へのとらわれから構成される欲求の経験を測定していま
す。メイらの研究では，欲求の対象がお酒であろうがたばこであろうが，どの
対象であってもこの指標が適切に使用できることを示しています。また，この
尺度は，どのくらいの頻度で欲求を経験したかを測定することも可能であり，
あまり頻繁ではないが強い欲求を経験する者と頻繁に弱い欲求を経験する者と
を識別することも可能です。現在この尺度は，物質に対する欲求を測定するこ
とが可能とされていますが，将来的にはギャンブル行動やオンラインゲームと

表 4 - 4　欲求の経験を測定する指標

要素／項目

欲求の強さ
　1.　どのくらい（それが不足しているために）欲しいか？
　2.　どのくらい（ある目的のために）必要としているか？
　3.　どのくらい（突発的に）欲しいか？

欲求のイメージ
　4.　どのくらいありありと，それを頭の中にイメージしているか？
　5.　どのくらいありありと，その味をイメージしているか？
　6.　どのくらいありありと，その匂いや香りをイメージしているか？
　7.　どのくらいありありと，それが自分の口やのどを通る感触をイメージしているか？

欲求へのとらわれ
　8.　どのくらい，それについて考えないようにしようとすることがむずかしいか？
　9.　どのくらい，それについての考えが頭の中に入ってきているか？
10.　どのくらい，それ以外の事を考えることがむずかしいか？

注：この質問文は，筆者が本書執筆のために作成したものであるので，日本語版を作成
　　する方は原著者の許諾を得てください。
出所：May et al., 2014 より作成

いった物質以外の欲求を測定できる指標にまで適用範囲は広がる可能性がある
でしょう。

New3　結果予期に関する研究の紹介

　Old 3 では，欲求には衝動的欲求と渇望的欲求があり，渇望的欲求は，結果
予期（行動した結果，何が起きるかに関する予期）に対して強く動機づけられた
状態であることからも，結果予期は欲求を理解するうえで重要な役割を担って
いることを述べてきました。そして，嗜癖行動に関連する結果予期にはいくつ
かのタイプがあることもわかっています。ここでは，飲酒の結果予期をまとめ
たギルスピーら（Gillespie et al., 2007）の研究を紹介するとともに（表 4 - 5），
飲酒以外にもギャンブル行動や喫煙に関連する結果予期について整理します
（表 4 - 6）。

表4-5　酒に関する結果予期の比較

	AEQ-A (Brown et al., 1987)	CEOA (Fromme et al., 1993)	AEQ (Leigh & Stacy, 1993)
飲酒に関する 結果予期	・社交性の向上 ・リラックス，緊張緩和 ・性的な興奮 ・覚醒 ・認知能力の向上	・社交性の向上 ・緊張緩和 ・自信の獲得 ・性的な興奮	・社交性の向上 ・緊張緩和 ・性的な興奮

注：AEQ-A = Alcohol Expectancy Questionnaire, CEOA = Comprehensive Effects of Alcohol Questionnaire, AEQ = Alcohol Expectancy Questionnaire.

表4-6　喫煙，ギャンブル行動，カフェイン摂取に関する結果予期の比較

	SESA (Hine et al., 2007)	GEQ (Gillespie et al., 2007)	CaffEQ (Huntley & Juliano, 2012)
結果予期	・感情のコントロール ・自己増進 ・手持ち無沙汰の解消 ・体重のコントロール	・愉しみ，覚醒 ・自己増進 ・金銭的報酬	・集中力の向上 ・食欲の抑制 ・社交性の向上 ・身体機能の向上

注：SESA = Smoking Expectancy Scale for Adolescents, GEQ = Gambling Expectancy Questionnaire, CaffEQ = Caffeine Expectancy Questionnaire.

1　飲酒に関する結果予期

　ギルスピーらは，飲酒の結果予期に関する3つの研究から，飲酒の結果予期には，飲酒を通じて周囲の人々と親密になること，リラックスや緊張感を減らすこと，性的な興奮を得ること，自信がつくことなどがあり，このような結果予期が人々の飲酒を促し，維持させていることを示しました。実際のところ，飲酒をすることによって，一時的に不安の低減につながることがわかっていることから（Braun et al., 2012），対人場面や他者との会話に苦手意識を持っている人にとっては，飲酒は間接的に会話を促進させる役割を担っているのかもしれません。血中のアルコール濃度が高い飲酒者ほど，自分自身をより魅力的であると評価することが報告されていることから（Bègue et al., 2013），自信をつけたいときに飲酒する方もいるのかもしれません。

2　喫煙に関する結果予期

　喫煙の結果予期について，ハインら（Hine et al., 2007）は，オーストラリア
に住んでいる12歳から18歳の生徒に対して質問紙調査を行いました。その結果，
オーストラリアの若者は喫煙によって，自分の感情をコントロールしたり，自
分をより魅力的に，より社会的に認められるようにしたりできる，あるいは退
屈な時間をつぶすことができるなどと考えていることが明らかにされました。
また，アメリカに住んでいる一般成人407名（平均年齢40.17歳）に対して質問
紙調査を行ったコープランドら（Copeland et al., 1995）の研究においても，ハ
インらと同じような自分をより魅力的にすることができる，といった結果予期
が明らかにされています。つまり，大人も若者も，喫煙によって得られると考
えていることは同じようなものです。「たばこを吸うとかっこよく思われる」
と考えてたばこを吸いはじめた若者は，大人になっても変わらずに「喫煙≒
かっこいい」というイメージをもっているのかもしれません。ただし，わが国
では，近年喫煙率が減少してきていることから，上記のような「喫煙≒かっこ
いい」というイメージをもっている傾向は少ないかもしれません。喫煙の結果
予期について，調査してみることでそれは明らかになるでしょう。また，最近
では紙巻きたばこではなくて電子たばこを使用する人たちも増えてきています。
このような喫煙者の喫煙形態の変化も追っていきながら，研究を進めていくこ
とが重要であるかもしれません。

3　ギャンブルに関する結果予期

　ギャンブル行動の結果予期について，飲酒や喫煙と異なるものが示されてい
ます。ギルスピーら（Gillespie et al., 2007）は，カナダに住んでいる11歳から18
歳の生徒1,013名に対して質問紙調査を行いました。飲酒や喫煙の結果予期と
同じように，ギャンブルを行うと，楽しめたり，興奮が得られたり，または自
分のことをよく見せたりできるという結果になると考えられているようです。
しかし，ギャンブル行動に特有の結果予期として，金銭的な利益を得ることが

できるというものが示されています。ギャンブルでは，わが国の場合，競馬・
競輪をはじめとした公営ギャンブルやパチンコをはじめとした各種遊技に対し
てお金を賭け，場合によっては賭けた以上のお金を得ることができます。その
ため，多くの人々がギャンブルの結果，お金を得ることができると考えている
ことは容易に想像することができます。ピエールら（St-Pierre et al., 2014）が
行った，アメリカに住んでいるギャンブル経験のある大学生7,517名を対象に
した質問紙調査では，ギャンブルによってお金を得ることができると強く考え
ている人ほど，ギャンブル依存症の傾向があることがわかっています。ギャン
ブラーの方で，ギャンブルはお金を稼ぐ手段の1つであると考えている人がい
るのであれば，少し気をつけたほうが良いのかもしれません。

　これまで述べてきたように，先行研究では一般成人や若者を対象に研究が進
んできており，結果予期が人々の飲酒，喫煙，ギャンブル行動を生起させ，維
持させていることがわかってきています。ここまであげられてきた嗜癖行動の
結果予期について，日々の生活を送るなかでみなさんにも当てはまるものが
あったのではないでしょうか。一度，自分の頭のなかを振り返ることで，今よ
りも自分のことを理解できるようになるかもしれません。

第4章のまとめ

　最後に，欲求に関する新旧さまざまな研究を整理してきたなかで，筆者が感
じた疑問や関心事について紹介します。

　本章では，数ある欲求のなかから，特に食行動と関連する食欲，そして飲酒
やギャンブル行動といった嗜癖行動と関連する欲求を取り上げました。どちら
の欲求も，みなさんにとっても非常に身近なものだと思います。

　では，本章で紹介したような欲求の研究は，どのように社会や日常生活に応
用されているのでしょうか？　たとえば，食行動の領域では，肥満につながる
可能性のある食べ過ぎを防ぐために，日常生活で実践しやすい，食欲をコント
ロールする手法を開発しています。また，野菜などの健康によい食べ物を選択
しやすい環境に共通する要因を明らかにし，食の現場（たとえば，家庭や学校

での食育など）で実践してもらったりしています。

　欲求は非常に研究しがいのあるテーマだと思います。すでにどっぷりとこの領域にはまっている筆者はもちろんですが，本章を読んだみなさんにもぜひこの役割の一端を担ってほしいと思います。

[＊嗜癖に関する内容については，横光健吾先生（人間環境大学）のご協力を得ました。]

語句説明

視床下部

　視床下部は，間脳にある視床の下，脳の底面にあります。脳のなかでは比較的小さい領域ですが，非常に重要な部位で，自律神経系の交感神経・副交感神経機能と内分泌機能を総合的にコントロールしています。視床下部は，食行動だけでなく，睡眠や性行動など多くの本能的な行動の制御に関係しています。また，不安や怒りなどの情動行動の調節も行っています。

単純接触効果

　この効果は食べ物に対してだけでなく，単語や絵，人や音など様々な対象について成立することがわかっています。たとえば，同じクラスやバイト先などで，顔を合わせる機会が多い人と仲良くなるという経験があると思いますが，これも単純接触効果で説明することができます。

嗜癖行動

　ギャンブル行動，オンラインゲームやインターネットの使用，飲酒など，反復・習慣化した特定の行動を指しており，その行動は何らかの問題（たとえば，ギャンブル行動の場合には金銭的問題，飲酒の場合には身体的問題）を引き起こしていることが多いです。

文献案内
——さらに詳しいことを学びたい人に——

---

1 今田純雄（編）（2005）食べることの心理学——食べる，食べない，好き，嫌い　有斐閣

　　生理・知覚から社会・臨床まで心理学のほぼすべての領域から，食行動の全体像をとらえている。

2 青山謙二郎（著）日本行動科学学会（編）（2009）食べる—食べたくなる心のしくみ（行動科学ブックレット 8）　二瓶社

　　「なぜ食べるのか」という問題について，生物レベルの要因，個体レベルの要因，社会・文化的レベルの要因の３つの要因に分けて，具体的な実験結果を紹介しながら，わかりやすく説明している。

3 マーラット，G. A. & ドノバン，D. M.（編）原田隆之（訳）（2011）リラプス・プリベンション——依存症の新しい治療　日本評論社

　　様々な嗜癖行動について，嗜癖行動の生起モデルおよびその治療法に関する研究がまとめられている。欲求だけでなく，関連する変数や治療法を学ぶうえでの教科書的な一冊。

第5章

パーソナリティ

Introduction：性格の心理学

　ある人を特徴づける「性格」に対する関心は古くより存在しており，現代社会においても一般的なものだといえるでしょう。われわれはすべての人にその人らしさや個性が存在していると考えています。また，個性といっても，顔や身長，服装といった外見的な特徴から，頭のよさや知的能力，あるいは運動能力など様々な側面があります。そのなかでも特に，個人の行動に表れる個性である「性格」は対人関係においてはかなり意識されるものです。

　心理学において，性格は「パーソナリティ」と呼ばれています。そして，「人の広い意味での行動に時間的・空間的な一貫性を与えているもの」などと定義されています。ある個人に，様々な時間や場所において一貫してみられる行動パターンのようなものがあるとすれば，それはパーソナリティによるものだと考えるわけです。本章では，このパーソナリティ心理学の紹介をします。

　Old の節ではまず，パーソナリティの古典的な理論である「類型論」と「特性論」という考え方とその周辺の理論について紹介します。さらに，パーソナリティ特性を表現する代表的なモデルである「ビッグファイブ」とその誕生までの経緯を説明します。New の節では，近年ビッグファイブを用いた大規模縦断研究やメタ分析の成果として報告されている「パーソナリティの発達の様相」や「疫学的パーソナリティ研究」の展開について説明します。また，ビッグファイブ以外のパーソナリティモデルについても紹介します。パーソナリティ心理学で扱われるトピックは様々ありますが，これらのキーワードはパーソナリティ心理学を学ぶうえでは欠かせませんし，過去と現在において中心的な役割を果たしてきたと考えられます。

　自分の性格について考えることは，自分を理解するという行為そのものであり，自分の生き方を考えるうえでは大きな手がかりとなります。パーソナリティ心理学の学びを通して，自分の生き方について考えるヒントが得られるのではないでしょうか。

Old1　古典的なパーソナリティの理論

1　類型論と特性論

　人間を性格の面から，いくつかのタイプに分ける理論は類型論と呼ばれています。性格を一つのまとまりとして考えるわけです。一方，性格の構成要素（特性）を複数考え，その組み合わせで性格を記述しようとするのが特性論です。結果的に，特性論では性格を記述するいくつかの次元を考え，それぞれの次元ごとに人を量的に測定することを試みます。それに対して，類型論は質的です。これだけの説明ではわかりづらいので，いくつかの例をあげて説明しましょう。

2　クレッチマーの3類型とその他の類型論

　クレッチマー（Kretschmer, 1921）は，人の性格を，かかりやすい精神疾患と体型の関係から3つに分類しました（表5-1）。やせ型の人は統合失調症にかかりやすい分裂（統合失調症）性気質，太り型の人は躁うつ病にかかりやすい躁うつ（循環）性気質，筋骨型（闘士型）の人はてんかんにかかりやすいてんかん（粘着）性気質といった具合です。また，それぞれの類型には，やせ型の人は神経質であるといったような典型的な病前性格が対応します。

　分裂性気質のb（敏感性）とc（鈍感性）は矛盾していますが，この二面性が混在しているのが分裂性気質の特徴になります。また，躁うつ性気質のb（明朗性）とc（憂うつ性）も矛盾していますが，こちらは混在して表れるのではなく，両者が循環する，つまり，交互に表れます。

　類型論には，ほかにも，リビドー（心的エネルギー）が外に向く外向性の人と，内に向く内向性の人に分類したユング（Jung, 1921）のものや，6種類の基本的生活領域（経済，理論，審美，宗教，権力，社会）のどれにもっとも価値を認めるかという生活用式の違いに基づいて類型を設定したシュプランガー

表5-1　クレッチマーの3類型

気質類型	体型	典型的な病前性格		
分裂（統合失調症）性気質	やせ型	a. 基本的特徴	非社交的，物静か，用心深い，きまじめ，変わり者臆病，はずかしがりや，繊細，敏感，	
		b. 敏感性	神経質，興奮しやすい，自然や書物を好む	
		c. 鈍感性	従順，お人好し，無関心，鈍感，平板な感情	
躁うつ（循環）性気質	太り型	a. 基本的特徴	社交的，親切，温かみがある，善良	
		b. 明朗性	明朗，ユーモアがある，興奮しやすい，活発	
		c. 憂うつ性	静か，無口，落ち着いている，柔和，憂うつ	
てんかん(粘着)性気質	筋骨型（闘士型）	a. 基本的特徴	熱中しやすい，几帳面，秩序を好む，がんこ	
		b. 粘着性	まわりくどい，過度の丁寧さ，仕事などは確実だが手早くやるのは苦手	
		c. 爆発性	突然激しく興奮する，カッとしやすい，爆発的に怒る	

出所：山田，2010より作成

（Spranger, 1914）のものなどがあります。

3　類型論の限界

どの類型も，性格構造の典型を示しており，個人の性格の全体像を直感的に把握するためには便利です。一方で，ある人がある類型にあてはまる性格の特徴を1つもっているだけで，その類型に分類されてしまい，その人が実際にはもっていない特徴でも，その類型の特徴をすべてもっているはずと決めつけるといった考え方に陥りやすいといった問題があります。また，そもそも多様な個人の性格をわずか数種類の類型に分類することには無理があります。そのため，類型論は現在ではあまり積極的に議論されていません。

4　特性論

心理学において，性格特性（personality trait）という言葉を最初に使いはじめたのはオルポート（Allport, 1937）であるといわれています。オルポートによると，特性とは「性格の基本となるものであり，反応の傾向」です。また，特性は直接観察できませんので，行動から推測的に構成されることとなります。その後，多くの研究者がこの特性論を用いて性格へのアプローチを行うように

なり，それぞれ独自の定義を行っていますが，おおまかな意味はほぼ同じです。日本では，辻（1998）が「ある個人が他者と比較して特徴的な行動を示す時，その個人差に注目して人格特性と呼ぶことがあり，またこのような特徴的な行動を生起させる個人の内的な原因を仮定し，その内的な行動傾向を特性と呼ぶ」と定義しています。このような特性としては，たとえば，攻撃性・社交性・神経質・同調性などをあげることができるでしょう。

　特性論の考え方は，攻撃性や外向性といった性格特性の個人差は，量的な程度の問題であり，質の問題ではないというものです。そして，人間の性格特性のそれぞれはある程度共通しており，個人によってそれらに量的な差があるという見方をするわけです。したがって，攻撃性や神経質といったある特性について，ある人のその傾向はどのくらいであるかをテストや観察によって測定し，分析するわけです。

5　パーソナリティ特性の測定：構成概念と因子分析

　それでは，次にパーソナリティ特性という概念を測定することについて考えてみましょう。長さや重さなどの物理的な概念は，その定義や単位となる量が明確に定められていますから，身長計や体重計などを使って直接測定できます。一方，知能やパーソナリティ特性などは物理的に存在するものではありません。そのような概念を想定すると便利であるので，私たちがつくり出した概念だといえます。こういった概念のことを構成概念と呼びます。

　たとえば，優しくて，人当たりがよくて，穏やかな人を想像してください。この人を紹介するときに，これらをいくつも並べ立てて説明するでしょうか。そのような時には，「あの人は協調性が高い」といった具合に簡潔に述べるわけです。この時，私たちは「協調性」という「構成概念」を用いています。ここでは「協調性」を「優しい，人当たりがよい，穏やか」と定義しましたが，他の特徴（たとえば，親切）をあげることもできるでしょう。また，協調性以外の表現（たとえば，調和性）を用いることもできます。

　構成概念はその定義や基準が様々です。しかし，私たちは日常生活のなかで

「あの人はすごくストレスに強い」とか，
「最近，あの人はやる気が高まっている」
といった具合に構成概念を評価していま
す。いったい，それはどのように評価さ
れているのでしょうか。私たちは構成概
念を評価する前提として，広い意味での
行動（振る舞い，認知，思考，感情表出な
ど）に構成概念が反映されていると考え
ています。つまり，構成概念は直接的に
観察できるものではありませんが，行動

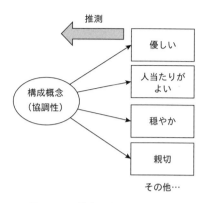

図5-1　構成概念の測定モデル

として表れるため，そこから推測ができるというわけです。そのため，人の行
動やその結果から評価を行います（図5-1）。

　この構成概念を測定する理論となるのが，因子分析と呼ばれる統計手法です。
因子分析は構成概念を測定するために心理尺度を用いる研究においては数多く
用いられています。構成概念は，それが反映されていると考えられる観測変数
を通して測定されます。それが質問紙調査においては質問項目となるわけです。

Old2　ビッグファイブ

　ビッグファイブと呼ばれるパーソナリティ特性の5因子モデルは，現在では
特性論的アプローチのなかでもっともよく知られるものとなりました。ビッグ
ファイブモデルへの最初のアプローチとして，オルポートとオズバート
（Allport & Odbert, 1936）は「パーソナリティを記述する自然言語を上手く選出
してこれを分類整理すれば，重要な人格次元を見出せる」という仮定に基づき，
国語辞典から約18,000語の特性語リストをつくり，その分類を試みました。し
かし，これを手頃なサイズのカテゴリーにまとめあげ，体系化することはきわ
めて難しい課題でしたので，後世の研究者によってこの仕事は引き継がれてい
くこととなりました。

キャッテル（Cattell, 1943）は前述のオルポートとオズバートの特性語リストを同義語にまとめて集約し，因子分析を行って16の根元特性因子を見出し，これを測定する質問紙検査である「16PF」を開発しました。16PF は特性論に基づく初期の性格検査として有名なものとなって広まります。しかし，16の因子は多すぎて複雑である，因子名がとらえにくい，といった批判も多くありました。

　そこで，フィスク（Fiske, 1949）は，キャッテルの用いた特性用語から22の特性を選択して因子分析を行い，5因子構造を見出しています。さらにタピスとクリスタル（Tupes & Christal, 1961）も，同様にキャッテルの形容詞を用い，高卒または大学1年生程度の教育水準にある空軍軍人を対象とした8種類の異なったサンプルから得られたデータに対して因子分析を行い，5因子構造を報告しています。

　ノーマン（Norman, 1963）はオルポートとオズバートの特性語リストの改訂を試みました。一部の項目を新たに追加したうえで，性格特性の記述に不適当と判断される用語群を削除し，さらに一時的な状態および所作，社会的役割を表す言葉を取り除きました。その後，残った約2,800語から，日常的に親しみのないものや意味が明瞭でないものを削除し，結果的に約1,600語を抽出しています。この用語群を先述の5因子モデルの観点で再整備をすることを試み，75カテゴリーを見出しました。その後，ゴールドバーグ（Goldberg, 1990）が大学生187名の75カテゴリーに対する自己評定データを用い因子分析を行って検証した結果，5因子モデルが確認されました。さらに，5因子モデルの再確証も複数の研究で行った結果，いずれの結果においても5因子が得られていることが報告され，この5因子モデルがビッグファイブと呼ばれるようになりました。

　マックレとコスタ（McCrae & Costa, 1985）は5因子に対して①extraversion（外向性），② agreeableness（協調性），③ conscientiousness（勤勉性），④ neuroticism（神経症傾向），⑤openness to experience（経験への開放性）という呼称を与えました。そのうえで彼らは NEO-PI-R と呼ばれる質問紙性格検査

を作成しました。この NEO-PI-R は様々な研究者に受け入れられ，多くの場面で用いられるものとなりました。

　このように5因子モデルは着々と研究を積み重ね，その基盤を固めながら広まっていったわけです。様々な研究者が質問項目や形式を多様化し，評定方法も変えながら比較を行い，因子分析を行って現在の地位をつくり上げたといえます。80年代後半から90年代になると，コンピュータの性能の向上も手伝って，被験者，尺度，因子分析の方法などは異なっても類似の5因子がほぼ確実に抽出されることが認められるようになりました。ヘンドリクスら（Hendriks et al., 1999）が13ヵ国において5因子を見出したように，異なる文化間での普遍性が認められたこともあって，5因子モデルが世の中に広がっていったわけです。

Old3　ビッグファイブ以外のパーソナリティ理論

　もちろん，ビッグファイブ以外にも次元数の異なるパーソナリティ特性のモデルが提唱されています。なかでもアイゼンク（Eysenck, H. J.）の3因子モデルは有名でしょう。ビッグファイブはパーソナリティ特性を表現する言葉の因子分析研究をもとにしてつくられていますが，アイゼンクはパーソナリティの基盤として何らかの生物学的な要因を想定し，3因子のモデルを構成しています。彼によると，パーソナリティ特性は階層的な構造をもち，その最上位にあるとされるのが，外向性（Extraversion：E），神経症傾向（Neuroticism：N），精神病傾向（Psychoticism：P）という3つの特性になります。外向性の階層構造を図5-2に示します。

　アイゼンクは一番上のレベルを類型水準としましたが，現在では各特性の最上位に類型水準があるという考え方はあまり認められておらず，「超特性」と呼ばれることもあります。アイゼンクが重視したのはこの超特性であり，固有の生理的基盤に基づいていると考えました。

　アイゼンクの「外向性」は大脳皮質の網様体賦活系の覚醒レベルの個人差によって決まると考えられています。つまり，外向的な人は制止より興奮レベル

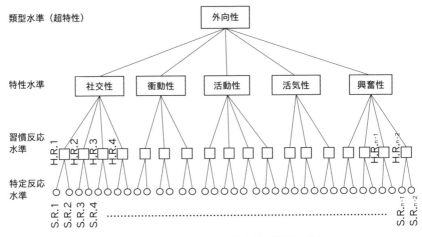

特性水準

習慣反応
水準

特定反応
水準

図5-2　パーソナリティの外向性の階層モデル

出所：Eysenk, 1967　より作成

が高く，内向的な人は興奮より制止レベルが高いということです。次に，「神経症傾向」はストレス状況下などに直面した際の抑うつ，不安などと関係すると考えられています。すなわち，神経症傾向の高い人は情緒不安定で，ストレスを経験したときに過剰な反応をしやすく，さらにストレスがなくなった後もその興奮が持続しやすいということです。一方，神経症傾向が低い人はストレスを経験しても情緒が安定していると考えられています。最後に，「精神病傾向」は敵対的で，被害念慮が強く，社会的規範意識や義務観念が低く，規則や秩序を無視あるいは否定するといった傾向であるとされています。ですので，精神病質傾向が高い場合には精神病や精神病質が疑われることになります。ただし，この概念は外向性と神経症傾向ほど明確に定義されていません。また，その本質は男性ホルモンとも呼ばれるアンドロゲンであるといわれていますが，生理学的な基盤も外向性や神経症傾向に比べると十分に示されていません。

　アイゼンクの3次元の理論に基づいて，EPQ（Eysenck personality questionnaire）（Eysenck & Eysenck, 1975）という尺度が開発され，広く用いられています。外向性と神経症傾向は概念が明確で，尺度にも問題が少ないため，この2次元を組み合わせてパーソナリティがしばしば検討されます。たとえば，

外向性が低く，神経症傾向が高い人は不安神経症や強迫神経症，心身症などを生じやすいと考えられています。また，外向性が高くて神経症傾向も高い人は犯罪や非行に結びつきやすいと指摘されることもあります。

New1　現代のパーソナリティの理論

1　性格の一貫性論争

　この章のはじめに，性格（パーソナリティ）は時間的・空間的に一貫していると示しました。つまり，個人はどんな状況にあっても，また時間が経っても同じように行動するということです。これは，特に特性論においてみられる考え方です。これに対し，ミッシェル（Mischel, 1968）は，実証的研究を通し，性格に通状況的な一貫性がみられないことを示しました。すなわち，個人の行動は状況によって大きく異なり，個人の内部にある一貫した性格によってではなく，状況によって行動が決定されると主張しました。この考え方は「状況主義」と呼ばれるもので，従来の特性論的パーソナリティ理論を真っ向から批判するものです。これ以降，現在にいたるまで，従来の特性論と状況主義が対立する「性格の一貫性論争」が続いています。

2　新相互作用論

　性格の一貫性論争のさなか，エンドラーとマグヌセン（Endler & Magunusson, 1976）は「新相互作用論」を提唱しました。新相互作用論は，特性論・状況主義両者の立場を取り入れたもので，内的な要因と外的な要因の両方を重視するものです。レヴィン（Lewin, 1935）の相互作用論は，"B = f (P・E)"という公式に表されるように「行動（Behavior）は，人（Person）と環境（Environment）との関数である」といったものでしたが，新相互作用論も，基本的にはこの立場をとります。つまり，人（内的な要因）と状況（外的な要因）のどちらかが行動を決定するのではなく，両方が行動を決定するという考え方

です。ただ，新相互作用論は，レヴィンのものとは異なり，単に両者を独立した要因として取り上げるだけでなく，それらの相互作用に焦点を当てています。

　人と環境の相互作用をごく簡単にとらえれば，状況要因とパーソナリティ要因が，交互作用をもちながら独立変数となり，従属変数である行動を決定すると考えることができます。つまり，ある状況は，ある人にとっては開放的に振る舞うようにはたらくが，別のある人にとっては静かに振る舞うようにはたらくといった可能性を示します。これは，「機械的（mechanistic）相互作用」と呼ばれるものです。たとえば，大きな音楽が鳴り響くダンスホールで，その雰囲気にのって激しく踊る人もいれば，その雰囲気に萎縮し，普段よりもむしろ大人しくなる人もいるでしょう。

　一方，新相互作用論においては，これらの相互作用が力動的・双方向的・連続的に起こることも想定しており，このようなより複雑でダイナミックな過程を「動態的（dynamic）相互作用」と呼んでいます。たとえば，友人と話しているときに，うっかり失言をしてしまい，友人が怒ってしまったとします。これによって，和気藹々とした友人との会話をするという状況が，自分の行動によって怒った友人と会話をする状況に変化したことになります。このときに，友人に素直に謝る人もいれば，冗談を言ってなだめる人もいるでしょうし，逆ギレをしてさらに大きな争いの火種を蒔く人もいるでしょう。その振る舞いによって，友人は怒るのをやめるかもしれませんし，さらに激しく怒鳴るかもしれません。また，その場から去って，友人をやめてしまうかもしれません。このように，動態的相互作用は，人の振る舞いが環境を変化させること，そして変化した環境が人の振る舞いに異なる影響を与えること，それらが連続的・双方向的に起こることを意味します。

　新相互作用論は，一貫性論争において対立する両者の立場を取り入れた優れた理論です。しかし，特に動態的相互作用を扱った研究は数が少ないのが現状です。その原因としては，動態的相互作用を測定する方法論の確立が難しいことがあげられます。数少ない研究としては，堀毛ら（2004）が，画面上に連続的に呈示される場面や関係性に対する親和性をマウスの動きにより経時的に測

定するマウス・パラダイム法を用い，動態的指標を測定したものや，深町ら（2004）が人間関係に焦点を当てた動態的相互作用を実験的に測定したものがあります。今後，どのように動態的相互作用を測定していくか，より簡便で妥当性の高い方法を検討していくことが求められます。

New2　ビッグファイブ研究の発展

1　ビッグファイブ研究の新領域

New の節では，Old の節で誕生までの経緯が紹介された「ビッグファイブ」を用いて，近年どのようなパーソナリティ研究が行われているのかを紹介します。特に，ビッグファイブを用いた大規模縦断研究やメタ分析の成果として報告されている「パーソナリティの発達の様相」や「疫学的パーソナリティ研究」の展開，ビッグファイブ以外のパーソナリティモデルについても紹介します。

2　パーソナリティ特性の発達的変化

有名な心理学者であるウィリアム・ジェームズ（James, 1892/1985）は「私たちのほとんどは30歳までに性格が固まる」という言葉を残しており，パーソナリティ特性は青年期や成人期前期まで発達的に変化をするものの，ある時点で変化しなくなるという考え方を示しています。パーソナリティ特性は本当にそのように変化しなくなるものなのでしょうか？　近年，多くの研究結果をまとめるかたちでメタ分析が行われ，それにビッグファイブの枠組みからパーソナリティの発達をとらえた研究が報告されるようになりました。

たとえば，ロバーツら（Roberts et al., 2006）は，世界各国で行われた様々なパーソナリティの発達的変化を扱った研究をまとめた結果，外向性はその成分によって異なる変化を示しており，社会的バイタリティは緩やかに下降する一方で，社会的支配性については40代までは上昇することを示しました。さらに，

協調性と勤勉性については生涯を通じて常に上がり続ける，情緒的安定性については減速しながらも上昇することを示しました。また，経験への開放性については，成人期前期に上昇し，その後は停滞した後に緩やかに下がる傾向があることを報告しています。

　スリヴァスタヴァら（Srivastava et al., 2003）はインターネットを利用して10万人以上を対象とした調査を行い，5因子の枠組みからパーソナリティの生涯発達を検討しています。その結果，性別によって異なるパーソナリティの発達的変化が報告されています。経験への開放性は男性，女性ともに，年齢が上がるに伴って低下していきますが，神経症傾向の低下は女性のみでみられることが示されています。また，男性は外向性が加齢に伴って高くなりますが，女性は低くなります。勤勉性は生涯にわたって高くなりますが，30歳以降はその変化が緩やかになります。協調性についても加齢によって高くなりますが，特に30歳以降に高くなることを報告しています。

　国内でも，ビッグファイブの年齢発達と性別との関連を検討した研究があります。川本ら（2015）は，大規模社会調査データの二次分析を行い，4,588名について横断的に年齢・性別と性格との関連を検討しました。その結果，協調性と勤勉性については，年齢に伴って高くなる傾向がみられました。また，男性よりも女性のほうが外向性が高く，経験への開放性は低いことが示唆されました。さらに，神経症傾向については，年齢と性別との交互作用がみられ，若い年齢では男性よりも女性のほうが高いですが，加齢とともにその差が少なくなっていく傾向が示されました。

　このように5因子モデルを用いた大規模研究が行われることによって，「私たちのほとんどは30歳までに性格が固まる」ことは支持されないという考え方が広まりつつあります。また，30歳以降も社会的な文脈やライフステージと密接に関連してパーソナリティは変化するといった考え方自体は発達心理学者から以前より指摘されてきました。たとえば，レヴィンソン（Levinson, 1986）は30代は勤勉さ，40代は内面に向けられた努力，50代は責任という各ライフステージにおいて異なる要因によってパーソナリティ特性は変化すると指摘して

います。いずれにしても，①パーソナリティの変化は30歳では終わらず，②特性に応じて変化は異なり，③非線形の変化がみられ，④性別等の属性に応じて変化の様相が異なることが明らかとなりつつあります。

3　パーソナリティ特性は将来を予測する：疫学的パーソナリティ研究

ここまで述べたように，人間のもつパーソナリティ特性の構造については5因子モデルが広く支持されるようになり，遺伝・脳科学の観点からも裏づけが進められてコンセンサスが得られつつあります。しかし，パーソナリティ特性を検討する研究がその価値を有するためには，何らかの結果変数や外的基準を予測する必要性が指摘されるようになりました。すなわち，「パーソナリティ特性は何を予測するのか」という問題にその研究の意義が見出されるようになってきたわけです。

オザーとベネット－マルティス（Ozer & Benet-Martínez, 2006）はパーソナリティ特性のもつ予測的妥当性に関して体系的にレビューを行っており，パーソナリティ特性が予測する結果変数を（a）個人的な変数（主観的幸福感・身体健康・精神病理的な症状・アイデンティティなど），（b）対人的な変数（友人関係・家族関係・恋愛関係など），（c）社会的な変数（職業選択・職業達成・政治的態度・価値観・地域との関わり・犯罪など）という3つに分けたうえで，パーソナリティ特性が様々な結果変数を予測することを指摘しています。シャイナーら（Shiner et al., 2002）は，児童期のパーソナリティ特性が10年後や20年後の心理的適応・社会的適応・学業達成・職業達成などと弱い，もしくは中程度の相関をもつことを報告しています。ロバーツら（Roberts et al., 2003）は18歳のときに測定されたパーソナリティ特性が，26歳時点における仕事に関連する変数を説明することを示しています。カスピ（Caspi, 2000）は，ニュージーランドのダニーディン研究データを用いて，3歳時点における気質による3分類は，18歳時点における性格特性の得点プロフィールと整合的であり，21歳時点における抑うつや不安などの精神病理的な症状もよく説明できると述べています。シャイナーら（Shiner et al., 2003）は，10歳時点のパーソナリティ特性は認知能

力（IQ）を統制してもなお，30歳時点における学業達成・職業能力・反社会的行動・恋愛関係・友人関係と弱い，もしくは中程度の相関をもつことを示しています。

　パーソナリティ特性は実に様々な結果変数を予測・説明することが可能であり，その効果は①10年や20年後といったかなり先の将来であっても，②IQや社会経済地位を統制しても，③弱いもしくは中程度の相関を有することが明らかとなりつつあります。このような特徴を生かして，早期介入や予防を目指す研究は疫学的パーソナリティ研究とも呼ばれています（高橋ほか，2011）。

■New3　ビッグファイブ以外のパーソナリティ理論

1　ビッグファイブ以外のパーソナリティモデル

　ビッグファイブと呼ばれるパーソナリティの5因子モデルは，現在では特性論的アプローチのなかでもっとも有力なモデルとなりました。しかし，これ以外にも次元数の異なるいくつかのパーソナリティ特性の理論モデルが提唱されています。なかでも先述したアイゼンクの3因子モデルが代表的なものでしょう。これよりも新しいものとしては，クロニンジャー（Cloninger, C. R.）の7因子モデルや，グレイ（Gray, J. A.）の BIS/BAS，ズッカーマン（Zuckerman, M.）の刺激希求などが有力です。また，ビッグファイブの上位因子として2因子構造や1因子構造も想定されています。さらに，HEXACO と呼ばれる6因子モデルもありますので，ここではこれらのモデルを紹介します。

　ただし，ここで注意すべきことは，これらのモデルは単に5因子に新しいものを追加したり，あるいはまとめて減らしたりしたという類のものでなく，因子の内容が同じということもあれば，全く違うこともあるという点です。すなわち，パーソナリティを構成する基本次元の数やその内容については，引き続き検討すべき課題が残っている可能性も示されているということです。

2　クロニンジャーの7因子モデル

　クロニンジャーの理論は，アイゼンクと同様に様々な精神疾患とパーソナリティの関連を神経学的・生理学的・遺伝学的な観点から説明するなかで構築されました（Cloninger, 1987）。

　クロニンジャーは，パーソナリティが「気質」と「性格」から構成されているという独自の考え方に立っています。このうち，気質は刺激に対する自動的な情緒反応にみられる傾向であり，遺伝要因に強く影響され，文化や社会的経験にかかわらず安定しているとされています。一方，性格は社会的経験を通して表れる個人差であり，気質と家族環境や経験の相互作用の結果として発達するものです。クロニンジャーの7因子モデルでは，気質の4次元と性格の3次元を合わせた7次元によってパーソナリティを測定します。

　このうち，気質は「新奇性追求（novelty seeking）」「損害回避（harm avoidance）」「報酬依存（reward dependance）」「固執（persistance）」と呼ばれる4次元から構成されています。新奇性追求は，刺激の探索，衝動性，報酬への接近といった行動の活性化に関する傾向です。これに関わる神経伝達物質としてはドーパミンが想定されています。損害回避は，悲観的な思考，不確かさへの恐れ，疲れやすいといった行動の抑制に関する傾向です。損害回避に関わる神経伝達物質としてセロトニンが想定されています。報酬依存は，社会的愛着，賞賛欲求のような，進行中の行動の維持に関わる傾向です。報酬依存については，神経伝達物質のノルアドレナリンが想定されています。固執は，忍耐強さ，一つのことをやり通すといったような行動の固着に関する傾向です。固執については，神経伝達物質のグルタミンとの関連が想定されています。ただし，新奇性追求，損害回避とドーパミン・セロトニンとの関係についてはクロニンジャーの理論を支持する研究結果が複数得られていますが，ノルアドレナリン，グルタミンについては根拠が十分に示されていません。

　一方，性格は「自己志向（self directedness）」「協調（cooperativeness）」「自己超越（self transcendence）」と呼ばれる3次元から構成されています。まず，

自己志向は，自己決定や目的に応じて行動を制御するといった傾向で，これが高い人は責任感があり，目標に向けて行動できるとされています。次に，協調は他者を受容する傾向で，これが高い人は社会的に寛容で，共感的であると考えられています。そして，自己超越はスピリチュアリティに関する性格で，すべてのものは全体の一部である，という統一意識の状態であるということです。

3　ビッグファイブの高次 2 因子モデルと 1 因子モデル

　ビッグファイブの 5 因子にはさらに高次の因子があるとも考えられており，2 因子構造が複数の研究で示されています。この場合，神経症傾向と調和性，勤勉性が第 1 因子，外向性と経験への開放性が第 2 因子とされています。この第 1 因子，第 2 因子の名称はそれぞれ，ディグマン（Digman, 1997）によると α 因子，β 因子，ディヤングら（DeYoung et al., 2002）によると安定性因子（stability），柔軟性因子（plasticity）です。ディヤングらは，安定性因子はセロトニン神経系，柔軟性因子はドーパミン神経系と関係があると推測しています。このモデルは，先述のアイゼンクのようにパーソナリティの階層構造を想定したものであり，ビッグファイブにさらなる上位階層を設定しているといえるでしょう。さらに，2 因子に上位の階層を想定したモデルも提唱されており（図5-3），この場合は α 因子と β 因子をまとめてパーソナリティの一般因子（a general factor of personality：GFP）と呼ばれています（Philippe & Paul, 2008）。

4　HEXACO モデル（6 因子モデル）

　これまで，パーソナリティを表現する自然言語を包括的に収集，分類することによって基本的なパーソナリティ次元を導くことができるという辞書的アプローチの仮定に基づき，自己評定や他者評定などのデータを因子分析することで，様々な言語圏においてビッグファイブが見出されてきました。しかし，ビッグファイブと同じく，辞書的アプローチによって様々な言語圏で見出されたパーソナリティの 6 次元モデルが提唱されています（Lee & Ashton, 2004）。英語圏以外の複数の辞書的研究において，誠実性と呼ばれる第 6 の因子が見出

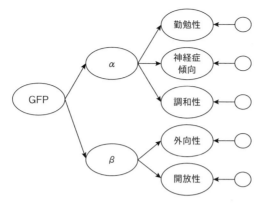

図 5 - 3　ビッグファイブの高次因子モデル
出所：Philippe & Paul, 2008 より作成

され，さらにビッグファイブを見出した英語圏での自己評定データの再分析の結果においても誠実性が示されることが指摘されています（Ashton et al., 2004）。これは，ビッグファイブに「誠実性（honesty）」の次元を加えたものであり，各因子の名称から「HEXACO モデル」と呼ばれています。

　ビッグファイブと同じく，辞書的アプローチによって様々な言語圏で見出されたパーソナリティの 6 次元モデルが提唱されています（Lee & Ashton, 2004）。

5　ダークトライアド（dark triad）

　2000年代以降，対人関係に問題を抱えやすいパーソナリティ特性として，ダークトライアド（dark triad）が注目されています。ダークトライアドとは 3 つの反社会的なパーソナリティ特性の包括的な概念であり，マキャベリアニズム，サイコパシー傾向，自己愛傾向を下位概念としています（Paulhus & Williams, 2002）。マキャベリアニズムは他者操作的で搾取的な特性，サイコパシー傾向は利己性や希薄な感情，衝動性のような側面をもつ特性，自己愛傾向は賞賛や注目，地位や名声を求め，競争的で攻撃的な特性とされています。日本においては DTDD-J（田村ほか，2015）と SD3-J（下司・小塩，2017）の 2 つの測定尺度の日本語版が翻訳されて開発されています。

ダークトライアドは非行や攻撃行動などの問題行動との関連が示されており，外在的な不適応行動を説明する研究において有用であるとされています。ただし，この3特性を抽出するにあたってビッグファイブのような網羅的な検討が行われているわけではなく，これ以外にも反社会的な問題行動と関連する特性が存在する可能性があることに留意する必要があると考えられます。

第5章のまとめ

　Old の節では，類型論や特性論といったパーソナリティの基本的な考え方や，ビッグファイブやアイゼンクの3因子モデルといった古典的でありながら，現在でも力のあるパーソナリティのモデルを紹介しました。一方，New の節では，性格の一貫性論争やそこから生まれた新相互作用論，ビッグファイブを用いたパーソナリティの発達的変化の研究や疫学的な視点からの研究，ならびに現在注目されているパーソナリティのモデルとして，クロニンジャーの7因子モデルやビッグファイブの高次因子，ビッグファイブから派生した HEXACO モデル（6因子モデル），反社会的な性格特性であるダークトライアドを紹介しました。

　パーソナリティに関するこれらの研究から，大きく2つのことがいえます。

　第一に，パーソナリティといった，心理学のなかでもとりわけとらえどころのないものを，どのように定義していくかといった問題があります。個人差を記述するために，どのような因子を抽出し，その因子が必要十分であるかをどのように検証するかはパーソナリティ研究における永遠のテーマであるといえます。古くは5因子に定まったビッグファイブに関しても，近年 HEXACO モデルなどの登場によって，必要十分性について一石が投じられています。また，性格の一貫性論争はそれまでの特性論的なパーソナリティ研究を大きく揺るがしました。この問題の解決は容易ではありませんが，アイゼンクやクロニンジャーのモデルのように，ハードサイエンスとの学際的な交流のなかで，神経学・生理学・遺伝学的な基盤を有したパーソナリティのモデルを構築することは解決策の一つだと考えられます。また，新相互作用論のような新しいパーソ

ナリティ観に立ったモデル，ならびにそのモデルを検証する新たな方法論を模索していくことが今後求められるでしょう。

　第二に，パーソナリティ研究がどのように応用的な問題に貢献できるかといった問題もあります。元々，パーソナリティは個人の行動を説明・予測するものとしての役割を担っています。古くは，クレッチマーがかかりやすい疾患・体型・性格の関連を類型的に示しました。近年では疫学的パーソナリティ研究によって，パーソナリティが，精神疾患にとどまらず，将来の身体疾患や人間関係，職業選択，犯罪といった社会的な変数などを予測することが示されています。これにより，早期介入や予防が可能になることは，応用的に非常に大きな意義をもちます。一方で，社会科学の宿命として，これらの予測に対する誤差がそれほど小さくないことを考えると，予測を鵜呑みにしない態度をもつべきであることも示唆されるでしょう。

　パーソナリティは個人を記述するものですが，構成概念であるがゆえに，現実から乖離した印象で語ってしまいがちです。しかし，現実に生きる人間を記述するために，本来パーソナリティ概念は存在しているはずです。たとえば「ビッグファイブの外向性が高い人はどんな人なんだろう」ということを常に考え，因子を構成する項目の内容を見てみるといった習慣や，現実との対応を考えるといった視点を決して失くさないようにしましょう。

性格

　「性格」と「パーソナリティ」は同義に扱われがちだが，厳密には，これらは異なる概念である。「性格」は生まれつきの「気質」に様々な経験が加わって形成されるもので，日常語の性格とほぼ同義である。「パーソナリティ」は，「性格」にさらに「知能」といった知的能力に関する個人差が加わったより広い概念である。ただし，多くのパーソナリティ研究において，「性格」と「パーソナリティ」は同義に扱われるものであるため，本章では区別せずに用いる。

気質

　パーソナリティの基盤となる，情動反応に関する生まれつきの個人差を指す。遺伝的・生物学的・神経学的な基盤を有し，生化学的変化や新陳代謝に関係するものである。後天的に変化しない。

BIS/BAS

　生物学的な背景をもとに，グレイによって提唱された理論。行動抑制系（behavioral inhibition system：BIS）と行動賦活系（behavioral activation system：BAS）という2つの動機づけシステムによって人間の行動が制御されているとした。BIS は不安（anxiety），BAS は衝動性（impulsivity）と称されることもある。BIS（不安）は罰への敏感さを示しており，行動を抑制するように作用し，セロトニン神経系との関連があると考えられている。一方，BAS（衝動性）は，報酬への敏感さを示しており，報酬に向かって行動を促進するように作用し，ドーパミン神経系との対応関係が想定されている。

刺激希求

　ズッカーマンによって提案された個人差の指標。新奇で強い刺激や体験を求め，それらを体験するために危険を冒すことをいとわないことであると定義される。刺激希求尺度（sensation seeking scale：SSS）で測定され，危険な活動などを求める「スリルと冒険（thrill and adventure：TAS）」，芸術や一般的でない生活スタイルなどを求める「新規な経験（experience seeking：ES）」，飲酒やドラッグ，多数の相手との性的関係等などを求める「抑制の解放（disinhibition：Dis）」，同じ活動の回避などを求める「繰り返しの嫌悪（borden susceptibility：BS）」という4つの下位尺度から構成されている。

文献案内
——さらに詳しいことを学びたい人に——

1 丹野義彦（2003）性格の心理 ——ビッグファイブと臨床からみたパーソナリティ　サイエンス社

従来のパーソナリティ理論を，ビッグファイブの各因子への対応づけから再編成した。また，生物学・異常心理学・臨床心理学的などの観点から，パーソナリティの発達，測定，適応，変容について説明がなされている。

2 若林明雄（2009）パーソナリティとは何か ——その概念と理論　培風館

パーソナリティ研究について，資質論的・動因論的・認知的・行動遺伝学的アプローチといった観点から紹介，議論している。

3 渡邊芳之（2010）性格とはなんだったのか ——心理学と日常概念　新曜社

性格の一貫性論争を中心に，「そもそもパーソナリティとは何なのか」といった，心理学者が盲目的になりがちな問題に切り込み，問い直しを行っている。

発　達

Introduction：ひとの育ち

　みなさんは「発達」という言葉をどういうときに耳にしますか？　文化や産業，台風が「発達」しているという際に耳にしたかもしれませんし，親御さんが，あなたが赤ちゃんの頃の話をする際に「発達が遅くてずいぶん心配をした」というときに耳にしたかもしれません。ここでは，人が生まれてから死ぬまでの心身の機能的変化を「発達」とします。本章では，発達心理学の多くの知見のなかでも，特に社会的広がりを見せ，かつ学術的にも議論が続いているトピックから3つ紹介します。

　1つ目は日常的にはいわゆる「絆」と呼ばれるものに近い「愛着関係」を扱います。乳児期の赤ちゃんと養育者の間の関係のありように関するトピックです。2つ目は，自分の意図とは異なる他者の意図を想定できるか否かを扱う「心の理論」を取り上げます。このトピックは幼児期（小学校入学前）がメインの話となります。3つ目は，「自分らしさ」・「自分探し」という言葉に代表されるトピック，「アイデンティティ」について触れます。このトピックは青年期（中学生から大学生頃）をメインとした話です。Old の節ではこの3つの概要を紹介し，New の節では，それらについて，その後研究分野が拡張されたり，応用されて対象とする時期（年代）が広がったり，新しい視点をもった研究に進展しているありようを紹介します。

　発達心理学で扱われるトピックは，これら3つだけではないですし，扱われる時期も多様です。しかしここでは「他者」と「自分」の関係や，「他者」を通して「自分」を表現するといった，人生を送るうえでももっとも身近な所からこの3つに絞りました。生まれたときには何もできないように見える人間が一つひとつできることや理解できることが増え，「自分」という意志が芽生えて悩むようになりそれを解決していくプロセスに魅力を感じ，その仕組みを明らかにしたいと思ったのが，この分野に身を置いて研究をはじめた動機でした。人が「発達」していくプロセスは，その人が生きることそのものでもあると日々感じています。

◯Old1　愛着（アタッチメント：attachment）

　日常的に「愛着」という言葉はどのように使われるでしょうか。たとえば自分のお気に入りの小物などに対して「愛着がわく」という使い方を思い浮かべるかもしれません。買ったばかりの小物に対しては何も感じなくても，それを使い続けて慣れ親しんでいくうちに，その小物に対して「愛着がわく」というように使われるでしょう。実は人間の赤ちゃんと養育者との間の情緒的な結びつきも（小物と比較するのは恐縮ですが），赤ちゃんが生まれ落ちた瞬間から強固なものが存在しているわけではありません。赤ちゃんと養育者との間で，実際の様々なやり取りを通して「作られて」いくものなのです。ここでは赤ちゃんと養育者との間でどのようにいわゆる「絆」が形成されていくのかについて，ボウルビィ（Bowlby, 1969）による愛着理論を紹介しながら説明していきます。

1　ボウルビィの愛着理論の各段階

　ボウルビィ（1969）は4つの段階を示して説明しています。第1段階は「人物弁別を伴わない定位と発信」の段階で，誕生から12週頃まで続きます。「定位」とは愛着の対象となる相手（たとえば母親などの養育者）に向ける行動で，相手の動きを目で追ったり，耳で確かめたりするなどを指します。「発信」とは，微笑したり喃語（意味のある単語ではないが，母音や子音を発声する）を言うなどが含まれます。赤ちゃんはこれらの行動をしますが，誰か特定の人に対してというよりも，特に誰かと誰かを区別しないで行っているのが特徴です。養育者の側は，他の赤ちゃんと自分の養育する赤ちゃんを（当たり前ですが）きちんと区別しています。赤ちゃんの行動に照らすと，養育者の「片思い」の状態となります。

　第2段階は「1人（または数人）の弁別された人物に対する定位と発信」の段階で，12週頃以降6か月頃まで続きます。第1段階で示されたような赤ちゃんの行動が，他人よりも母性的養育をしてくれる人に対して，より顕れるよう

になります。

　第 3 段階は，「発信並びに動作の手段による弁別された人物への接近の維持」の段階で，6 〜 7 か月頃から 2 歳頃まで続きます。赤ちゃんは見慣れた人とそうでない人をますます区別して接するようになり，反応の種類も広がるという段階です。外出する養育者を追う，探索活動のためのよりどころとして養育者を利用するようになります。一方で，見知らぬ人を警戒し，恐れるようになります。この段階になると，赤ちゃんは養育者に対して愛着をもっているとされます。したがってこの段階になってはじめて養育者と赤ちゃんは「両思い」の状態となるわけです。

　第 4 段階は「目標修正的協調性の形成」の段階で 3 歳前後になります。赤ちゃんは養育者の感情や動機について洞察できるようになります。養育者に養育者自身の目標（こうしたいなど）があったりそれが変わり得るということを，子どもが理解するようになります。子どもは養育者が不在でも養育者の帰宅時間を知っていたり，本当に必要な場合に養育者がいると保障されていたりすることで，満足で安全な気持ちをもつことができるようになります。

2　ボウルビィの愛着理論のポイント

　ボウルビィの言う「愛着」とは，人が危機的な状況やそうなりそうな状況に備えて特定の相手との近接を求め，それを維持することで，恐怖や不安・動揺等に対処し，安全であるという感覚を維持・回復しようとする生得的な行動システム（戸田，2013）のことを指しています。ボウルビィの理論は，フロイトの精神分析学と動物行動学を結合したもので，この行動システムを「サーモスタット」にたとえました（レヴィット，2007）。サーモスタットとは，自動的に温度調節を行う装置のことで，ある温度を超えると自動的にスイッチが入り，一定の温度になるとスイッチが切れるような仕組みをいいます。それと同じように，愛着の文脈において，安心しているときには，冒険したり，養育者ではない人とも関わろうとしますが，恐れ―用心深さのシステムが活性化されると，探索や親和行動が減り，強い愛着行動を見せるとしたのです（レヴィット，

2007）。

　なお，愛着は二者間の愛情関係の「絆」と混同されがちですが，愛情関係では，ポジティブな情動（感情）が二者間にあるとされます（戸田，2013）。一般には同じ人物が，愛情の対象であるとともに愛着対象でもありますが，両者は理論的には異なるシステムから成り立っていることを戸田（2013）は指摘しています。

3　愛着タイプの個人差の測定方法

　このボウルビィの理論は一般的な愛着関係の形成される過程を示していますが，赤ちゃんと養育者との間でどのようなやり取りがなされてきたかにより，違い（個人差）が見られることが想定されます。その違い（個人差）をとらえようとしたのがエインズワースら（Ainsworth et al., 1978）です。エインズワースら（1978）は，1歳前後の赤ちゃんの愛着タイプの個人差を「ストレンジ・シチュエーション法」と呼ばれる方法で測定することを開発しました。エインズワースら（1978）が開発した測定手法は，8つの場面から構成されています（図6-1）。

　8つの場面のうち，特に場面4・6の母子分離時と，場面5・8の母子再会時の赤ちゃんの示した行動によって表6-1に示された3タイプに分類します。分析の対象となる赤ちゃんの行動は，赤ちゃんの移動の様子や身体の姿勢，泣きといった客観的な行動である点が，この手法の特徴的なところです。考案者によるアメリカの乳児では安定型であるBタイプが6割強であることがわかっており，日本でもBタイプは7割程度であることが示されています（三宅，1990）。なお当初はABCの3タイプに分類されていましたが，その後メインとソロモン（Main & Solomon, 1986）により，エインズワースらのABC分類のいずれにも分類できないDタイプ（無秩序・無方向型）の乳児がいることが発見されました。このタイプはたとえば顔をそむけた状態で親に近づくなど，本来両立しない行動（例：近接と回避）が同時に活性化され，全体的に秩序立っておらず，何をしようとするのか行動の方向性が定まっていない点が特徴です

図6-1　ストレンジ・シチュエーション法の8場面
出所：Ainsworth et al., 1978 より作成

表6-1　ストレンジ・シチュエーション法による赤ちゃんの愛着の個人差

		母子分離場面	母子再会場面
Aタイプ	回避型	苦痛を示さない	母親との相互作用が目立って回避的，戻ってきた母親を無視するか，すぐ離れる
Bタイプ	安定型	苦痛を示す	母親に微笑んだり近づこうとしたりする
Cタイプ	アンビバレント型	強い混乱を示す	2回目の母子再会場面で顕著な接触と抵抗，相互交渉と反抗という行動が見られる

出所：Ainsworth et al., 1978 より作成

（遠藤・田中，2005）。

　ボウルビィが人間の子どもにとって母性的養育が重要であることを指摘した
ことは，精神科医，臨床心理学者，児童福祉関係者らによって高く評価されま
した（黒田，1976）。それまでは，子どもが親になつくことは動因説，つまり飢
えを満たしてくれる存在であるからとされ，なつくのはその結果ととらえられ
ていたからです。このボウルビィの指摘により，施設における養育のありよう
が世界的に見直されるに至りました。その後みなさんが現在思っているような
「親子関係の間には強固な絆が存在する」という「常識」が紡がれるように
なったわけです。

◇Old2　心の理論

　赤ちゃんが歩きはじめ，言葉を話しはじめ，1歳から1歳半頃になると，主
な養育者だけでなく他の大人や同年齢の仲間と様々な種類のコミュニケーショ
ンをするようになります。周囲の人と円滑にやり取りをしていくためには，子
どもは他の人の意図・知っていることを理解し，それが自分とは異なることも
あると理解していることが有効に働きます。それが「心の理論」と呼ばれるも
のです。

1　心の理論勃興の経緯

　「心」という用語のつく専門用語は，心理学の分野ではめずらしいのではな
いかと思います。ここでの「心」は「mind」の訳語です。発端は動物心理学
者のプレマックとウッドラフ（Premack & Woodruff, 1978）がチンパンジーの社
会的関係の研究のなかから理論化したことです。プレマックとウッドラフ
（1978）は，チンパンジーなど霊長類の動物が，たとえばあざむき行動のよう
に，他の仲間の心の状態を推測するかのような行動を取ることに注目し，それ
を「心の理論」という考え方で解釈しようとしました。自分の内的状態とは異
なる他者の内的状態（目的・意図・知識・信念・思考・疑念・推測・ふり・好みな

表6-2 誤信念課題

マクシはお母さんの買い物袋をあける手伝いをし，〈緑〉の戸棚に
チョコレートをしまった後遊びに出かけた。マクシのいない間にお母
さんは戸棚からチョコレートを取り出し，ケーキを作るために少し使
い，その後〈青〉の戸棚にしまった。その後お母さんは買い物に出か
けた。そしてマクシはお腹をすかせて帰ってきた。

出所：Wimmer & Perner, 1983 より作成

どの内容）を理解できるのであれば，「心の理論（theory of mind；ToM）」をも
つとしたのです（子安・木下，1997）。

　これらの研究は，霊長類だけでなく，乳幼児の発達研究，自閉症研究などの
心理学分野，哲学の分野までも巻き込んで発展していきました（子安・木下，
1997）。ウイマーとパーナー（Wimmer & Perner, 1983）はこの「心の理論」の
概念を受けて，幼児期の「心の理論」の発達を調べる課題を考案しました。そ
れが「誤信念課題」と呼ばれるものです（表6-2）。「誤信念」を提唱した哲
学者のデネット（Denett, 1978）は，この誤信念の理解を，心の理論が獲得され
ているか否かを判断するリトマス試験紙であると述べています。課題には様々
なものがありますが，代表的なものをかいつまんで説明します。

2　誤信念課題

　対象となる子どもに表6-2の誤信念課題を使って「マクシはチョコレート
がどこにあると思っているでしょうか」と尋ねたとき，子どもが〈緑〉の戸棚
を選ぶと，マクシの「誤信念」（誤って思っていること）をその子どもは正しく
推測できたことになります。他にもいろいろな課題が考案されていますが，多
くの課題の構造としては，対象（おもちゃや食べ物など）の移動が起こったこ
とを知らない主人公が，対象を探す場所を予想させることで，人がその人自身
の心的状態（信念）にしたがって行為することを理解しているか否かを調べる
というものです。自他の「知っていること」の間にズレを作り出し，自己の知
識を離れて他者の信念を推測しているかを調べています（瀬野，2011）。これは
「Aさんは物Xが場所Yにあると（誤って）信じている」ということが理解で

表 6‑3　一次的信念課題と二次的信念課題の構造

一次的信念課題	二次的信念課題
① 人物Aが場所xに物aを置く ② Aが部屋を立ち去る ③ 人物Bがaを場所yに移す ④ Aが部屋に戻ってくる	① 人物A，B，Cが場所xにいる ② Aが立ち去る ③ Cが「場所yに移動する」とBに言う ④ Cが移動中，偶然Aに会ったので「場所yに移動する」と教える ⑤ BがAを探しに行くと，人物Dから「Cのところへ行った」と言われる
信念質問：「Aはaがどこにあると思っていますか？」	信念質問：「BはAがどこに行っていると思っていますか？」

出所：林，2002 より作成

きるかということで，「一次的信念の理解」とも言われます。

　この「誤信念課題」に対して，ウイマーとパーナー（1983）では，3，4歳児は正しく答えられないが，4歳から7歳にかけて，正答率が上昇することが示されました。つまり「心の理論」の出現の時期が4歳頃であるとされました。それ以前の年齢では，自分自身の現在の思いを他者についても適用してしまい，正答できないのです。

　さらにこの「誤信念課題」について，二次的信念の理解に関わる課題がパーナーとウイマー（Perner & Wimmer, 1985）により考案されました。これは，「Aさんは物Xが場所Yにあると思っている，とBさんは（誤って）信じている」ということが理解できるかということで，「二次的信念の理解」となります（子安，1997）。一次的信念課題と二次的信念課題の構造について，表6‑3に林（2002）による概要を示します。この二次的信念課題に対して，6歳から9歳にかけて正答率が上昇することが見出され，児童期半ば頃に二次的信念が理解できることがわかりました。

　このような二次的信念の理解は，話のなかに複数の登場人物が出てきて，それぞれの人物が知っている内容・範囲が異なることを理解できる一助となります。いわゆる「複雑な人間模様」や推理小説の構成を理解するには，二次的信念の理解ができていることが重要になってくるわけです。

3 心の理論研究の広がり

また自閉症研究に関しては，バロン-コーエンら（Baron-Cohen et al., 1985）が自閉症児の子どもたちに「誤信念課題」を実施したところ，知能検査の精神年齢が5歳を超えている11歳の高機能の自閉症児たちで通過率（正答率）が20％という結果を得ました。ここから自閉症児には「心の理論」が欠如しているという仮説が提出されるに至りました。知的に文章の内容を理解できる年齢になったとしても，他者の意図を理解することは難しいという自閉症児の特徴について，様々な観点からの研究が展開されています。

その後，発達心理学における心の理論の研究は，幼児の「ふり遊び」や「からかい」・「あざむき」といった現象と心の理論との関係を探究する流れに発展していきました。他者の意図を人間がどのように理解し，他者とコミュニケーションが成立するようになるのかといった課題について，心の理論研究はアプローチしようとしているわけです。

Old3 アイデンティティ

幼児期を経て小学校に入学し，その後小学校高学年頃から，周囲の人と比べての「自分」のありようについて気になりはじめます。そのような思いは中学，高校，大学と，青年期のあいだ中考える人も出てきます。「自分らしさ」・「自分探し」という言葉で表現されることもあるでしょう。発達心理学ではエリクソン（Erikson, E. H.）がこのトピックに関して理論化しているので紹介します。

1 エリクソンによるアイデンティティに関する理論

エリクソン（Erikson, 1950）は，もともと精神分析で有名なフロイトの弟子であり，フロイトの幼児性欲論を引き継ぎながら，新たに社会的関係性を重視し，青年期までででなくそれ以降の時期を含め，人生全般にわたる心理社会的発達理論を展開しました。エリクソンが展開した理論のなかで中核的な概念が，

青年期における「アイデンティティ」です。エリクソンは自身の臨床的経験により，青年期の終わり頃になってはじめて，それ以前の幼児期の自我の発達諸段階を統合していくことになる内的仕組みがあることを主張しました(Erikson, 1950)。

　杉村（2008）のまとめによると，エリクソンによるアイデンティティとは，自分が他者とは異なる独自の存在であり，過去から現在にかけて一貫しているという感覚を指します。また同時に，自分の考える自分の姿が他者からも認められ，社会のなかに位置づけられているという自覚も含まれます。ただこのアイデンティティの形成は，青年期を中心とした発達課題とされてはいますが，青年期にはじまるわけでも終わるわけでもなく，乳児期からはじまり生涯続くとしています。この点がエリクソンの理論が「ライフサイクル理論」とも言われるゆえんとなっています。

2　アイデンティティの測定方法

　このようなアイデンティティの感覚を青年がもっているのかどうかについて，測定するための方法を開発したのがマーシャ（Marcia, J. E.）です。マーシャ（Marcia, 1966）はエリクソンの言うアイデンティティの感覚を，人生の重要な問題である「職業選択」「宗教」「政治的イデオロギー」の３つについて，「危機」と「コミットメント」を経験しているか否かという２つの視点から，４つのアイデンティティ地位に分類することを試みました。ここでいう「危機」とは，意味のある選択肢を選ぶことに従事する期間があったかどうかであり，「コミットメント」とは，その人の見せる個人的投資（関与）の程度を指します。

　マーシャ（Marcia, 1966）による４つのアイデンティティ地位のうち，「アイデンティティ達成」地位の人は，「危機」の期間を経験しており，職業やイデオロギーに対して心理的にコミットメント（関与・注力）していることになります。真剣にいくつかの職業的選択肢について熟考し，たとえ最終的に両親の望む選択肢であったとしても，自分自身で決定をしていることが特徴です。次

にその対極にある「アイデンティティ拡散」地位の人は，「危機」の期間を経験しているまたは経験しておらず，「コミットメント」（関与）が欠けています。さらに「モラトリアム」地位の人は，「コミットメント」をしていて，「危機」の最中にあります。拡散地位の人と区別されるのは，コミットメントをしようと積極的に苦闘することが見えている点です。最後に「フォークロージャー」地位の人は，「危機」を経験していないが，「コミットメント」は経験しています。なろうとしているものが親などの他者が準備したものであったり，親の信条が自分の信念となってしまっていたりしていることが特徴です。

　マーシャ（Marcia, 1966）によって青年をアイデンティティ地位の4つに分類する実際的な手法が開発されたことで，その後青年たちをアイデンティティ地位別に理解するための研究がさかんに行われました。畑野・杉村（2014）によるまとめでは，このアイデンティティ地位モデルによる40年以上の研究から，青年期を通して拡散の割合が減少し，達成の割合が増えていくこと（Kroger et al., 2010），拡散，フォークロージャー，モラトリアム，達成の順に自我の複雑性が高くなること（Al-Owidha et al., 2009）など，アイデンティティが形成されてゆく方向性が明らかにされてきたと指摘しています。

　みなさんも，職業選択や自分と周囲の人との間の関係の持ち方などについて，「自分はどこで何を，どんなふうにしていくことが自分らしいのか，その自分らしさを社会的に認めてもらえるのか」が明らかにならないうちは，迷ったり悩んだりするのではないかと思います。そして自分の行く道が見えてくると，「これが自分である」という感覚や自覚・自信をもてるようになると思います。それがアイデンティティ達成に向かう流れとなっていきます。

＊

　さて，ここまで3つの古典的研究を紹介してきました。ここまでの3つの古典的研究は，日常で身近な心理的現象について上手く理論化，分類がなされていますので，日常的感覚から腑に落ちるところがあるのではないかと思います。ここからはその後のさらなる展開・学術的広がりについて説明していきます。

New 1　愛着研究の発展的広がり

「Old 1」では主に乳幼児期の愛着関係を扱ってきましたが，ここでは愛着関係に関わるその後の研究の展開を紹介します。第1に赤ちゃん時代の愛着関係の年月を経た影響力，第2に他の世代への愛着理論の適用，第3に赤ちゃん時代の関係性に関する新たな理論の創出について触れていきます。

1　乳幼児期における愛着関係の連続性

第1の話は，赤ちゃん時代に作り上げた愛着関係のありようが，その後年月を経て，たとえば成人したその人にどこまで影響を及ぼすのかという問いに答えようとした研究となります。研究の手法としては，「Old 1」で紹介されたストレンジ・シチュエーション法によって赤ちゃん時代に養育者との間に作られた愛着関係の型が，年月を経た後変わらないのか変わってゆくのかということを，同じ人に対する追跡研究（縦断研究といいます）によって明らかにする方法となります。

その結果，乳児期から成人期にかけての愛着の連続性について，多くの類似の研究を集積して分析（メタ分析といいます）を行ったフラレイ（Fraley, 2002）のデータでは，1歳時点とその後の人生（最大19歳）までで測定される愛着の安定性は，期待される相関値で見ると .39 でした。ちなみにこの相関値の意味についてフラレイが解説していますが，実験参加者に愛着が安定型の子どもがいた場合，およそ70％が安定的な成人になり，30％が不安定な成人に成長するということをあらわしています。

そして，上記を詳しくみると1歳時点と1.5歳時点の相関値は .32，1歳時点と4歳時点の相関値は .35，1歳時点と19歳時点の相関値は .27 であることが示されています。初期の頃の経験が愛着関係をかたちづくる程度は，1歳以降の幼児期の小さいうちでも，19歳時点でも同じであり，強くはないが，遠く将来まで予測することができるということです（フラレイ・ブラムバウ，2004）。

成長後にも持続すると主張するボウルビィの立場を支持する客観的な証拠については，それほど強いものは見出されていません（Lamb, 1987）。

2　乳幼児期の愛着関係と成人期の友人関係の関連

　第2の話は，赤ちゃん時代の養育者との関係のあり方が別の世代，特に成人期の人間関係のあり方の原型となるという考えについて説明します。この考え方では，乳幼児期のストレンジ・シチュエーション法による分類と理論的対応性をなすような類型化が行われています。ベッカーストールとフレマボンビック（Becker-Stoll & Fremmer-Bombik, 1997）では，赤ちゃん時代の「Bタイプ：安定型」と対応している成人期の「安定自立型」は，話し合いが過熱しても，現在の親との関係を保とうと努力しながら生産的問題解決を目指し，友人関係においても，友人から相対的に高い社会的評価を得ているとしています（Allen et al., 1998）。そして，赤ちゃん時代における「Aタイプ：回避型」と対応している「アタッチメント軽視型」は，強い感情を伴う話・考えを避けることで親から距離をとり，親と交渉して解決することに関心を示さず，友人関係においても友人から敵意があり，社会的スキルが欠けていると評価されやすい特徴をもちます（Kobak & Sceery, 1988）。最後に，赤ちゃん時代における「Cタイプ：アンビバレント型」と対応している「とらわれ型」は，愛着関係に関わることに多くの時間やエネルギーをかけ，感情的に巻き込まれてしまう傾向があり，親への依存状態から抜け出せないとし，友人関係においても，親しい関係を仲間や友人との間につくることが，他の型に比較して難しいといいます（Gavin & Furman 1996）。

　この理論は「成人愛着スタイル」と呼ばれ，代表例として「成人愛着面接」と呼ばれる半構造化面接による手法（George et al., 1984）によって研究が展開されています。この手法を使った成人愛着スタイルの理論では，乳児-養育者関係が後の人間関係の原型となるという精神分析学的な立場を取ります（レヴィット，2007）。この手法では，個人の過去の養育者との関わりに関する語りの構造に，無意識的にその個人の愛着関係に関する情報処理の特徴が反映され

ると仮定されています（遠藤，1992）。

3　乳幼児期の愛着関係と恋愛・夫婦関係の関連

　そして第2の研究の展開のなかに，青年期・成人期への拡張のもう1つの流れがあります。それは，赤ちゃんが養育者との間に形成する情緒的絆が，成人のロマンティックな愛の絆と一致するととらえ，恋愛や結婚，他者との対人葛藤といった社会心理学的な視点をもった研究への適用です。エインズワースら（1978）のストレンジ・シチュエーション法による3つの愛着パターンが，大人がロマンティックパートナー（恋人や配偶者）との関係の間についても見られるという主張のもと，ハザンとシェイバー（Hazan & Shaver, 1987）は愛着スタイル質問紙を開発しました。安藤・遠藤（2005）は，この研究の流れについて，愛着関係に関わる考え方が，親友・恋人・配偶者など，青年や大人が基本的に選択的に構築する種々の対人関係領域に通底する共通の基本枠として応用されているとまとめています。

　シェイバーとミクリンサー（Shaver & Mikulincer, 2006）は，「安定型」愛着に分類された人は，自分の愛の関係を友好的で，温かく，信頼でき，サポーティブであると回答し，「回避型」に分類された人は，温かさに欠け，情緒的関わりが低いと回答し，愛は時間経過に伴って薄らいでいくものとしました。最後に「アンビバレント型」愛着に分類された人は，愛を妄想と情熱，見境なく恋に陥りがちとする一方，見捨てられることへの不安やパートナーへの嫉妬を回答のなかで示しました。

4　乳幼児期の母子以外の関係性

　第3の赤ちゃん時代の関係性に関する新たな理論の創出について，ここではルイス（Lewis, 1987）によるソーシャルネットワークモデルを紹介します。ソーシャルネットワークモデルでは，母子という直接的な2人「のみ」の間の関係のみならず，父子関係や仲間関係，きょうだい関係，施設の保育士との関係といった，子どもを取り巻く多様な関係を取り上げています。そして母子関

係がたとえ不適切なものであったとしても，それ以外の関係性が良い場合には，本人の適応が良い場合もあり，関係の再適応（再学習）が可能であることを示す証拠にもなっています（ルイス，2007）。

高橋（2013）は，母親が主に養育していても，すべての赤ちゃんが母親を「もっとも重要な人」だと選択するわけではなく，2割程度は父親や祖母などを選ぶという研究結果を報告しています。母親と赤ちゃんの関係を軽視するわけではないですが，赤ちゃんを取り巻く母親以外との関係を踏まえたうえで愛着関係を議論していく流れも確実に出てきています。

ここまで愛着関係に関する新しい研究の流れをみてきましたが，「Old 1」にて紹介された乳幼児期における養育者との愛着関係に関する理論は，ある程度強力ではあるかもしれません。しかし，時間的な安定性や他の関係とのありよう，成長してからのパートナーとの関係に及ぶまで，その後変化しづらいようなところまでの強力さはもっていないことが理解できるのではないかと思います。それはみなさんの日常的な感覚に適合していた点もあれば，そうでない点も明らかにされてきたことに気づくのではないかと思います。

New2　心の理論研究の発展的広がり

「Old 2」で紹介された「心の理論」の研究は，幼児期や児童期の話であり，また自閉症児の理解に関わる分野の話でした。ここでは「心の理論」研究に関わる近年の広がりについて，3つの点から触れていきます。

1　心の理論と実行機能

第1点目は，心の理論に関わる研究が，動物心理学，発達心理学，特別支援教育だけでなく，心の理論の獲得の神経基盤，その背後にある「実行機能」に関わる研究と，脳科学や認知科学といった学際的な広がりをみせていることがあげられます。ここで紹介された「実行機能」とはいったいどのようなものなのでしょうか。「実行機能」とは，小川（2011）によると，目標に到達するた

めの行動や思考の計画，調整，コントロールなどを行う機能の総称（Carlson，2005）としています。小川（2007）は，実行機能により日常生活のなかで，目標を保持しながら目的志向的に活動することが多くの場面でなされており，私たちがより生産的に生きていくために重要な機能であると指摘しています。

「実行機能」と「心の理論」との関連について，カールソンら（2001）は，抑制制御，ワーキングメモリ，プランニング，認知的柔軟性などの「実行機能」の各下位機能の成績が3歳から5歳で大きく変化し，その発達的変化が「心の理論」の獲得に影響を与えているとしました。「心の理論」の獲得に関連する実行機能の下位機能として，「抑制制御」「認知的柔軟性」「ワーキングメモリ」の3つがあげられています（小川，2011）。第1の「抑制制御」とは，子どもにとって優勢であるが不適切な表象（考え）やそれによりもたらされる反応を抑制する能力です。第2の「認知的柔軟性」とは判断基準となる対立する視点があるとすると，一方の視点から推論をかたちづくり，他方は無視するといった柔軟な能力です。第3の「ワーキングメモリ」とは，得られた情報を処理し，一方で正確に覚えておき，必要なときに適切な情報を活性化させる能力です。これら3つが心の理論と関連することはわかってきましたが，どのように関連するかについての詳細は，様々な議論が提唱されており，一致した見解に至っていません（小川，2007）。

さらに認知神経科学の分野では，実行機能は脳の前頭葉にその基盤をもつとされており，前頭葉の損傷患者では実行機能課題の遂行が困難であることが示されています（小川，2007）。心の理論に関連するような，他者の視線理解や顔や表情の認知，心的な状態の推論をしているときに活性化する脳の部位も明らかになってきています（乾ほか，2010）。

2　心の理論についての文化差

第2点目は，心の理論獲得の文化差に関わる研究があげられます。特に注目すべきは，日本の子どもについて，課題に正答する割合（通過率）が欧米と比較して低く，その質も異なることが示唆されるようになってきた点です（小川，

2011）。たとえば東山（2007）は，ウェルマンとリウ（Wellman & Liu, 2004）が
開発した多面的心の理論課題を日本の子どもで実施し，それぞれの課題に通過
（正答）していく平均月齢が，ウェルマンとリウ（2004）よりも4か月から11か
月も遅れることを示しました。東山（2007）では，「考える」「知っている」と
いった日常会話での心的動詞を使う言語環境の違いが，文化差の背景にあるの
ではないかと指摘しています。つまり日本の子どもの場合，心的動詞を使うこ
とが日常的でなく，それが心の理論の獲得の遅れにつながっていると考えられ
たのです。

3　幼児期以前のありようと心の理論

　第3点目は，近年幼児期よりも前の時期における心の理論に関わる研究が進
められた点です。オーニシとベイラージョン（Onishi & Baillargeon, 2005）は，
15か月児（1歳3か月児）に対して，予測に反する場面をどれだけ長く見つめ
るかという方法を使った非言語版の誤信念課題を考案しました。その結果，15
か月児は“原初的で言語化できない implicit な「心の理論」をもつ”とやや慎
重な姿勢をまじえつつ考察しています（瀬野，2011）。この結果について，この
方法により得られた結果が誤信念の理解を反映しているか否かについては批判
的な意見もあり，一貫した見解には至っていません（瀬野，2011）。

　この第3点目に関連して，母親の乳児に対するマインド・マインデッドネス
（mind-mindedness）に関する研究があげられます。この「マインド・マイン
デッドネス」とは，母親が乳児の心の世界に目を向け，乳児を心をもった1人
の人間としてとらえるという特徴のことをいいます（篠原，2011）。母親が乳児
の振る舞いを見た際に，「うれしい，○○したい」というような気持ちに注目
してとらえることをいいます。乳児時点の母親のマインド・マインデッドネス
の高さが4・5歳時点の子どもの心の理論獲得の能力を促進していることが示
され（Meins et al., 2002），養育者のマインド・マインデッドネスは子どもの心
の理論獲得の発達最早期の予測因として注目されています（篠原，2011）。

　このように，「心の理論」に関わる研究は同じ課題を使用した文化差に関わ

る研究や，領域を超えた学際的研究に広がりをみせています。

■New3　アイデンティティ研究の発展的広がり

　ここでは「Old 3」の箇所で説明した青年期のアイデンティティの感覚やアイデンティティ地位モデルについて，その後の研究の展開を紹介します。第1にアイデンティティの生涯発達に関わる研究について，第2に，アイデンティティ形成のプロセスに注目した研究について紹介していきます。

1　成人・中年期のアイデンティティ

　まず第1のアイデンティティの生涯発達の視点について，青年期のみならず，その後の成人期・中年期についても研究が拡張されてきています。杉村（2008）は，クローガー（Kroger, 2000）の研究では成人期初期におけるアイデンティティ達成地位の割合が半数以下，ファジュコフら（Fadjukoff et al., 2005）の研究でフィンランドにおける27歳時点のアイデンティティ達成地位の人の割合が5つ中，親密性以外の4つの領域で40％以下，42歳時点で5つ中，職業・親密性・ライフスタイルの3つの領域で40〜60％であることが見出されたと指摘しています。エリクソン（Erikson, 1950）は，アイデンティティの達成が中心的には青年期の発達課題であるとしながらも，青年期の問題だけではないと理論的に指摘していましたが，その理論をこれらの実証的知見によってどう説明していくのかが課題となっていくでしょう。

　また成人期のアイデンティティの個人単位の発達プロセスについて注目した研究もあります。ステファンら（Stephen et al., 1992）はMAMAサイクルというモデルを提案しています。このサイクルとは，モラトリアム（M）から達成（A）へ，そしてモラトリアム（M）へ，さらに達成（A）への繰り返しがみられるというものです。

　さらに中年期におけるアイデンティティの再構成（捉え直し）に関して，クローガーとハスレット（Kroger & Haslett, 1991）では，自身の過去を振り返っ

た回想的なインタビューから，「フォークロージャー」から「モラトリアム」，そして「達成」への経路が見出され，青年期と同じ変動のプロセスが繰り返されていることがわかりました。ただ清水（2008）は中年期の発達については，年齢が主たる説明要因ではなく子の巣立ち（清水，2003），定年退職（岡本，1999）などの社会的役割の変化が再構成を促すとまとめ，青年期とは異なり，状況の変化に応じて自己定義を変化させる力といった，中年期独自の機能を備えていることを主張しています。

「Old 3」で説明されたアイデンティティ地位モデルをみると，一度獲得されたアイデンティティ地位が変動していくという視点は想定しづらいですが，その後の研究では地位の移行を含めたモデルに発展していることがわかります。

2 青年期におけるアイデンティティ形成までのプロセス

次に第 2 の視点である，青年期におけるアイデンティティ形成のプロセスに注目した近年の研究について紹介します。アイデンティティ地位モデルは，プロセスに注目しながらも，基本的には個人の分類に重きを置いています（畑野・杉村，2014）。そのため，アイデンティティ探究のなかのどういった特徴が，アイデンティティ形成に寄与しているのかについて理解しようとする場合，うまくいかないという問題がありました。その問題点を克服しようと提起されたのが，アイデンティティ形成のプロセスについて，「探求」と「コミットメント」の様相から説明しようとするモデルです。代表的なものとして，クロチェッティら（Crocetti et al., 2008）によるアイデンティティ形成の 3 次元モデルがあげられます。畑野・杉村（2014）によると，このモデルは，「コミットメント」「コミットメントに対する深い探求」「コミットメントの再考」という 3 側面からなるサイクルとして概念化されます。まず「コミットメント」とは，様々な領域について行った選択や，選択から引き出される自信です。そして「深い探求」とは，青年が現在のコミットメントについて熟考したり，さらなる情報収集をしたり，他者と話をしたりする程度を示します。最後に「コミットメントの再考」は，青年が現在のコミットメントに満足できず，それを放棄

したり新たなコミットメントを求めることを指します。

　クロチェッティらによるアイデンティティ形成の3次元モデルに基づいて作成された尺度がユトレヒト版アイデンティティ・コミットメント・マネジメント尺度（U-MICS）です（Crocetti et al., 2008）。イデオロギー領域と対人関係領域における「コミットメント」「コミットメントに対する深い探求」「コミットメントの再考」の3次元のありようを測定できるようになっており，日本においては畑野・杉村（2014）が日本語版を作成しています。

　畑野・杉村（2014）によると，日本人大学生では，自身の選択した教育に対して自身の人生，将来に自信をもつと（「コミットメント」），人格的強さや適応，良好な親子関係と関係し，現在自分が受けている教育について熟考すると（「深い探求」），情報収集のための積極的態度と関連するが，自己概念は必ずしも明確にならないと示されています。そして新たな教育を求めることは（「コミットメントの再考」），不適応に結びついたり，親の関与を自立の妨げと感じることが示されました。なお大学生にとって主要なイデオロギー領域は「教育」とされています。

　これらの新しいアイデンティティ研究は，ある時点での結果としてのアイデンティティのありようを明らかにする視点から，何がどのように変化するのかという"営みあるいは働き"（杉村, 2008）として，また発達過程における一時点（清水, 2008）とみるかたちに進化してきたといえます。さらにアイデンティティ形成の話は青年期だけの話ではなく，生涯にわたるテーマとして研究が発展していることがわかります。

第6章のまとめ

　ここで説明した発達心理学の Old の各トピックは，赤ちゃんとその養育者との間の関係の理解，仲間たちと社会的関係をもちはじめる幼児の理解，悩める青年理解といった，ある限定された世代のある限定された特徴についての議論でした。しかしその後，New の研究になってくると，心理学という学問領域を超えた学際的広がりをみせていたり，ある限定された世代ではなく他の発

達段階にも拡張されたり，ある一時点のラベルをつけるだけでなくプロセスを追ったりと発展的に展開されていることがわかります。Old の各トピックでは私たちが各年代の理解をするための大枠や言葉を与えてくれていますが，New の各トピックでは，各年代のありようを中心的興味とした話から，人が他者と交流する際に交流の輪を広げていくように，広がりをもって展開されています。

　また New の知見は，私たちの日常生活にもより良いインパクトを与えてくれます。たとえば心の理論研究における他者の意図の理解には，乳児期からの養育者による働きかけの特徴が寄与していたり，幼児の日常的な言語環境のある特徴（心的動詞の使用）が影響を及ぼしていたりすることが明らかにされています。この知見は，他者の意図を理解する時期がなぜ文化や個人によって異なるのかという素朴な問いに答えてくれたり，意図の理解が困難な人に対するトレーニングの可能性を開いてくれたりします。

　筆者は児童期後半から青年期の人を対象に研究をしていますが，時には乳幼児期の実験的研究の進め方が参考になったり，時には青年期以降の人たちを対象とした調査的研究手法が参考になったりします。近年は同じ発達心理学を専門とする研究者であっても，対象としている年代が異なると，所属する学会や研究手法が異なることで交流が減りつつあり，そんな流れを少し残念に思います。

　この章で紹介した赤ちゃんの話や養育者との関係性の話，「自分らしさ」に悩める青年の話は，読者のみなさんにとってみると「現在」の話であったり，「ちょっと先の自分が直面する事態への予習」の話であったりしますので，身近に感じられたり，もともとみなさん自身が素朴に感じていた考え方と照らし合わせたりする際に有用であると思います。そして，みなさん自身の視点を超えて，現在みなさんの身の周りに存在する他の世代の方々を理解する際にもぜひ役立ててください。

ピアジェ

　本章では愛着の段階が説明されているが，他に知的（認知）発達に関する発達段階の理論をピアジェが提唱している。（視覚・聴覚等の）感覚器への入力に運動（動作）で反応する「感覚運動期」（〜2歳頃），次にイメージの役割が中核となる「前操作期」（2〜7歳頃），そして具体物であれば論理的思考が可能となる「具体的操作期」（7〜11歳頃），具体物に限らず論理的思考が可能となる「形式的操作期」（11歳頃〜）という段階が設定されている。

言語発達

　言語発達の順序として，生後直後は叫喚のみ，その後機嫌の良いときに出現するクーイング（ハトの鳴き声に似た発声），さらに喃語（例：バババ，バブ）が出現し，生後1年頃に意味のある言葉（初語：マンマなど）が出現する。

愛着のDタイプ

　このDタイプが被虐待児や抑うつ状態の親をもつ子どもに多く認められることがわかっているが，通常のサンプルでも全体の15％がDタイプに分類される可能性があるという報告もある（遠藤・田中，2005）。

模　倣

　ヒトにおいては1歳半前後から，目の前にいない人や現象の模倣（マネ）ができるようになり，これは延滞模倣と呼ばれる。目の前にいない人や現象についてのイメージ（表象機能）を頭のなかに思い描くことが可能になるからである。

自閉症

　いわゆる発達障害（自閉スペクトラム症，注意欠如・多動症（ADHD），限局性学習症（SLD））のうちの1つである。自閉スペクトラム症とは，DSM-5（アメリカ精神医学会による診断基準）によると，(1)社会的コミュニケーションおよび対人的相互反応における持続的な欠陥，(2)行動，興味，または活動の限定された反復的な様式（こだわりや反復的身体運動など）の2点から主に説明されている。

幼児性欲論

　幼児性欲論とは，性的欲動は思春期から始まるのではなく，乳幼児期から存在しているとし，口唇愛期（〜1.5歳），肛門愛期（1.5〜3歳），エディプス（男根）期（3〜6歳），潜伏期（6〜12歳），性器期（12歳〜）とした。乳幼児期における対人関係（愛情）を重視した発達理論とされる（小川，1999）。

エリクソンの発達段階説

　エリクソンの理論では，人生を8つの段階に分けて，各時期において達成が望まれる発達課題を設定している。乳児期は「基本的信頼」，幼児前期は「自律」，幼児後期は「自発性」，学童期は「勤勉性」，思春・青年期は「同一性（アイデンティティ）」，成人期は「親密さ」，壮年期は「生殖性」，老年期は「自我の統合」が設定されている（Erikson, 1950；各時期の名称は鑢，2002 をもとに改変）。

半構造化面接

　半構造化面接とは，面接における質問事項は決定しているが，質問順序や詳細の質問内容・質問の追加については柔軟に対応していく手法である（鈴木，2002）。

文献案内
——さらに詳しいことを学びたい人に——

1　数井みゆき・遠藤利彦（編著）（2005）アタッチメント —— 生涯にわたる絆　ミネルヴァ書房

　　愛着理論の基礎的な理論の紹介から，その後の時期における愛着関係のありよう，病理・障害に至るまで幅広く説明がなされている。

2　外山紀子・中島伸子（2013）乳幼児は世界をどう理解しているか —— 実験で読みとく赤ちゃんと幼児の心　新曜社

　　乳幼児を対象とした様々な工夫された実験を通して，「心の理論」の研究のみならず，記憶のありようや生き物に対する理解といった周囲の世界の認識のなされ方について，説明がなされている。

3　高橋惠子・湯川良三・安藤寿康・秋山弘子（編）（2012）発達科学入門 [3]　青年期～後期高齢期　東京大学出版会

　　青年期におけるアイデンティティをはじめ，青年期の認知や性意識についての紹介，成人期，前期高齢期，後期高齢期におけるパーソナリティや社会的関係のありようについて説明がなされている。

第7章

 社　会

Introduction：幼少期の出来事がきっかけ

　筆者が小学生の頃，両親と駅で歩いていたときに自分と肌の色が違う人を初めて見ました。その時の衝撃は今でも鮮明に覚えています。日本で生まれ日本で育った筆者にとって，小さい頃から周囲にいたのは自分と同じ肌の色の人たちでしたし，小学校の授業中に「自分の絵について，肌色で塗ってみてください」と先生に指示を受けたら，疑いもなく自分の肌の色に近い色を使って絵を描いていました。ですので自分と肌の色が違う人を見たとき，「あの人は肌に好きな色を塗っているんでしょ？」と両親に言ったのを記憶しています。その頃から，自分とは異なる側面をもつ他者に興味をもちはじめました。小さい頃からテレビなどのメディアを通して自分とは異なる側面をもつ他者を見るうちに，自分のなかで彼らに対する何らかのイメージができたのを感じています。たとえば，あの国の人たちは時間にルーズである，などです。読者のみなさんにも，特定の他者あるいは集団に対するイメージを心のなかにおもちでしょうか。

　本章で紹介する社会心理学の「社会」とは，自己や他者が存在していることを指し，社会のなかで生きる個人の心や行動を研究対象としています。本章ではまず自己と心理に関する研究を紹介します。次に他者と心理に関する研究，そして，自己と他者を含んだ集団と心理に関する研究を紹介します。自己，他者，集団の3つの観点から社会心理学を紹介しますが，読者のみなさんのなかにはすでにこの領域が扱う範囲が広いという印象をもたれた方もいるのではないでしょうか。本章では，古典的なものからその後発展した興味深いものまで，社会心理学においてよく話題に上がる理論と現象を中心に紹介いたします。

Old1 「自己と心理」に関する古典的研究

1 自己認知

　読者のみなさんは，今までに自分とは何かについて考えた経験があります
か？　社会心理学の領域では初期の頃から，人は自分に関する知識をどのよう
に集めて蓄えるのか，また，自分に関する知識はどのような機能をもつのかに
関心がもたれていました。ある対象に関する知識のまとまりはスキーマといわ
れ，自分についての知識のまとまりは自己スキーマと呼ばれています。たとえ
ば，可能自己という自己スキーマは，どのような目標を達成する自己になりた
いかについてのスキーマであり，達成したい目標のための行動を動機づけます
(Markus & Nurius, 1986)。

　また人は，自分を取り巻く社会・環境で起きることが予測できて，コント
ロールができるという認識を欲しいがために，一貫した自己知識をもつように
動機づけられる傾向があり，自己知識が矛盾しないような情報処理を行うとさ
れています。もし自己に関する考え方に矛盾が生じた場合，その矛盾によって
生まれる不協和（しばしば認知的不協和と呼ばれています）が起き，不快感を感
じるため，人はこの不協和を解消するように情報処理を行う傾向にあります
(Festinger, 1957)。

2 感情が認知に及ぼす影響

　自分について考えることは，時に感情が伴います。「自分は感情に振り回さ
れて冷静さを失っている」など，ネガティブな意味合いで感情が語られること
もあるのではないでしょうか。感情は，人の認知に影響を与えるといわれてい
ます。感情が認知に影響を与える効果として，気分一致効果が有名です。これ
は，人の気分によって特定の課題への記憶が変化する現象のことをいいます。
具体的には，ポジティブな気分の場合は物語におけるポジティブなエピソード，

ネガティブな気分の場合は物語におけるネガティブなエピソードを実験参加者が記憶していたという結果が得られています（Bower, 1981）。

　さらに，感情状態によって情報の処理の仕方が異なるという研究もあります。たとえば，説得によって人が態度を変えるかどうかの研究において，説得される側の人の気分がポジティブかネガティブかによって，説得に対してヒューリスティック（簡潔）な情報処理を行うかシステマティック（体系的）な情報処理を行うかの違いがみられています（Schwarz et al., 1991）。ポジティブな感情状態はその人を取り巻く環境が安全であることの表れのためヒューリスティックな情報処理が起こるが，ネガティブな感情状態はその人を取り巻く環境が危険であることの表れであるため，問題の解決のためにシステマティックな情報処理が起こると考えられています。このように，感情は社会・環境における人の情報処理に重要な役割を担っている可能性があるのです。

3　自尊感情

　喜怒哀楽という言葉があるように，感情には様々な種類があります。ここでは，自尊感情についてお話しします。人は自分が価値のある存在であると思うように動機づけられており，時に，自分にとってポジティブに働く情報に注意を向ける傾向，すなわち自己高揚をみせるのです。この傾向により，自尊感情が保たれたり，高まったりするのです。自尊感情とは，自分自身を価値ある存在であるととらえる感覚のことを指し，幸福感や人生満足感と正の相関（互いに同じ方向に変化する関係）があり，抑うつや不安と負の相関（互いに逆の方向に変化する関係）がみられています。社会心理学では「自尊心」という言葉が使われることが多いですが，ここでは自尊感情として話を進めていきます。自尊感情を測定する有名な尺度として，ローゼンバーグ（Rosenberg, 1965）の自尊感情尺度がありますが，社会的望ましさの影響を受けて回答者が回答を歪めるという批判を受けてきました。自分の自尊感情が高いことを他者に示すのは気が引けるのかもしれません。そこで，社会的望ましさの影響を受けない，つまり意識できない肯定的な評価である，暗黙の（本人が意識できない）自尊感

情が提案されました。この暗黙の自尊感情を測定する方法の一つとして，自動的に活性化する概念間の結びつき（例：「自分」という概念と「快もしくは不快」という概念の結びつき）を測定する潜在連合テスト（implicit association test）があります（Greenwald et al., 1998）。

　人は自分の行動の原因について考えるときにも，自尊感情を保つように考える傾向があり，この傾向は自己奉仕的バイアス（self-serving bias）と呼ばれています（Bradley, 1978）。たとえば，自分の失敗を課題の難しさや運といった外側の要因のせいにし（帰属するともいいます），成功を自分の能力や努力といった内側の要因のせいにすることを指します。こうして自尊感情を保とうとするのです。ただし，他者が存在する場面，特に帰属の仕方が正しいかどうかを他者に判断される状況においては，自己卑下的（謙虚で控えめ）な帰属傾向を示す場合があります。このように，人には自分の行動の原因を歪めて（バイアスをかけて）解釈する傾向がみられますが，これは誤りとして単純にとらえられるものではなく，人の精神的健康を支える機能をもつとされています。

◆ Old 2　「他者と心理」に関する古典的研究

1　他者に対する印象形成

　人は他者についてどのように情報を集め，記憶し，印象をつくり上げているのでしょうか。他者への印象形成において有名なプロトタイプ理論（Cantor & Mischel, 1977）の観点によると，人は典型的な性格特性を参照しながら他者の情報を集め，記憶し，印象を形成するといわれています。たとえばケリーの実験では，ゲストとしてやってくる講演者について，講演の前に一方の学生たちに「講演者は非常に温かい」という情報，もう一方の学生たちに「講演者はやや冷たい」という情報を与えました。講演後に学生たちに改めて講演者の印象を聞いたところ，温かいという情報を事前に与えられた学生は講演者を温かいとして，冷たいという情報を事前に与えられた学生は講演者を冷たいとして

印象形成したのです（Kelley, 1950）。

　また，職業や人種などの社会的カテゴリー（枠組み）が，他者に対する印象形成に影響する過程も検証されています。連続体モデル（Fiske & Neuberg, 1990）は，社会的カテゴリーを用いた処理から個々人の情報を用いた処理にいたる流れのなかで印象形成を行う過程を示しています。このモデルにおいて，人は他者の社会的カテゴリーに自動的に注意を向け，そのカテゴリーに基づいて他者への好き嫌いの感情を決めるカテゴリー依存型感情（category-based affect）をみせるといわれています。ただし，目の前の他者がそのカテゴリーの特徴に合わない場合はその人の個人特性に注意が向けられ，その特性に基づいた感情反応であるピースミール依存型感情（piecemeal-based affect）をみせます。たとえばある教師Aについて判断する場合，教師というカテゴリーは「厳しい」というイメージがあるために嫌いだが，その教師Aはとても親身に相談に乗ってくれて優しいがために，カテゴリーに基づいた反応とは異なり，教師Aを好きであると判断するようになることです。

2　原因帰属

　他者への印象形成には，他者の行動の原因をどう考えるのかも関わってくるでしょう。ある人が悪い行動をした原因がその人の意図にあれば，その人を嫌いになるでしょうし，原因が周囲の人のせいであれば，その人を嫌いになることはないかもしれません。このように読者のみなさんは，他者の行動を見たときに，その人がなぜその行動をしたのかについて思いをめぐらすことがあると思います。このように行動に対して原因を判断することを原因帰属といいます。古典的な研究では，ハイダーが，人はある行為の原因について判断するときに，行為者の能力や動機と，行為者を取り巻く状況を情報として用いることを示しました（Heider, 1958）。

　ジョーンズとデイビスは，対応推論という考え方を提案しました（Jones & Davis, 1965）。これは，行為者の行動から行為者の特性を推論することを表します。たとえば，電車のなかで口論している 2 人のサラリーマンを見て，その

表 7 - 1　原因の所在，安定性，そして統制可能性の組み合わせによる
　　　　　原因の帰属先のモデル

	統制可能		統制不可能	
	安定	不安定	安定	不安定
内的	普段の努力	一時的な努力	能力	気分
外的	教師の偏見	他者の努力	課題の困難度	運

出所：Weiner, 1979 より作成

人たちは喧嘩っ早い人であるという特性を推論することがあるでしょう。このように，車内は人と人がぶつかり合うほどの混雑具合だった，というような行動を制限する状況要因が十分に判断されることなく，行動に対応する特性に原因が帰属されることを対応バイアスといいます。対応バイアスは，基本的な帰属のエラー（Ross, 1977）ともいわれています。

　ワイナーは，人が原因を判断するうえで参照する要因を，原因の所在，安定性，そして統制可能性の3つにまとめています（表7‐1）（Weiner, 1979）。こうした要因から判断された原因は，たとえば他者を助けるかどうかの判断に影響します。他者が内的で統制可能な理由（努力の欠如，など）で失敗した場合に人は怒りを感じ，彼らを助けようとはしませんが，他者が外的で統制可能ではない理由（課題の困難さや運の欠如，など）で失敗した場合に人は哀れに思い，彼らを助けようとすると考えられています。たとえば，学校で友人が「レポートを手伝ってほしい」と言ってきた場合，その理由によって助けるかどうかが決まるかもしれませんね。

3　集団メンバーに対する原因帰属

　原因帰属のなかでも，自分が所属している集団のメンバーに対する原因帰属と，自分が所属していない集団のメンバーに対する原因帰属は異なるといわれています。ペティグリューは，これを究極の帰属エラーと呼んでいます（Pettigrew, 1979）。具体的には，自分たちの集団のメンバーが社会的に望ましい行動をすると，これを自分たちの良い特性の結果であると判断する一方で，自分たちとは異なる集団のメンバーが全く同じ社会的に望ましい行動をすると，

彼らはたまたま運がよかっただけといった判断をする傾向を指します。反対に，自分たちの集団のメンバーが悪い行動をしたときには運などに原因を帰属し，自分たちとは異なる集団のメンバーが悪いことをしたときには彼らの悪い特性に原因を帰属するのです。自分が所属する集団のメンバーは自分と関わりがあるため，自分の自尊感情に影響すると考えられ，自らの自尊感情を保つためにこうした原因帰属の傾向をみせるのかもしれません。

Old3　「集団と心理」に関する古典的研究

1　ステレオタイプ

　読者のみなさんは，ステレオタイプという言葉を聞いたことがありますか。筆者の場合，一人っ子であったため，よく一人っ子ステレオタイプである「わがまま」などが用いられ，性格を友人に推測されたものでした。ステレオタイプは，人種や職業などのカテゴリーに付随した性質へのイメージを指します。ステレオタイプは，もともと過度の一般化による誤った判断であるとされていましたが，近年になると，自然に生じる認知過程としてとらえられており，誤った認知というとらえ方はされていません。たとえばディヴァインは，閾下（意識できない状況）で提示された人種に関する写真によって，人の人種ステレオタイプが活性化することを示しており，この活性化は意識ができる状況で測定された人種ステレオタイプの程度とは無関係に起こると主張しています（Devine, 1989）。

　人は，状況判断を正確に行う余裕がないときに，特にステレオタイプに一致した対人判断を行うという実験があります（Macrae et al., 1993）。この実験では参加者に，女性（美容師もしくは医者）が，パーティーで踊りを楽しむなど美容師のステレオタイプに合う行動か，政治の話に興味を示すなど医者のステレオタイプに合う行動をしているかの動画を見せました。その結果，動画を見ている間に8桁の番号を覚える（状況判断を正確に行う余裕がなくなる状況）よう

に指示された参加者は，そうした指示がない参加者に比べて，動画内の人物（美容師もしくは医者）のステレオタイプに一致した行動をより多く記憶していたのです。

なお，ステレオタイプをもとにした感情的な反応を偏見といいます。偏見は，理論的にはポジティブとネガティブの両方の感情反応を含んでいますが，多くの研究はネガティブな側面に焦点を当てています。そして偏見は，その集団に対する差別を予測します。差別は，特定の集団に対して不平等な扱いをする行為のことを指します。

2　集団とリーダーシップ

さて，ステレオタイプは集団の性質へのイメージであると述べましたが，では集団とは何を指すのでしょうか。集団とは，2人以上の集まりのことを指し，自分が所属している集団のことは内集団，それ以外の集団は外集団と呼ばれます。集団は時に，リーダーとフォロワーで構成されます。リーダーが，集団目標の達成に向けて個人や集団に影響を及ぼす過程をリーダーシップといいます。このリーダーシップは，目標達成機能（P機能）と集団維持機能（M機能）の二つからなるといわれています。三隅は，二つの集団機能を組み合わせて，リーダーシップの4類型論（PM型リーダーシップ論）を提案しています（三隅，1978）。メンバーによるリーダーの評価が両方とも平均以上であれば，そのリーダーは効果的なリーダーシップを示し，両得点とも平均以下であれば，そのリーダーは効果的ではないリーダーシップを示すことが明らかとなっています。

3　集団への同調と服従

読者のみなさんは，テレビなどのメディアにおいて，国家間，宗教間，民族間の葛藤を日々，目にしているかと思います。歴史上で私たちの記憶に鮮明に刻まれる民族間の葛藤といえば，ナチス・ドイツによるユダヤ人迫害だと思います。アッシュは，ユダヤ人迫害を説明する概念として同調を用いました

標準線分

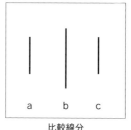

比較線分

図7-1　アッシュの実験で使われた実験刺激
出所：Asch, 1951 より作成

(Asch, 1951)。同調とは，他者や集団がみせる期待にそって，当人が他者や集団と類似した行動をとる現象です。彼の実験は，まず7人のグループに標準刺激として1本の線分を呈示し，グループのメンバーは次に呈示される3本の線分のなかから標準刺激と長さの等しいものを答えるというものでした（図7-1）。その結果，7人いるうちの6人のサクラがわざと誤った解答をすると，1人の実験参加者はその誤った解答に同調する傾向をみせたのです。これは集団から逸脱することを恐れたことの表れであると考えられています。

　また，ミルグラムはアイヒマン実験という名の実験を行い，権威への服従という観点からユダヤ人迫害について示唆をもたらしました（Milgram, 1974）。実験は，先生役と生徒役の二人一組で行われますが，生徒役はサクラで先生役は実験参加者になるように仕組まれていました。先生役の実験参加者は，生徒役が問題に誤った解答をしたときに，罰として電気ショックを与えるように実験者に命じられます。実験の最中，生徒役のサクラは誤った解答を繰り返して，罰として受ける電気ショックのレベルが上がるにつれて苦痛の度合いが増しているかのように演技します（実際は，電気ショックは与えられていません）。戸惑いをみせる先生役の実験参加者に対して，それでも電気ショックを与え続けるように実験者が命じた結果，多くの参加者が最大まで電気ショックのレベルを上げたのです。これは，実験参加者が実験者という権威へ服従した結果であると解釈されています。

4　集団間葛藤

　さて，集団への服従以外にも，他者や外集団のメンバーへのネガティブな態度が形成される要因が検討されています。それは，集団間の関係における葛藤です。シェリフたちは，大勢の少年たちを2つの集団に分けて彼らの行動を観察し，集団間の葛藤やその影響を検討しました（Sherif & Sherif, 1969）。少年たちは，相手集団との競争ゲームを通して集団間の葛藤を経験し，相手集団へのネガティブな態度を形成したのです。しかしそのゲーム終了後，集団同士で共通の目標が掲げられたことで互いの集団が協力するようになり，葛藤が解消されました。

　特に，集団同士の資源の奪い合いは，集団間葛藤を導く大きな要因となります。資源には，経済，政治，軍事など多くのものがあり，これらをめぐって集団同士が争う状況を理論化したものに，現実的葛藤理論があります（Campbell, 1965）。

5　社会的アイデンティティ

　ここでは，集団間の葛藤についてアイデンティティの観点から考えてみます。読者のみなさんのなかには，アルバイトの面接などで「〜大学の○○です」と自己紹介した経験のある人もいるのではないでしょうか。これは，自己概念の一部として所属集団が存在していることの表れといえます。社会的アイデンティティ（social identity）と呼ばれ，「価値や感情的な意味づけを伴う社会集団のメンバーであるという知識から得られる，個人の自己概念の一部」として定義されています。よって，所属集団に価値を置くことが自己に価値を置くことにつながると考えられています。人は，内集団の地位が高いことなど，ポジティブな社会的アイデンティティを得られるように動機づけられていることを理論化したものが，社会的アイデンティティ理論です（Tajfel & Turner, 1979）。

　社会的アイデンティティという概念が提案された背景には，最小条件集団パラダイムと呼ばれる実験手続きにおいて，人は内集団と外集団に分けられるだ

けで内集団へのひいきを行うことが示されたことがあります。実験では，まず
小学生にコンピュータースクリーン上の点の数や抽象画の好みの判断をさせ，
その判断に基づいて2つの集団がつくられたと彼らに実験者が伝えます。その
後，お金を分配する課題を小学生に行わせたところ，彼らは外集団よりも内集
団のメンバーに多くの金銭を与えたのです。この結果は，所属集団のポジティ
ブな価値を生みだすため，小学生が集団間に差をつけたと解釈されています。
この差をつけるという行動傾向が集団間の葛藤を生むこともあります。

　人はできるだけポジティブな社会的アイデンティティを欲するという仮定に
おいて，劣位にある集団の人たちが，集団間の状況を変えるための方略（優位
な集団への吸収合併，自分たちの集団の特徴の見直し，集団間の比較における新た
な視点の発見，優位な集団への直接的挑戦，など）をとる可能性が考えられます。
こうした方略は，集団間状況が変化する可能性があるかどうかと，集団間状況
がどのくらい公正・公平なものかの判断に左右されます（Taylor &
Moghaddam, 1994）。

6　集団間葛藤の解消方法

　人々が共存して生きていける社会づくりという観点からすると，集団間葛藤
の解消は，重要な問題であるといえるでしょう。集団同士の葛藤を解消するた
めの方法は古くから考えられてきました。その一つは，異なる集団のメンバー
同士が触れ合うことでお互いの集団に対する情報の不足を補って葛藤が解消さ
れるというもので，これは接触仮説と呼ばれています（Allport, 1954）。集団同
士で教え合うというジグソー教室では，集団同士が好印象となり，自尊感情や
気力，さらにマイノリティの人の学術的なパフォーマンスを高めたという報告
があります（Aronson et al., 1978）。

　また，非カテゴリー化（Brewer & Miller, 1988）と呼ばれるものは，個人の特
性（優しい，など）や職業（医者，など）を用いて，人種などのアイデンティ
ティを非顕在化（目立たなくなること）させることを指し，これは集団を超え
た個人間の相互作用を促進させることができます。一方，再カテゴリー化

（Dovidio et al., 2000）と呼ばれるものは，異なる集団同士に，人種などのカテゴリーは同じであるという共通の集団アイデンティティを顕在化（目立つようになること）させることを指し，こちらも集団を超えた個人間の相互作用を促進させることができます。

モグハッダムは，アメリカにおけるアメリカ人と移民の共存関係を，マイノリティ同化と融合的同化という言葉を使って表現しています（Moghaddam, 1993）。マイノリティ同化とは，マイノリティ集団にマジョリティの文化を受け入れてもらうことを指します。筆者が留学していたアメリカのプリンストン公共図書館では，メキシコからの移民に対してアメリカ文化の講習会が毎月行われていました。一方で，融合的同化とは，マジョリティとマイノリティの間でお互いに新しい文化を創造し，お互いの文化を共存させ合うことを指します。人は同化と弁別という2つの欲求の間で最適なバランスを求めることを指摘している最適弁別性理論（Brewer, 1991）は，集団同士の同化を求めすぎると葛藤が起こることを示唆しているため，同化は単純なものではないことがわかります。

*

ここからは社会心理学における古典的研究から発展した興味深い研究を，自己と心理，他者と心理，そして集団と心理の観点から紹介していきます。

◯New1　「自己と心理」に関する古典的研究から発展した興味深い研究

ここでは，Old 1 の箇所ではみられなかった，生理指標や文化差の観点などを取り入れた研究を紹介することで，自己と心理についての興味深い知見を示したいと思います。

1　自己観

自分についての知識のまとまりは自己スキーマと呼ばれていますが，近年では，このスキーマが人にネガティブな影響を及ぼすことが示唆されています。

たとえば，自分には数学の能力がないという自己スキーマは，自分自身のパフォーマンスを過小評価させ，時には他者からのフィードバックを拒む傾向を生み出します（Ehrlinger & Dunning, 2003）。こうした自己スキーマに関連した情報は自動的に処理される一方で，証拠に基づいた知識情報は体系的に処理されており，それぞれで活性化される脳の領域が異なることが示されています（Lieberman et al., 2004）。

　読者のみなさんは，外国の人と交流しているときに，「たとえ集団の圧力があったとしても，自己の主張を貫き通すことが大事」など，彼らの自己観が自分とは異なると思ったことがありますか。近年では，文化によって自己観が異なるという研究が行われています。集団の調和のために個人の目標よりも集団の目標を優先する集団主義の文化（アジアや南米など）では，自己観は相互依存的であり，一方で，個人の目標を集団の目標よりも優先する個人主義の文化（欧米など）では，自己観は独立的であるという議論があります。相互依存的な自己観は他者の感情に自分を合わせる傾向を生み出し，独立的な自己観は自分への評価を優先するコミュニケーションの傾向を生み出します（Kitayama & Ishii, 2002）。

2　自己制御

　「最近太り気味なので，ダイエットをして痩せたい」のように，自己観は目標達成へ動機づけます。カーバーとシャイヤーは，現在の自己の状態を評価し，目標を達成しようとすることを自己制御（self-regulation）と呼びました（Carver & Scheier, 1981）。近年提案されている自我枯渇モデルによると，自己制御の発揮には有限の認知資源を使う必要があり，その資源が枯渇すると自己制御が十分に行えなくなるといわれています。たとえば，美味しいクッキーを食べることを我慢して不味いハツカダイコンを食べた参加者は，続くパズル課題に取り組む時間が少なくなることが確認されており，その理由として認知資源の枯渇があげられています（Baumeister et al., 1998）。自己制御の発揮は，血中のグルコース（ブドウ糖）を低下させ，続く自己制御のための認知資源を枯

渇させますが，グルコースを含む飲料を飲むと，続く自己制御が可能になると
いわれています（Gailliot et al., 2007）。試験前にチョコレートを食べるとよいと
いわれている理由は，自己制御を継続しやすくするからかもしれません。

3　他者からの受容と自尊感情

　痩せるという目標は，自分自身を価値ある存在であるととらえる感覚，つま
り，その人にとっての自尊感情を高める欲求からきているのかもしれません。
そしてこの欲求は，痩せることで他者から受け入れてもらうことへの欲求とも
考えられます。近年では，ソシオメーター理論の観点から，自分が他者から受
容されているかどうかの指標が自尊感情である，ということが主張されていま
す（Leary & Baumeister, 2000）。他者から受容されているという感覚は価値の
ある自己の感覚をもたらし，他者から受容されていないという感覚は価値のな
い自己の感覚をもたらすという考え方です。報酬と関連した脳領域の神経活動
と潜在的な自尊感情は，正の相関をもつという知見があることから（Izuma et
al., 2018），他者から受け入れられることは報酬の一部なのかもしれません。な
お，他者から排斥されることは，社会的痛み（social pain）という情動的な反
応を生み出します。この社会的痛みと身体的痛みは，活性化する脳の領域が似
ていることがわかっています（Eisenberger et al., 2003）。

　また，他者のみならず外集団から受け入れられていないという感覚は，自尊
感情に影響を与えます。シュミットらは，自分の受けたネガティブな評価の原
因を，内集団に対する外集団からの差別に帰属することが，社会的アイデン
ティティに脅威を与え，自尊感情を低下させると指摘しています（Schmitt et
al., 2002）。つまり，自分がネガティブな経験をしたときに，それは自分の内集
団が外集団から差別をされて受け入れられていないせいだと考えると，自尊感
情が下がるというのです。一方で，クロッカーらは，差別によって自尊感情が
低下するわけではないと主張しています（Crocker et al., 1991）。彼女らの研究
では，人が面接で落とされるなどのネガティブな経験をしたときに，それを差
別のせいにすることで，個人の能力のせいにすることを防ぎ，自尊感情を維持

できることを指摘しています。

New2 「他者と心理」に関する古典的研究から発展した興味深い研究

ここでは，Old 2 でみられなかった，身体的特徴や文化差の観点などを取り入れた研究を紹介することで，他者と心理についての興味深い知見を示していきます。

1 顔と他者印象

読者のみなさんは，他者の見た目からその人の性格などを判断したことがありますか。人は他者の見た目のなかでも特に顔に注目しやすく，他者の顔からその人の特性を判断する傾向にあります。たとえば，人はあどけないベビーフェイス顔の大人を信頼するといわれており，彼らは良好な社会経験をしてきたと思われやすいのです（Zebrowitz et al., 2012）。また，幸せそうな顔は信頼ができる顔と似ていて，怒った顔は信頼ができない顔と似ていると判断されるため，顔の感情の様子は他者に対する信頼性判断に影響すると考えられています（Todorov, 2008）。

また，一般的に他者を信頼する傾向が高い人は，その傾向が低い人に比べて，社会的な利益をより多く得られるといわれています。一般的に他者を信頼する傾向が高い人は，多くの人と関わることで新たなネットワークを形成し，新たなチャンスを得やすいからだそうです。山岸（1998）によると，アメリカ社会に比べて日本社会は人との関係性やネットワークが柔軟ではなく，新しい人間関係を築く機会が少ないため，日本人は一般的に他者を信頼する傾向が低いと指摘されています。

2 非人間化

人は時に，他者を他の動物や機械のようにとらえることがあります。これは非人間化と呼ばれるもので，他者を人間的な認知機能や情緒がなく，人間とは

異なるものとしてとらえることを指します（Gray et al., 2007）。ホームレスの人や薬物依存症の人に対して非人間化が起こるといわれていますが，特定の人を非人間化することは，彼らに対する攻撃行動を起こすといわれているため，社会問題に発展する可能性があるでしょう。なお，人は非人間化された他者の写真や考えに触れたときには，一般的な他者の写真や考えに触れたときに比べて，他者や社会に関する脳領域が活性化しない傾向にあることがわかっています（Harris & Fiske, 2009）。

3　原因帰属と社会問題

さて，Old 2 で紹介した対応バイアスについてですが，このバイアスは文化によって異なることがいわれています。対応バイアスとは，行動を制限する状況要因についての情報が十分に判断されることなく，行動に対応する特性に原因が帰属されることでした。欧米などの個人主義的な文化では，行動に対する社会的制限が薄く，他者の行動や出来事が個人の特性に基づいていると考えられるのに対して，アジアや南米などの集団主義的な文化では，集団が重視されるため，行動に対して個人の特性があまり考慮されないといわれています（Heine & Buchtel, 2009）。よって，個人主義的な文化では特性による行動の説明が，また，集団主義的な文化では状況による行動の説明がなされ，集団主義よりも個人主義の文化において，対応バイアスがみられる傾向にあるようです（Morris & Peng, 1994）。

人々の原因帰属は，社会問題への対策に影響を与えるため，こうした文化による帰属の違いには注意する必要があります。特に貧困対策は，原因帰属と関わりがあります。貧困の原因がどこにあるかを考えることは，貧困問題の解決に対する人々の態度や行動を決める重要な要因です。たとえば，ある人々が貧困にいたった原因がその人たちの怠慢にあると考えられる場合には，政策によって貧困の問題を解決しようとする態度は生まれない傾向にあります（Cozzarelli et al., 2001）。

一般的に，人は自分が社会的に低い地位にいることについて，内的な要因よ

りも外的な要因を非難することで正当化する傾向にあります。たとえば，貧困層の人は，貧困を不平等のような社会的要因のせいにする傾向があります。一方で，富裕層の人は貧困についてどのように考えるのでしょうか。彼らは，貧困を個々人の怠慢など個人的な要因のせいにする傾向があり，社会的な要因を考慮しない傾向があります（Bullock, 2006）。社会格差を是正するための政策が上手くいかない理由は，貧困層と富裕層の考え方の違いにあるのかもしれません。

■New3　「集団と心理」に関する古典的研究から発展した興味深い研究

　ここでは，Old 3 にはみられなかった，集団間葛藤に関する新たな理論や生理指標の観点などを取り入れた研究を紹介することで，集団と心理についての興味深い知見を示したいと思います。

1　ステレオタイプ内容モデル

　ステレオタイプとは，人種や職業などのカテゴリーに付随した性質へのイメージのことでした。ステレオタイプ内容モデル（Fiske et al., 2002）は，人々が特定の集団を 2 つの側面から判断して，ステレオタイプを形成することをモデル化しています。2 つの側面とは，特定の集団の行動意図は内集団に対して良いか悪いか（彼らは温かいか，そうでないか）と，特定の集団は彼らの行動意図を実行できるか（彼らは有能か，そうでないか）です。人はこの 2 つの側面に基づき，集団に対して感情を抱きます。たとえば，有能だとして尊敬はされているけれど，温かくないとして嫌われている金持ち集団には，嫉妬などの感情を抱くでしょう。一方で，無能として尊敬はされていないが，温かいとして好かれている老人集団には，哀れみなどの感情を抱くでしょう。このように集団に対するステレオタイプは，賞賛，嫉妬，哀れみ，そして軽蔑といった感情を生み，こうした感情は援助や危害といった行動を生み出します（図 7 - 2）（Cuddy et al., 2008）。進化の観点から，集団に対する感情は，自分の生存や子

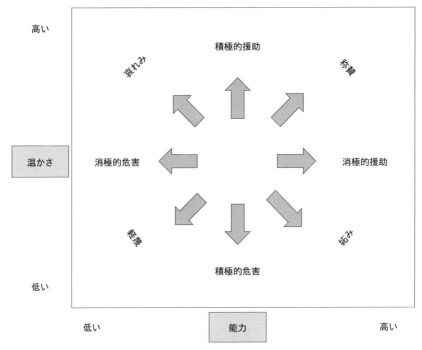

図7-2　集団の感情や行動を予測するステレオタイプ内容モデル
出所：Cuddy et al., 2008 より作成

孫の繁栄という利益を得るための行動に影響する要因として，もともと人に備わっていると考えられています（Cottrell & Neuberg, 2005）。

2　潜在的な態度

　ステレオタイプ内容モデルは，意識的な判断によって形成される集団ステレオタイプをモデル化したものでした。一方で，意識を通さないで形成される集団への潜在的な態度は，潜在連合テストなどを用いて検討されています。そして，潜在的な態度は行動を予測するといわれています。たとえば，黒人に対する潜在的な態度は，黒人に対するアイコンタクトやまばたきなどの非言語的行動を予測するという結果があります（Dovidio et al., 1997）。また，この潜在的な態度は行動によって変化するといわれています。コンピューター画面に表示さ

れた黒人の顔へ，操縦レバーを前に倒して手を近づかせた実験参加者は，黒人に対する潜在的な偏見が減り，黒人と交流するときの親密さが増えたという実験があります（Kawakami et al., 2007）。潜在的態度が変容する過程には論争がありますが，たとえば，最初に顕在的態度が変わり，それが自動化することによって潜在的態度が変わることを想定した二重過程態度モデルが提案されています（Wilson et al., 2000）。

　人は，6歳あたりから人種に対する潜在的な態度を発達させることがわかっています。また，子どもたちの人種に対する潜在的な態度は，親の潜在的な態度と正の相関があることがわかっています（Sinclair et al., 2005）。生後3か月の新生児でさえ自分と同じ人種の顔を好むといわれており，これは自分が属する人種の顔に多く触れた結果であると考えられています（Kelly et al., 2005）。

　近年では，脳画像のデータと人種に対する潜在的な態度との関連も示されています。たとえば，fMRI（functional magnetic resonance imaging）を用いた実験で，白人の実験参加者は，黒人の顔写真を見たときに，白人の顔写真を見たときと比べて，脳の扁桃体の活動が高まりました。そしてこの扁桃体の活動は，潜在連合テストで測定された人種に対する潜在的な態度と正の相関があった一方で，人種に対する意識的な態度とは相関がなかったのです（Phelps et al., 2000）。

3　異性への差別的態度

　では，人種ではなく性別に対する態度はどうでしょうか。敵意的性差別と呼ばれる，女性に対するネガティブなステレオタイプに基づいた差別的態度があります。また，慈悲的性差別と呼ばれる差別的態度もあり，ポジティブなものではあるものの，女性をコントロールしようとする家父長的な性質をもち，敵意的性差別と正の相関があるといわれています（Glick & Fiske, 2001）。慈悲的性差別に触れた女性は，男女格差を正当なものとみなすと同時に，女性であることの利点を強く認識するようになる結果，男女格差を解消する活動への参加率が低くなることが示されています（Becker & Wright, 2011）。さらに，慈悲的性差別の態度が高い女性は，保護という目的のもと，男性が女性をコントロー

ルすることを受け入れる傾向にあるといわれています。

　他者が我々に対して抱いているステレオタイプは，時として我々の行動に影響します。もし，低能力としてみられている集団のメンバーが失敗したら，その失敗は彼ら自身の能力だけが原因ではなく，低能力というステレオタイプに沿った行動を彼らがしたことが原因であると考えられています。たとえば，テストにおいて集団のネガティブな特徴が顕在化されたときに，それはステレオタイプ脅威となり，その脅威による侵入思考や不安によってその集団のパフォーマンスが低下するといわれています（Steele et al., 2002）。ステレオタイプ脅威は，数学テストにおける女性，知的能力テストにおける黒人，感情敏感性テストにおける男性，運動テストにおける白人にみられるようです。しかし，ステレオタイプは状況によっては関係しないことを伝えたり，知能は上昇することを伝えたりすることで，彼らのこうした脅威は低下するといわれています。

4　内集団への脅威

　他者からネガティブなステレオタイプをもたれるなど，自分を含めた内集団への脅威は，時に集団間葛藤を導きます。集団間の葛藤を，外集団による内集団への脅威の観点から説明する理論があります。統合的脅威理論（図7‐3）（Stephan et al., 1999）は，内集団に対する経済的，政治的，資源的脅威を表すリアリスティック脅威，内集団に対する価値，信念，道徳，規範の脅威を表すシンボリック脅威，外集団と関わると恥や差別などのネガティブな結果を生むだろうという集団間不安，そして，外集団の否定的ステレオタイプといった外集団による4つの脅威が偏見を生むことをモデル化しています。たとえば，経済におけるリアリスティック脅威がある状況では，ヨーロッパ系アメリカ人は，アジア系アメリカ人に対して憤りを感じることが示されています（Maddux et al., 2008）。

　内集団への脅威と関連するものとして被害者意識があります。内集団が被害者であるという意識が強いほど，外集団の過去の行いを許さず，内集団が過去に行った攻撃を正当化するといわれています（Noor et al., 2008）。さらに，過去

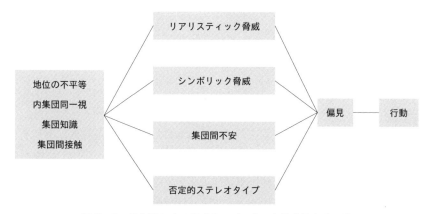

図 7 - 3　外集団による脅威をモデル化した統合的脅威理論
出所：Stephan et al., 1999 より作成

に受けた内集団の被害が顕在化されると，現在の内集団が行っている攻撃に対する罪悪感が低くなるともいわれています（Wohl & Branscombe, 2008）。一方で，外集団への危害という過去の出来事に対して，たとえ自らが直接加担していなくても人は罪悪感を抱く傾向にあるといわれており，外集団へ補償行為をする傾向もみられるようです（Brown & Cehajic, 2008）。

5　地位差に関する態度

　集団間の地位差に対する人々の考え方も，集団間葛藤を生む可能性があります。社会的優位傾向という態度は，ある集団が他の集団を支配する階層関係を支持する傾向のことをいいます（Pratto et al., 1994）。この傾向が高い人々は，たとえば差別をなくそうとする政策に反対する傾向が強いといわれています。社会的優位傾向の強い人は，外集団が内集団と同等の地位を得ることに強い懸念をもつのです。地位の高い集団のメンバーにとって，社会的優位傾向の高さは，内集団びいきを生起させ，地位の低い集団のメンバーとの葛藤を生む原因となります。一方で，地位の低い集団のメンバーの社会的優位傾向の高さは，その階層関係が正当なものであれば，高い地位の外集団を好む，つまり外集団びいきを生起させるといわれています（Levin et al., 2002）。

現行の社会システムを肯定しようとする，システム正当化の態度も集団間葛藤に影響します（Jost et al., 2010）。これは世界の正当性を信じ，現行の社会システム（プロテスタント的労働倫理や政治的保守性，など）を正当化する心理のことです。人には不確実性を取り除きたいという欲求があるため，現行のシステムを正当化する傾向があるようです。特に地位の高い集団のメンバーは，自己や集団を正当化し，システムを矛盾のないものとして捉える傾向にあります。彼らのシステム正当化は内集団びいきや精神的健康を促進する一方，社会変化を抑制する傾向に結びつくため，集団間葛藤を生む原因となります。一方で，地位の低い集団のメンバーのシステム正当化は外集団びいきを促進して精神的健康を損なわせます。

　Old 2 で集団同士の葛藤が解消されるためには，集団のメンバー同士の接触が有効であることを示しました。神経科学や認知科学の研究では，人種間の接触は，人の自己制御のための認知資源を枯渇させることがわかっています（Richeson & Trawalter, 2005）。しかし，多くの研究によって人種・民族のみならず他の集団間においても，接触は偏見を減らす効果があることがわかっています（Pettigrew & Tropp, 2006）。異なる集団間の接触を促すプログラムや政策は，社会における集団間の葛藤を解決する一助となるでしょう。

第 7 章のまとめ

　本章では，自己と心理，他者と心理，そして集団と心理について，古典的研究から，その後発展した興味深い研究までを概観しました。社会という名がつくとおり社会心理学の範囲はとても広いため，今回はよく話題に上がるテーマを中心に紹介しました。取り上げたテーマは，みなさんの日常生活と関わるものばかりだと思います。この章をきっかけに，普段生活するなかでみなさんが関心のあることや疑問に思うことを掘り下げていただければ筆者としても嬉しいですし，そうした関心や疑問について考えていくことが社会心理学を発展させていくものと思っております。

　導入の箇所では，自分とは異なる側面をもつ他者について筆者の体験をお話

ししました。読者のみなさんのなかには，日常生活において以前よりも外国から来る人を見る機会が増えたという実感がある人がいるのではないでしょうか。今後日本に住む外国人の数も増えるでしょうし，日本で働く外国人の数も増えていくことが予想されます。日本人からすれば，外国から来た外国人は外集団となります。本章でみてきたように，内集団と外集団がいつでも協力関係を築けるわけではなく，むしろ競争的，さらには敵対的関係になる可能性もあります。外国人を受け入れる国の人々は，多様な文化，言語，宗教，思想をもった彼らとの共存を迫られることになります。一方で，外国人はその国の人たちの環境に適応する必要があります。今後日本が直面するこうした社会問題に，今のうちから対策を考えることが必要であると筆者は考えています。筆者が留学していたアメリカのプリンストンでは，大学や地域の人々が毎月ミーティングを行い，人種間の葛藤をどうすれば解消していけるかを話し合っていました。筆者自身もミーティングに参加し，アジア人として他の人種とどのように関わればいいかを議論したことで，充実した楽しい留学生活を送ることができました。ぜひ読者のみなさんにこの章で紹介した知見に関心をもって，より良い社会について考えていただきたいと思っております。

文献案内
――さらに詳しいことを学びたい人に――

1 池上知子・遠藤由美（著）（2008）グラフィック社会心理学（第2版）　サイエンス社

　視覚的理解のための図表が多くあり，難しい理論やモデルが理解しやすいようになっている。社会心理学の知見を詳細に学びたい人にオススメ。

2 岡　隆（編）（2004）社会的認知研究のパースペクティブ――心と社会のインターフェイス　培風館

　本章で扱った自己・他者・集団と心理に関する研究を多く紹介している。社会心理学における社会的認知の観点を中心に学びたい人にオススメ。

3 フィスク，S. T. & テイラー，S. E.（著）宮本聡介・唐沢穣・小林知博・原奈津子（訳）（2013）社会的認知研究――脳から文化まで　北大路書房

　筆者がアメリカの大学院に留学していた時に指導していただいたスーザン・フィスク先生の著作である。社会心理学の最新の知見が豊富に紹介されており，研究テーマを考えるのに役立つ。

4 山本眞理子・外山みどり・池上知子・遠藤由美・北村英哉・宮本聡介（編）
（2001）社会的認知ハンドブック　北大路書房

　　社会心理学，特に社会的認知のトピックを網羅的に紹介している本。多くの
用語を参照できるので，学習や研究の際に机の横に置いておくと便利。

第8章

臨床——精神病理

Introduction：精神障害の治療や予防に寄与する異常心理学研究

うつ病や自殺等が深刻な問題となっている今日，精神障害の治療や予防は大きな社会的関心事となっています。精神障害には実に様々な種類があり（例：統合失調症，パーソナリティ障害，不安障害，発達障害），それぞれに効果的な治療や予防のあり方が問われています。精神障害の種類や分類は，アメリカの精神障害の分類基準である「精神障害の診断と統計の手引き」（Diagnostic and Statistical Manual of Mental Disorders：DSM）が基準として採用されることがあり，本章の執筆時点では，DSM-5（American Psychiatric Association, 2013）が示されています。

なぜ人々は精神障害を患ってしまうのか，そのメカニズムを解き明かすことは，治療や予防に向けての対策を立てるために重要です。精神障害に伴う異常行動に関して，近代以前の西欧では悪魔が人間を支配しているためであるととらえられていたり，かつて日本では超自然的な物の怪（悪霊）が憑依した状態だと理解されていた時代もあったとされています（下山, 2010）。しかし，19世紀半ば以降，精神障害のメカニズムを科学的に解き明かす学問として，医学的観点から身体因論に基づき精神障害をとらえる精神病理学や，心因論に基づき精神障害をとらえる異常心理学が発展してきました（下山, 2014）。特に，心理学的な立場から精神障害のメカニズムを解明することが異常心理学の重要な役割であり，専門家の立場から人々の心の支援に携わる心理専門職にとっても，異常心理学は，様々な事例を適切に理解する臨床心理アセスメントを行うための参照枠を提供する学問体系とされています（下山, 2002；2008）。異常心理学では，精神障害で苦しむ人々の治療や予防に貢献しうる知見を解明することを目指しており，筆者自身も本研究分野に大きな意義や魅力を感じています。

本章では，異常心理学研究のなかから，人々の生活において比較的身近なテーマであると考えられる「抑うつ」「社交不安」「攻撃性」を取り上げ，その古典的研究（Old）と近年までの研究の流れ（New）を概説します。

Old1　抑うつ

　抑うつ（depression）とは，坂本・大野（2005）によると，抑うつ気分（depressive mood），抑うつ症状（depressive symptoms），うつ病（depressive disorder）の3つを包含する用語とされています。抑うつ気分とは滅入った（悲しくなった，憂うつになった，ふさぎ込んだ，落ち込んだ）気分のことであり，抑うつ症状とは，抑うつ気分とともに生じやすい症状（例：興味喪失，疲れやすさ，自信喪失，自殺企図・自殺念慮，集中困難，食欲・体重の変化，性欲の減退，睡眠の変化）のことです。そして，抑うつ気分が一定期間（たとえば2週間以上）持続したりいくつかの抑うつ症状が伴ったりして，器質的原因や他の精神障害に該当しない場合にはうつ病と判断されることがあります。うつ病は現代の日本において誰もがかかりうるものであり，社会的・経済的にも多くの損失が生じている可能性が指摘されています（坂本・大野，2005）。

1　ベックの認知理論

　この抑うつのメカニズムを理解する有用な古典的理論として，ベックの認知理論があります（Beck et al., 1979）。ベックの理論は，後に抑うつの異常心理学研究に関わる様々な論争を引き起こすきっかけとなり，新たな抑うつ理論の展開に大きく寄与しました。

　ベックの理論では，うつ病に示される病理的な症状は，生育史のなかで形成された固定的なスキーマ（個人のなかにある，かなり一貫した知覚や認知の構え）によって判断された歪んだ思考パターンから引き起こされているためであると考え，そのスキーマや歪んだ認知の修正が治療的介入の焦点となります。

　この理論は，臨床現場における様々な事例の観察や治療などの心理臨床経験を通じて考え出されたものであると同時に，人間の思考や問題解決，推論などといった人間の認知機能のしくみを研究対象とする認知心理学の成果を取り入れた理論となっています（Kovacs & Beck, 1978）。また，感情心理学における

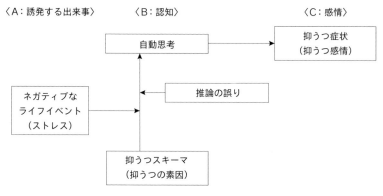

図8-1 ベックの認知理論
出所：丹野，2006より作成

シャクターとシンガーによる情動の二要因理論（Schachter & Singer, 1962）（喜び，怒り，悲しみといった人間の感情は，生理的反応とその反応に対する個人の認知的ラベルづけによって生じると考える理論）からも影響を受けて発展し，認知が感情や生理反応に与える影響をモデル化した理論となっています（丹野，2001）。

2　ベックの認知理論に基づく抑うつのメカニズム

　図8-1に示されるように，簡潔にまとめれば，抑うつ感情（C）は，直接経験した出来事（A）（例：上司から叱られた）ではなく，その出来事をどのように認知するか（B）（例：こんなことで叱られるなんて自分はなんて無能なんだ）によって生じると考えます。この理論では認知を，抑うつスキーマ，推論，自動思考の3つに分けて考えます。抑うつスキーマとは，心の深層にある個人の認知構造や信念体系のことで（例：「他の人に嫌われたら，絶対に幸せにはなれない」），ストレスによって活性化され，自動思考を引き起こすとされています。本来，自動思考とは，何らかの状況や刺激に直面したときに，自分でも気づかないうちに瞬時に（自動で）頭のなかにポップアップしてくる考えやイメージのことであり（丹野，2001），ポジティブなものもあればネガティブな内容の自動思考もあります。しかし，抑うつ的な人は，抑うつスキーマが認知構造の深

層にあり，過度の一般化（わずかな経験を広範囲のことに当てはめて結論づけてしまう認知の誤り）や恣意的推論（証拠もないのにネガティブな結論を引き出す認知の誤り）などといった推論の歪みや偏りが生じやすくなっています。そのため，「私は失敗者だ，私には何のとりえもない」などといったネガティブな内容の自動思考が様々な場面で生じてしまうことになります。

3　ティーズデイルによる抑うつ的処理活性仮説

　その後，ベックの理論は様々な研究者による検討が加えられながら，ティーズデイル（Teasdale, 1985；1988）の抑うつ的処理活性仮説（differential activation hypothesis）へと発展しました。

　ベックの理論では抑うつスキーマが抑うつ症状を引き起こす原因であり，この抑うつスキーマは心の深層にあって容易には変容しにくいとされてきました。うつ病の一つの重要な社会的問題として，「うつ病の再発率の高さ」がありますが，ベックの理論に基づくと，うつ病経験者は抑うつ症状が一度改善した後にも，うつ病未経験者に比べて抑うつスキーマが高く維持されていると考えることができます。しかし，ハミルトンとエイブラムソン（Hamilton & Abramson, 1983）など，数々の研究者による研究では，ベックの理論に反して，うつ病経験者であっても抑うつ症状が軽くなれば抑うつスキーマは健常者と同程度に改善されるという結果が得られました。

　これらの研究の流れのなかで，抑うつ症状の発生・維持，さらには再発のメカニズムを理解するために，ティーズデイルの抑うつ的処理活性仮説が示されました。これはベックの理論を基礎としつつも，感情心理学におけるバウアーの感情ネットワークモデル（Bower, 1981）に影響を受けて発展しました（丹野, 2001）。バウアーは感情も他の知識や概念，記憶と同様に，関連するもの同士が相互に結びついているとし，感情が喚起されるとそれに結びついている知識や記憶も活性化されると仮定しました（例：楽しい気分のときには楽しく肯定的な記憶を思い出し，悲しい気分のときには反対の現象が生じる）。ティーズデイルの仮説でも，認知が感情に与える影響だけでなく，感情が認知に与える影響が

考慮され，抑うつの発生と持続の両方が説明されています。

　ティーズデイルは，抑うつ症状の発生，維持，再発のメカニズムには，気分の落ち込み時における抑うつ的な思考パターンへの入りやすさが特に重要と指摘しました（Teasdale, 1985；1988）。感情のネットワークモデルに示されるように，多くの人は気分の落ち込みが生じたときにネガティブな思考や記憶が頭をよぎるものですが，抑うつ経験者の場合にはわずかな気分の落ち込みでも，過度にネガティブな思考や記憶が呼び起こされてしまうとされています。実際に，普段は抑うつスキーマが顕著に表面化していなくとも，抑うつ経験者は未経験者に比べて，抑うつ気分が生じたときに抑うつスキーマが活性化されやすいことが示されています（Miranda & Persons, 1988）。

4　抑うつ的処理活性仮説に基づく抑うつのメカニズム

　図8-2に示されるように，誰しも挫折や喪失体験などネガティブなライフイベントを体験すると (a)，それを嫌悪的であると認知することがあり (b)，その結果，感情的な落ち込みが生じます (c)。ここで多くの人は，この落ち込みを引きずらずに回復していくのですが，抑うつ的な人は「抑うつ的な情報処理が活性化」してしまい (d)，ネガティブな記憶を過剰に思い出しやすくなったり (d1)，様々な体験をネガティブに認知しやすくなったりするために (d2)，さらに抑うつが維持されてしまう (e) という悪循環が生じることになります。軽い抑うつ気分を体験しても，このサイクルに入り込まずに回復する人も多い一方で，抑うつの素因をもっている人は，抑うつ気分になるとネガティブな内容の記憶だけが思い出されやすくなったり，普段であればあまり苦痛とはならない体験さえもストレスを感じられるようになるなど，このサイクルに入り込みやすく，抑うつ的処理パターンの悪循環が展開されて抑うつが持続しやすいということがいえます。

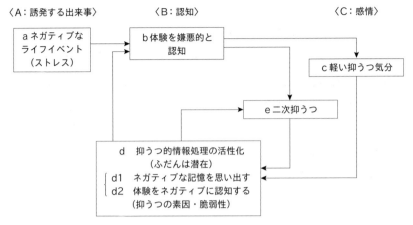

図8-2 ティーズデイルの抑うつ的処理活性仮説
出所：丹野，2001 より作成

Old2 社交不安

　社交不安（social anxiety）とは，現実の，あるいは想像上の対人場面におい
て，他者からの評価に直面したり，もしくはそれを予測したりすることから生
じる不安状態とされています（Schlenker & Leary, 1982）。これが著しいために
日常生活に支障をきたす場合には社交不安症／社交不安障害（social anxiety
disorder）と呼ばれ，他者によって注視されるかもしれない社交状況に関する
著明または強烈な恐怖・不安が本質的特徴になります（American Psychiatric
Association, 2013）。対人場面で悪い評価を受けたり，恥をかいてしまうのでは
ないかと怖れ，その不安から過度な苦痛を感じ，頭痛や吐き気などの身体症状
が生じたり，社会的場面を避けてしまうこともあります。

　社交不安／社交不安障害の異常心理学的メカニズムは，1970～1980年代にか
けて他の不安障害と同様，マウラーの二過程理論（Mowrer, 1939）で説明されて
きました（福井，2010）。この理論では，不安や恐怖の獲得を古典的条件づけ，不
安や恐怖の維持をオペラント条件づけによって説明しています。なお，古典的条
件づけとオペラント条件づけについては第3章「学習」の章もご参照ください。

1　学習の基本原理：古典的条件づけ・オペラント条件づけ

　古典的条件づけとは，ある条件刺激と無条件刺激を対提示（対呈示とも表記されます）すると条件反応が生じるようになる学習の原理のことです。パヴロフ（Pavlov, 1927）は耳下線から分泌される唾液の量が測定できるよう頬を手術された犬を用いて，次のような実験を行いました。まず，犬にメトロノームの音を聞かせます。犬は耳をそば立てたりしますが（定位反応），この時には唾液は分泌されません。ところが，メトロノームを聞かせた後に，犬にエサ（無条件刺激）を与えると自然と唾液が分泌されます（無条件反応）。これを繰り返すと犬はメトロノームの音（条件刺激）を聞かせただけで唾液を出すようになります（条件反応）。つまり，メトロノームの音（条件刺激）と唾液の分泌（条件反応）の間に新たな連合が形成されたと考えることができ，これが古典的条件づけと呼ばれます。人間においても，たとえば梅干しやレモンを見ただけで自然と唾液が出ることが多くありますが，これも古典的条件づけによる学習の一例といえます。

　関連して，ワトソンらによる実験もあります（Watson & Rayner, 1920）。ワトソンはアルバートと呼ばれる赤ん坊に白ネズミを見せながら後ろで大きな音を出すことを繰り返しました。この経験を繰り返すと，アルバートは白ネズミを見ただけで怖がって泣き出すようになりました。つまり，アルバートにとってはもともと普通に接することのできた白ネズミが，大きな音（無条件刺激）と対提示されることによって，白ネズミ（条件刺激）を見ただけで，驚愕反応（条件反応）が生じるようになったと考えられます。現代では倫理的な面からも行われない実験内容ではありますが，これも古典的条件づけによる学習と考えられます。

　以上のように古典的条件づけは，生理学的反応や感情的反応に関する学習の基本原理のことを指して用いられます。

　一方で，オペラント条件づけとは，動物や人間による具体的な行動の後に，肯定的な結果が得られたか否定的な結果が得られたかによって，当該行動が増

加または減少する学習の基本原理のことです。スキナーは（Skinner, 1938），ハトがある円形のキーをつつくと，下方からエサが出てくる実験装置をつくりました。空腹のハトが偶然キーをつつくと，エサが出てきてそれを食べることができます。この経験を重ねると，ハトはしっかりとキーをつついてエサを食べるようになります。何らかのある行動を行った結果，報酬が得られたり他者からの賞賛が得られたりする経験を繰り返すと同様の行動がさらに増えますし，反対に否定的結果を受ける経験を重ねると当該行動が減ります。人間の様々な行動でもこの学習の原理が多くの場面において当てはまります。

2　マウラーの二過程理論に基づく不安・恐怖の獲得・維持メカニズム

　マウラーは，これらの古典的およびオペラント条件づけの学習原理を基礎として，不安や恐怖の獲得・維持メカニズムを説明しました。

　第一の過程は，不安や恐怖の獲得は，ある対象に不安や恐怖が喚起される事象が対提示されることによって，その対象に対して不安・恐怖が形成される過程を指します（古典的条件づけ）。社交不安に関わる問題を例にすると，たとえば，人前での発表場面でうまく発表ができず他者から笑われ恥をかいてしまった経験をした場合，その後も人前での発表場面で不安や恐怖を感じてしまうといった例があげられます。

　第二の過程は，不安を感じている際に何らかの行動をした結果として不安が和らいだという場合，不安の低減によって当該行動が強化され繰り返されるようになると同時に（オペラント条件づけ），不安そのものは改善せず維持されたままになってしまうというものです。たとえば，人前での発表場面に不安を感じている際に，その場面を避けた結果，不安が和らいだとしたら，その後も同様の場面を避けてしまうようになるといった例があげられます。人前など不安を感じる場面であっても，過度に恐れを感じるほどの出来事が起きるとは限らないため，その場面を回避せずしっかりととどまっていれば時間が経過するにつれて不安は弱まっていくことが多くあります。しかし，不安を感じる場面から逃げたり避けたりしてしまうと一時的に不安は弱まりますが，人前に出る不

安そのものは改善されないため，その後も維持されてしまうことになります。

Old3　攻撃性

　他者の権利を侵害する（例：攻撃性や所有物の破壊），または（および）社会的規範や権威ある人物との間で様々な葛藤を生じさせる問題行動が中心的な特徴とされる「秩序破壊的・衝動制御・素行症群」が，アメリカ精神医学会の精神疾患の診断・統計マニュアル（DSM-5）において位置づけられています。これは女性よりも男性に一般的で，小児期か青年期に初発する傾向にあります（American Psychiatric Association, 2013）。この精神障害は，情動や行動の自己制御に問題があるとされており，すなわち，社会的に望ましいかたちで自らの情動や行動をコントロールしたり表現したりすることが難しいために，他者の権利を侵害したり社会規範を逸脱してしまう状態にあると考えられます。

　以上の精神障害に含まれる問題の特徴の1つとして「攻撃性」をあげることができます。攻撃性は，人の感情，認知，行動のすべての要素に関わるものであり，感情面としての怒り（anger），認知面としての敵意（hostility），そして行動面としての攻撃を総称して「攻撃性（aggressiveness）」と呼ばれます（山崎，2002）。ごく一般的な人々でも，日常生活の様々な経験のなかで他者に対する怒りや敵意を感じたり，場合によっては攻撃的な行動をしてしまうことがあるかもしれません。しかし，過剰なまでの怒りや敵意を抱き，他者への攻撃をするという行為は，憎しみや恨みの連鎖を生んでしまい，円滑な人間関係や社会生活を営むことを困難にしてしまいます。このように攻撃性の問題は，異常心理学研究に関わる一つの重要なテーマであると考えられます。

　大渕（2011）によると，攻撃性の心理メカニズムに関わる理論は，これまでに大きく3つの観点から検討されてきたと指摘されています。

1　内的衝動説

第一に，精神分析家のフロイト（Freud, 1933）に代表される内的衝動説です。

内的衝動説では，攻撃行動を起こす心理的エネルギーが個体内にあると仮定されています。フロイトは人間には，自己成長を目指したり，他の人々と家族や共同体をつくりながら，生活全体を豊かにしていこうとする生の本能（エロス：eros）と，自己破壊へと向かい，生命を死の状態へと戻そうとする死の本能（タナトス：thanatos）が備わっていると考えました。そして，死の本能が自己に向かわないように，この衝動が外部化され，結果的に他者や環境を破壊する攻撃的衝動となって表現されるのではないかと考えました。

2　情動発散説

　第二に，ダラードら（Dollard et al., 1939）やバーコビッツ（Berkowitz, 1990）などによる情動発散説です。情動発散説では，攻撃を不快な感情の表出や発散であるととらえます。まず，ダラードらは欲求不満攻撃仮説（frustration-aggression hypothesis）において，人は自らの欲求が阻害され欲求不満を経験した際に，その不快感情を外部に発散することで不快感情を低減させる傾向にあると考えました。ここでは，欲求不満を生じさせた事態や原因に向けた攻撃だけでなく，それとは異なる対象に攻撃が向けられる場合も想定されています。たとえば，学校のテストで悪い点を取ってしまった罰として親からお小遣いを減らされてしまった生徒が，その腹いせに他のクラスメイトに悪口を言ったりする場合などは，欲求不満事態に伴う他の対象への攻撃の置き換えが生じたととらえることができます。

　一方，バーコビッツは認知的新連合理論（cognitive neoassociationism）を用いて人間の攻撃性を説明しました。人間は様々な生活上の学習や経験を通して，多種多様な心的要素（知識，記憶，観念，概念，感情など）を心のなかに構成します。それらの心的要素は単にバラバラに心のなかに存在しているのではなく，意味的な関連性や経験の近接性，共通点や類似点に基づいて結びついています。たとえば，個人の学習・経験によっては，「母親」という言葉に対して，「優しい」「家事」「子育て」などが連想的に思い浮かぶこともあれば，反対に「気難しい」「口うるさい」「働きに出る」などが意識化される人もいるかもしれませ

ん。このように心の要素は連合ネットワークを形成しており，何らかの刺激を
きっかけに，当人にそれらが意識化されるだけでなく，意識化できない水準に
おいても心的要素のつながりが自動的に活性化されるといわれています。そし
て特に攻撃性が問題となる場合には，何らかの先行刺激によって個人の攻撃に
関わる記憶や観念，感情などが自動的に活性化されてしまうために，当人の制
御を越えた衝動的攻撃へとつながってしまうことがありうると説明されます
（例：「母親」からの虐待などを経験した個人が，その「母親」と関連する（母親を
想起させるような）刺激・状況に直面した際に，自動的かつ無意識的に反発心や怒
りを感じ，とっさに攻撃的な態度行動に出てしまう，など）。

3　社会的機能説

　第三に，フェルソンとテダスキー（Felson & Tedeschi, 1993）や，クリックと
ドッジ（Crick & Dodge, 1994）などの社会的機能説です。社会的機能説は，あ
る目的を達成する手段として自覚的に攻撃行動を選択するという，攻撃の手段
的機能を強調する立場です。テダスキーらは，社会的相互作用理論（social
interactionist theory）において，人は対人的な相互作用のなかで攻撃性が動機
づけられる存在であり，攻撃行動を社会的葛藤における解決方略としてとらえ
ました。利害関係の対立に伴う葛藤場面で，攻撃的な方略（脅し，罰，制裁な
ど）を用いることを意思決定する人は，社会的パワー（金銭や高い地位など社会
生活を営むうえで有利となる影響力）の獲得と行使，社会的公正の維持（不公平
な扱いをされることを是正する），社会的アイデンティティ（何らかの社会集団に
所属する自らの価値的存在）の確立を目的としているためであるとされています。
逆にいえば，これらが傷つけられ不当に扱われることで，様々な攻撃行動へと
つながってしまいやすくなると考えられています。

　一方，クリックとドッジは社会的情報処理（social information processing）の
観点から，攻撃行動には対人的相互作用場面における人間の高次の認知処理が
関与しているととらえ，攻撃行動の遂行にいたる認知プロセスを示しました。
それは，①符号化（社会的刺激への注目），②解釈（他者や状況に対する解釈），

③目標の明確化（社会的状況における目標の具体化），④反応の検索・構成（攻撃，回避，協調，服従など反応の選択肢の検討），⑤反応決定（④で選択された反応によってもたらされる結果の予期や，その反応を実行する際の自信の評価）といったプロセスです。攻撃行動が実際に表出されやすい子どもや大人は，社会的場面を敵意的に解釈しやすかったり攻撃的な問題解決の有効性を高く評価したりするなど，上述の認知プロセスの各段階において，攻撃行動が選択・実行されやすい情報処理がなされていると考えられています。

New1　抑うつ

　抑うつの古典的研究として紹介したベックやティーズデイルの研究知見は，その後，さらなる展開をみせています。

1　抑うつの情動処理理論

　ティーズデイルは，相互作用的認知サブシステム（interacting cognitive subsystem：ICS）というモデルを加えて，上述した抑うつ理論を発展させた情動処理理論を提唱しました（Teasdale & Barnard, 1993；Teasdale, 1999）。ティーズデイルの情動処理理論は主に再発を繰り返すうつ病のメカニズムを中心に説明しており，日本でも伊藤（2006），伊藤ら（2010），越川（2010）などのように，様々な研究者が本理論の異常心理学研究および心理的治療としての意義を指摘しています。

　この ICS は，視覚や聴覚といった受容感覚などを処理する低次のサブシステムと，それらの情報を統合し，意味を生成する2種類の高次のサブシステムから構成されます。このうち高次のサブシステムは，命題的サブシステム（propositional subsystem：PS）と含意的サブシステム（implicational subsystem：IS）から成り，前者は言語的，価値判断的な意味の生成（記憶や言語に基づく観念を反映し，言語的に判断や評価を行う），後者は感覚的，経験的な意味の生成（五感から得られた情報をもとに言葉では表現されない感覚的・経験的な意味の生

成）を担い，この両者が相互作用しながら，人間の観念作用の中核を担っているとされています（伊藤ほか，2010）。より具体的には，「自分はダメな人間だ」などのような言語−評価的な意味を処理するのが前者であり，「自分はダメな人間だ」という言葉の余韻に含まれる，言葉になしえない体験的な意味を処理するのが後者ということになります（伊藤，2006）。

2　心のモード

　シーガルら（Segal et al., 2002）は，〈することモード〉（doing mode）と〈あることモード〉（being mode）の2種類から「心のモード」をとらえ，これらの切り替えの重要性を指摘しています。〈することモード〉は前のページで紹介したPSに基づく概念的（分析的）処理モードで，問題解決に向けて駆り立てられるようなモードであり，一方，〈あることモード〉はISに基づく体験的な処理モードであり，体験過程そのものに温かな注意を向けるモードです。

　越川（2010）は，これらのモードの違いとして4点指摘しています。第一に，〈あることモード〉は何か特定の目標を設定しない一方で，〈することモード〉は目標と現実とのギャップを埋めようと試みるものです。第二に，〈することモード〉はすんでしまった過去やまだ見ぬ将来について考えをめぐらせる一方で，〈あることモード〉は「今，ここ」という時点に注意を向けます。第三に，〈することモード〉では考えや感情は望ましい方向へと変えなければならない対象となりますが，〈あることモード〉ではそれらは変えるべきものではなく，ただ心のなかに生じ，去っていく心のなかの出来事ととらえられます。第四に，〈することモード〉では現在と目標との関係が重視されるため，現在の体験そのものの多次元的な性質を味わいにくい一方で，〈あることモード〉では体験の新たな広がり，新鮮さ，自由さを感じやすくなります。これらのモードはそれらの柔軟な切り替えが重要とされます。〈することモード〉で上手に問題が解決するのであればこれも合理的ですが，うまく対処できないときにはそれにとらわれず〈あることモード〉に切り替えていく必要性が生じます。

3 〈あることモード〉による抑うつの低減効果

　Old 1 の抑うつにおいて，気分の落ち込み時における抑うつ的な思考パターンへの入りやすさの程度により，抑うつが維持・再発，悪循環につながってしまう可能性を指摘しました。この考えを踏まえると，ここでは，気分の落ち込みが生じたときに早めに自らの状態に気づき，反すう的で自己持続的な心の状態を断ち切るため，ネガティブな思考や感情，身体感覚に巻き込まれずに適度な距離を取る姿勢が重要になると考えられます（Segal et al., 2002）。その意味で，抑うつの悪循環を断ち切るための方法として，ネガティブな思考や感情などを無理に変えようと躍起になるのではなく，それらと上手に折り合いをつける〈あることモード〉が必要となるわけです。

　実際に，ワトキンスとティーズデイル（Watkins & Teasdale, 2004）は，PS に基づく分析的な自己注目（例：抑うつ気分がなぜ（why）生じたのか，その原因・結果について分析的に考え続けること）よりも，IS に基づく体験的な自己注目（例：抑うつ的な思考や感情，身体感覚を，今現在どのように（how）感じているかといった体験に注意を向けること）のほうが抑うつの低減に有用であることを示しています。PS に基づく情報処理では，かえって抑うつに関するネガティブな自己関連情報への過度な注意（自己注目）を促進してしまう場合があるため，IS に基づく体験的な処理モードに切り替えることで，抑うつ的処理パターンの活性化が生じずにすむと考えられています（伊藤ほか，2010）。

　抑うつを生じさせる認知や感情の体験過程そのものを取り上げ，ネガティブな認知や感情と同一化せずに適度な距離を置きながら（脱中心化した視点により），それらの思考や感情を体験する過程は，メタ認知的気づき（meta-cognitive awareness）と呼ばれます（Teasdale et al., 2002）。メタ認知とは，自分自身の認知過程（例：覚える，考える，推論する）を認知することを指します。このメタ認知的気づきを高く有する人ほど，悪いことが頭に思い浮かんでもその考えにとらわれずに別の視点から考えなおすことができたり，不安や落ち込んでいるときに浮かぶ考えに執着せず，それらは事実とは異なるということを

的確に認識できるなど，抑うつ症状の低減や再発防止につながる可能性が指摘されています。さらに，今ここでの体験に評価することなく注意を向けることはマインドフルネス（mindfulness）と呼ばれ（Kabat-Zinn, 1994），このマインドフルネスに関するトレーニングがメタ認知的気づきの獲得や抑うつの低減に有効である可能性も指摘されています（勝倉ほか，2009）。

4　日常生活での応用可能性

　上述の研究を踏まえると，日常生活等においては，自らのネガティブな思考や感情を何とか抑えようとしたりコントロールしようと意識しすぎず，これらの思考や感情は心のなかに生じた一過性の出来事にすぎないというように，適度に心理的な距離をとるやわらかな姿勢が有用といえます。もちろん，ベックの理論のように，様々な出来事に対して自分は否定的にとらえすぎていないか，ポジティブな側面を見過ごしていないかなどと振り返り，ネガティブな考えや思考を柔軟に修正することで問題解決につながるのであれば，そのような〈することモード〉もよいでしょう。ただ，それが難しい場合には，〈あることモード〉に切り替え，ネガティブな思考・感情に温かな注意を向ける程度にします。どのような気持ちや考えが湧き上がっても，それは一過性に心のなかに生まれてくるものにすぎないととらえ，ほどほどの距離をとっていく意識を保つようにすることで，抑うつの悪化を防ぐことにつながります。ただし，〈あることモード〉は単に「何もしない」ことを意味しているわけではありません（越川，2010）。問題解決に向けて躍起になったり自らの体験に過剰に振り回されたりせずに，やわらかく温かな注意を向ける姿勢を保つことで，問題解決や状況改善に向けての新たな思考や行動への発想が生まれやすくなるとされています。

New2　社交不安

　社交不安の発生・維持メカニズムをとらえるための研究知見として，近年で

は，クラークとウェルズ（Clark & Wells, 1995）やラペイとハイムバーク（Rapee & Heimberg, 1997）などの認知行動モデルが特に有用とされています（福井，2010；坂野，2012；佐々木ほか，2010）。

1　クラークとウェルズによる社交不安の認知行動モデル

　クラークとウェルズ（Clark & Wells, 1995）は，社会的状況における出来事をネガティブに解釈し，自らに生じた生理的反応そのものも否定的にとらえてしまい，その不安から逃れるために安全確保行動をとることによって社交不安が発生・維持されるとする認知行動モデルを示しました。これはマウラーの二過程理論の知見を含めつつ，認知心理学や情動の二要因理論に影響を受けたベックの抑うつ理論を社交不安に応用したモデルとなっています（図8-3）。

　佐々木ら（2010）が人前でのスピーチ場面を例にとって説明しているように，社交不安の高い人は何らかの対人的な関わりをもつ場面において（社会的状況），「失敗せずにしゃべらなければならない」「少しでも失敗したら私は人から拒絶される」などといった思い込みが活性化してしまい（想定の活性化），その状況を否定的にとらえがちになります。そして少し言葉に詰まっただけでも「私は失敗してしまった」「失敗するなんて自分はダメな人間だ」という思考が浮かび（社会的危機の知覚），不安感，赤面，発汗などの身体的・生理的反応が生じます。社交不安が高まると，注意の焦点が代わって他者の視点から自分自身を観察する（社会的対象として自己をとらえる）ようになります（例：「私はまわりの人から注目されている」など。丹野（2001）は「観察者視点の自己注目」と呼んでいます）。この時，他者から自分がどのように見えているかを類推しますが，周囲の状況を冷静に把握するのではなく，あくまで主観的情報に基づいて推論してしまうため，実際より否定的な印象を抱きやすくなります。特に社交不安が高い人は，不安感，赤面，発汗など自分の身体的反応を否定的にとらえてしまうため，たとえば，自分の赤面に気づくと，周りの人が実際にどのような様子・表情であるかに注意を払わずに，自身の感覚に基づいて「他の人は自分をおかしいと思っているに違いない」と確信的に推論してしまいます（さらなる

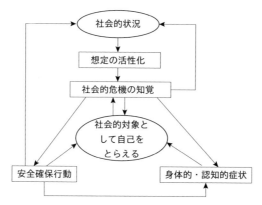

図8-3　クラークとウェルズによる社交不安の認知行動モデル
出所：Clark, 2001 より作成

社会的危機の知覚）。そして，それらの社会的危機の知覚に伴って高まる不安から逃れるために，つい早口になる，注意をひかないように努める，視線を合わせないようにする，自分の発言を頭のなかでチェックするなどといったその場しのぎの対処行動（安全確保行動）をとりがちになります。しかしこれらの対処行動をとったとしても，一時的な不安の低減につながるだけであり，不安感やそれを生じさせるネガティブな認知などを根本的に改善することができません。むしろ，それらの対処行動がかえって他者からは不自然に見えてしまうことにもつながってしまい，さらに直面している社会的な状況を悪化させてしまうことにつながります（例：目の前の人から怪訝そうに見られてしまう）。

　クラークとウェルズの認知行動モデルにおいては，社交不安を抱えた人々には上記のような悪循環が生じていると考えられています。

2　ラペイとハイムバークによる社交不安の認知行動モデル

　次に，ラペイとハイムバーク（Rapee & Heimberg, 1997）は，上記のクラークとウェルズのモデルに引き続いて，社交不安に関する認知行動モデルを提案しました（図8-4）。

　クラークとウェルズのモデルと類似して，本モデルにおいても，社交不安を

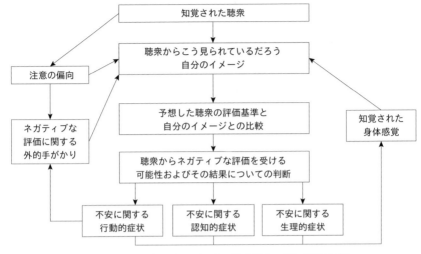

図8-4　ラペイとハイムバークの社交不安の認知行動モデル
出所：Rapee & Heimberg, 1997 より作成

抱える人は，他者との接触・交流が求められる社会的場面を脅威として認知しやすいため，実際よりもネガティブな自己イメージをつくりあげてしまい（聴衆から見られている自己イメージの偏り），周囲の人の評価と偏った自己イメージを比較した結果，周囲から否定的な評価を受けてしまうと考え（例：「自分は馬鹿にされ，笑われてしまう」），赤面・発汗・震えなどの生理的反応が生じたり，目を合わせないようにする，咳払いをするといった対処行動を行ったりします（不安に関する行動的・認知的・生理的症状）。それらの不安に関連した様々な症状に伴う自らの身体感覚（例：赤面や筋肉の緊張など）により，社交不安の人々の自己イメージはより否定的な方向へ傾いてしまいます。さらに一方では，クラークとウェルズのモデルには示されていない「注意の偏向」といったメカニズムが働いているとラペイとハイムバークは考えました。先述したように，クラークとウェルズは，社会的状況において自己に注意が向かい（観察者視点の自己注目），外の刺激に注意が向かないために，周囲の状況を正確に把握できずに不安が高まってしまう点を指摘しました。しかし，ラペイとハイムバークは，社交不安の人々は自己への注意だけでなく，周囲の人たちがどのような様

子や表情をしているかに注意を向け，特に自分にとって脅威的な表情（例：つまらなそうな表情，怒っている表情）をしている人に選択的に注意が向いてしまうと想定しています（注意の偏向）。つまり，このモデルによると，社交不安を抱える人には，自己にとっての脅威的な情報や刺激（他者の顔色やしぐさなど）に選択的に注意を向けてしまうことで，かえって不安が高まっている側面もあるのではないかと考えることができるのです。

3　日常生活での応用可能性

　以上を踏まえると日常生活における応用可能性として次の点があげられます。まず，不安を感じる場面を避けずに直面し，不安が徐々に和らぐ過程を体験することが有用です。不安を感じる場面に直面すると，最初は強い不安が喚起されますが，過度に恐れを感じる出来事が起きるとは限らないため，その場面を回避せずとどまっていれば，徐々に不安は弱まります。不安がゆっくりと弱まることを感じながら「この場面を回避しなくても自分は大丈夫」と学ぶことが重要となります。強く不安を喚起させられる場面（例：大勢の人前で苦手なスピーチをする）で回避せずとどまることが難しい場合には，不安の喚起の強い場面から弱い場面までを順序立てて整理し，不安喚起が弱い場面（例：人が多く混雑したレストランで仲の良い友達と食事をする）から少しずつ慣らしていくことが有用です。

　また，不安の一時的な低減につながるにすぎない安全確保行動を止め，周囲から適切な評価やフィードバックがもらえるスキルを身につけることが重要です。社交不安の人にとっての安全確保行動には，他者からの否定的な反応を得てしまうものがあります（例：視線を合わせないようにする）。よって，たとえば知らない人と話すときに視線を合わせられない場合には，視線を合わせないという安全確保行動と，顔をあげきちんと相手の目を見て話すという適切な対処行動をそれぞれ行いながら，実際にどちらの態度や行動が相手にとって好印象であるかを確かめてみる方法があります（岡島・坂野，2008）。

　さらに，これらの取り組みの過程で，社交場面における自己概念が過剰にネ

ガティブに偏っていたということに気づく場合も多くあるでしょう。安全確保行動を止めて，落ち着いて相手を見てみると，意外と笑顔で応えてくれる人もいることに気づくかもしれません。「いつもしっかりとした自分を見せないと他者から嫌われてしまう」などと過剰に意識せず，できる限りありのままの自分を大切にするなどやわらかい認知へつなげることが有用です。

■New3　攻撃性

　近年，攻撃性の心理メカニズムを説明してきた各種の理論やモデルを統合し，全体としてとらえようと試みた研究が行われるようになっています（大渕，2011）。

1　ストラックとドイッチによる熟慮・衝動モデル

　第一に，ストラックとドイッチ（Strack & Deutsch, 2004）の熟慮・衝動モデル（reflective-impulsive model）です。本モデルは人の社会的行動を説明したもので攻撃性のみに特化したものではありませんが，攻撃行動における衝動および熟慮システムの両方を理解するために有用なモデルとなっています（大渕，2011）。

　先述したバーコビッツなどの情動発散説では，攻撃を引き起こす内的過程は，何らかの刺激や不快情動が契機となって，個人の意思に関係なく自動的に作動する側面に力点が置かれており，主に「衝動的な攻撃」（例：思わずかっとなって攻撃をする）について説明したものととらえられます。一方，テダスキーやドッジなどの社会的機能説では，個人の認知プロセスや意思決定によって攻撃行動が選択・実行される側面に力点が置かれており，主に「戦略的な攻撃」（例：何らかの目的を達成するために計画的に攻撃をする）について説明したものととらえられます。

　熟慮・衝動モデルに基づくと，まず熟慮処理では，個人の行動は認知プロセスを経た結果として表出されます。攻撃行動の場合，何らかの刺激に伴う知

覚・想像をきっかけに，認知処理が進み，複数の行動選択肢が考案され，各選択肢がもたらす効果と達成可能性を評価し，行動スキーマが活性化され，戦略的な攻撃として表出されます。衝動処理では，知覚情報により，個人の知識，記憶，観念，感情等の心的要素の連合ネットワークが自動的に活性化され，個人の意識的な制御とは関係なく，衝動的な攻撃へとつながりうるとされています。

このモデルに基づくと，熟慮・衝動システムが同時並行的に働きながら攻撃行動に影響を及ぼしていると考えられます。実際の攻撃行動においても，この衝動的な側面（衝動システム）と戦略的な側面（熟慮システム）が両方含まれていることが少なくありません。たとえば，自分の容姿について知り合いから馬鹿にされてしまった学生が，友人たちにその知り合いの悪口を意図的に言いふらして当人の評価を貶めるといった行為は，怒りにまかせた衝動的な側面が含まれると同時に，容姿を馬鹿にした当人に罰を与え，その態度を改善したいとする戦略的側面を有している場合があると考えることができるでしょう。

特にストラックとドイッチのモデルでは，熟慮・衝動システムの相互作用が考慮されている点が特徴的です。衝動システム内において攻撃的な心的要素が活性化されやすくなっていると，それが熟慮システムに取り入れられて，熟慮システムの認知的処理に影響を及ぼすことになります（例：「障害」の観念と不快感情の間に連合が形成されていた場合に，障害をもつ方との対人葛藤場面において攻撃行動の有効性が即時的かつ優先的に頭に思い浮かんでしまう）。逆に，熟慮システム内で頻繁に使用された観念は，衝動システムにも取り入れられ，次の機会に優先的かつ自動的にアクセスしやすくなる場合もあります（例：敵意的な解釈をしすぎないよう意識的に見直したり再評価したりする習慣を繰り返すことで，連合ネットワーク内において敵意性が自動的に活性化しにくくなる）。

2　アンダーソンらによる一般的攻撃モデル

第二に，アンダーソンとブッシュマン（Anderson & Bushman, 2002）の一般的攻撃モデル（general aggression model：GAM）です。このモデルは，バーコ

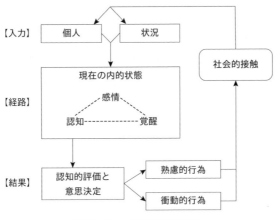

図8-5　一般的攻撃モデル

出所：Anderson & Bushman, 2002 より作成

ビッツやテダスキーらの理論など，従来行われてきた攻撃性に関わる研究を包
括的に検討し，図8-5のモデルを提示しています。ここでは，状況要因と個
人要因からなる先行要因（入力）が，認知，感情，覚醒などの内的状態を変化
させ（経路），認知的評価と意思決定を経て攻撃行動を生じさせる（結果）と仮
定しています。

　攻撃に関わる状況要因には，脅威，ストレス，侮辱などのほか，不快な気温
や武器の存在など攻撃を間接的に誘発する刺激も含まれます。個人要因には，
攻撃行動に関わる個人の態度や信念，パーソナリティなどが含まれます。特に
個人要因と状況要因の相互作用が強調されており，何らかの状況要因によって
攻撃性に関わる内的状態が喚起されるかどうかは，個々人の態度や信念，パー
ソナリティなどによって差が出てきます（例：ちょっとした出来事や刺激でも敵
意を感じやすい人とそうではない人）。さらに，これらの先行要因は個人の内的
状態を変化させます。たとえば，攻撃性に関わる認知として敵意の知覚などが
あげられますが，これらの認知は怒りや憎しみ，不安などの感情を喚起し，同
時に覚醒を高めます。結果段階では，認知的な処理をする時間が十分になかっ
たり，高い覚醒状態にあったり他のことに注意が奪われているような場合には
即時的な判断がなされてしまい，衝動的行為の表出につながりやすくなります。

反対に，精神的に余裕があるときには自らの考えや行動目標を冷静に評価しやすくなり，熟慮的行為が表出されやすくなるといえます。

3　日常生活での応用可能性

以上の攻撃性に関わる研究を踏まえると，日々の生活のなかでは，何らかのストレスや欲求不満場面があったとしても，攻撃行動につなげないようにする習慣を少しずつ身につけることが有用といえます。もちろん，怒りや不満などが過度に高まっている場合には冷静かつ合理的な判断ができない場合も多いため，適度に距離や時間を置いたり，気晴らしやリラックスする時間を意識的に設けたりするなど，心に余裕をもたせたうえで，自らの願いは何か，その願いを社会的に望ましいかたちで達成するためにどのような対処行動が必要なのかを考える必要があります。衝動的な攻撃は自制心が働いていないがゆえに事態を過度に悪化させやすく，戦略的攻撃も一時的には自らの利益につながる結果が得られるかもしれませんが，長期的には社会生活上の温かな人間関係を営むことがとても難しくなります。怒りや欲求不満を無理やり抑え込むのではなく，社会的に望ましいかたちで発散したり，事態を別の視点でとらえ直してみたり，攻撃以外の方法で問題を解決していく知識とスキルを身につけることが重要といえます。

第 8 章のまとめ

以上，抑うつ，社交不安，攻撃性に関わる異常心理学研究について概説し，日常生活における応用可能性についても可能な限り触れてきました。

臨床心理士や公認心理師等の心理専門職には，実際の心理臨床現場において，上記の知見や理論を人々の問題理解に役立て心理援助につなげていくことが求められます。実際に欧米の異常心理学のテキストは，大学だけでなく，臨床場面で患者に対するメンタルヘルス教育のツールとしても使われます（丹野，2006）。さらに，これらの知見が広く社会に広まり普及することで，精神障害への偏見を低減することにもつながる可能性があります。異常心理学は，一般

社会において「異常」に対してレッテルを貼り，偏見を助長するだけだとされてきた経緯もありますが，メンタルヘルスの知識が普及され人々のなかの「異常」を見つめ直すことで，これらの精神障害への偏見を低める効果もあるのです（丹野，2006）。

　また，上記の流れのとおり，異常心理学的研究は，学習心理学，認知心理学，感情心理学など様々な心理学のアカデミックな基礎研究に影響を受けて（支えられて）発展してきたといえます。このように異常心理学研究は，心理学の基礎領域（アカデミックな心理学）と臨床心理学をつなぐインターフェースとして機能しているのです（丹野，2002）。しかし，日本の臨床心理学では，アカデミックな心理学で蓄積されている知見がまだ十分に活かしきれていない現状も指摘されています（坂本，2005）。精神障害の発生・維持メカニズムの解明を目指すうえでは，心理学の多様な研究領域が密接に交流し相互作用しながら新たな研究知見を蓄積する姿勢が，強く求められています。

　さらにつけ加えるならば，現在では身体因論（精神病理学）や心因論（異常心理学）のどちらの立場も区別せずに，生物・心理・社会モデル（bio-psycho-social model）（Engel, 1980）に基づいて精神障害の発生・維持メカニズムを包括的に理解する観点も重視されています（丹野，2002；下山，2014）。これは，個人の身体的・精神的健康に影響する様々な要因を，生物的要因（神経，遺伝，細胞など），心理的要因（認知，信念，感情，対処行動など），社会的要因（ソーシャルネットワーク，生活環境，社会経済状況など）の3側面で理解する枠組みです。すなわち，心理的側面だけではなく，個々人に特有の遺伝的要素や身体機能といった生物学的特徴とともに，多様な人間関係が営まれている社会・文化のなかで生活している存在として人々をとらえながら，個人の身体的・精神的健康を包括的に理解するモデルです。

　この生物・心理・社会モデルに基づくと，精神障害の発生・維持メカニズムを全体としてとらえるうえで，異常心理学研究は主に心理学的な立場から，その解明につなげる重要な研究分野として位置づけられることになります。しかし，同時に本モデルに立脚するならば，精神障害の発生・維持メカニズムは心

理学的な側面からとらえれば事足りるほど単純ではないとも考えることができ，本来的には生物学，医学，神経科学，福祉学，社会学など様々な学問領域の知見をも総合しながら全体像をとらえることで，有意義なものとなる可能性があります。心理学においても学際的研究として他の研究分野との積極的な連携・交流の重要性が高まっており（坂本，2005），このような取り組みは今後より重要性を増していくと考えられます。

　異常心理学では，本章でトピックとして取り上げた抑うつ，社交不安，攻撃性に限らず，多種多様な研究が蓄積されています。そして，異常心理学の研究知見は，すでに完成されたものとしてあるわけではなく，これからの研究の蓄積，および知見・理論の構築が求められる未完成の開かれた体系であり（丹野，2002），目まぐるしく変化し改訂が重ねられている過程にあります（Davison et al., 2004）。今後も，心理学内外の様々な研究・領域・分野に対して幅広く開かれた態度をもちながら，新たな異常心理学の研究知見を生み出しつつ，社会や人々のより良い生活に還元する取り組みが期待されています。

精神障害（mental disorder）

精神症状，異常行動，機能不全といった症状，またはこれらの症状の組み合わせによって特徴づけられた障害で，精神疾患（mental illness）とも呼ばれる（VandenBos, 2008）。精神障害の種類や分類には，アメリカ精神医学会による「精神疾患の診断・統計マニュアル」（Diagnostic and Statistical manual of Mental Disorders：DSM）が基準として採用されることがあり，DSM-5（American Psychiatric Association, 2013）が示されている。なお，2023年6月には，この改訂版となるDSM-5-TRの日本語版が出版されている。

統合失調症（schizophrenia）

青年期に，妄想，幻覚，解体症状（まとまりのない会話や行動），陰性症状などの精神病性の症状によって発病し，再発を繰り返すことで人格水準が次第に低下し，生活障害をきたす慢性疾患である（中川, 2021）。DSM-5では，統合失調症スペクトラム障害および他の精神病性障害群に位置づけられている。

パーソナリティ障害群（personality disorders）

パーソナリティとは，考え方（認知），感じ方（感情），人との関わり方や振る舞い方（対人関係）等の持続的なパターンで，その人らしさを形成するものである。パーソナリティ障害群とは，認知，感情，対人行動，衝動性の制御のうち，少なくとも2つの領域で，その人が属する文化から期待されるものより著しく逸脱した様式が，長期にわたり変わることなく広範に現れ，社会生活や職業生活にきたしている状態を指す（杉若, 2021）。

不安症群／不安障害群（anxiety disorders）

不安とは，何らかの脅威があるが，その対象が明確ではないときに経験する漠然とした心配のことで，脅威がいつ来るかわからない（予測可能性），自分にはコントロールできない（統制可能性）という認知的評価がかかわっているとされる。不安には，動悸，胸部や胃の不快感，震え，手や顔等の発汗，頭痛等の身体症状や，不安が喚起される場面からの逃避・回避などを伴う。この不安を慢性的に過剰に経験し続け，社会生活上に支障をきたした場合には，不安症群／不安障害群と診断される（有光, 2021）。

発達障害（developmental disorder）

DSM-5においては，神経発達症群／神経発達障害群として記述されている（American Psychiatric Association, 2013）。発達期早期より，認知や言語，社会性，運動機能の発達などに遅れや偏りが生じ，生活上の困難が

長期にわたって続く状態を指す。知的能力障害群や自閉スペクトラム症／自閉スペクトラム障害，注意欠如・多動症／注意欠如・多動性障害，限局性学習症／限局性学習障害などがあげられる。

精神病理学（psychopathology）

　精神の病的な現象についての心理的な側面を探究する学問の総称で，精神症状には「行動」として表出された客観症状と，患者の「体験」として，患者の言葉による記述を通して間接的に知りうる主観症状がある（滝沢, 2014）。精神医学の基礎理論として捉えられる（丹野, 2002）。

異常心理学（abnormal psychology）

　心理学の知見を応用して，異常な心理現象や精神障害の心理学的メカニズムを考え，援助や治療介入などの実践を行うための学問や研究のことを指す（丹野, 2021）。具体的には，心理的な問題や病理の記述・分類・類型化，心理的問題の発生・維持メカニズムの理解，問題や病理の転帰の予測，問題および病理発生の予測と予防などを明らかにする研究分野である（丹野, 2002）。

マインドフルネス（mindfulness）

　今，この瞬間に，判断を加えずに，自分の体験に対して意図的に注意を向けることとされている（Kabat-Zinn, 1994）。ここでは，自らに生じる体験に対して親和的かつ穏やかな態度をもち，あらゆる体験を歓迎しつつ，あるがままにしておくこととされている（Segal et al., 2002）。

臨床心理アセスメント（psychological assessment）

　臨床心理学的援助を必要とする事例について，その問題のメカニズムを明らかにし，介入の方針を定める情報処理過程とされている。事例が抱える現実の複雑な問題に対して，多様な情報を収集し，それらを体系的に分析・統合して，問題を形成・維持させているメカニズムを明らかにする一連の情報処理作業といえる（下山, 2008）。

学際的研究（interdisciplinary research）

　広辞苑（新村, 2018）によれば，学際とは，「いくつかの異なる学問分野がかかわること」とされている。すなわち，学際的研究とは，専門分野の異なる様々な研究者が共同して，ある特定の課題・テーマについての研究を進めることを指す。

文献案内
──さらに詳しいことを学びたい人に──

1 坂本真士・丹野義彦・大野　裕（編）（2005）抑うつの臨床心理学　東京大学出版会

　「実証に基づく臨床心理学」の立場から，抑うつの異常心理学メカニズムや認知行動療法による介入等について，多面的に解説されている。

2 坂野雄二・丹野義彦・杉浦義典（編）（2006）不安障害の臨床心理学　東京大学出版会

　本章で取り上げた社交不安のほか，様々な不安障害に関わる異常心理学的研究について詳細かつ豊富な解説がなされている。

3 湯川進太郎（編）（2008）怒りの心理学──怒りとうまくつきあうための理論と方法　有斐閣

　「怒り」に関わる実証的研究に裏づけられた知識や理論，心理療法の実際等について，平易な文章で包括的にまとめられている。

臨床——心理療法

Introduction：心理療法の定義

　みなさんは，「心理療法」という言葉に，どのような印象をもっていますか？ 心理療法は，「訓練を受けた専門家によって行われる心の健康問題に関する支援方法」の総称です。

　心理療法には，精神分析学理論に基づいた「精神力動的心理療法」，人間性心理学理論に基づいた「来談者中心療法」，学習理論に基づいた「認知行動療法」などといった異なる理論的背景に基づいた様々なものがあります。ですが，それぞれの心理療法は特定の健康問題に対して，本当に有効なのでしょうか？

　現在，実証に基づく心理療法（evidence-based psychotherapy）という発想が広がり，有効であることが研究の成果によって確認された心理療法を相談に訪れた人（臨床心理学では，しばしば「クライエント」と呼ばれます）に提供することの重要性が指摘されています（たとえば，Chambless & Ollendick, 2001）。心理療法が健康問題の改善に寄与するものである以上，有効性が研究の成果によって確認されていない心理療法を用いることは，心理療法によるサービスを受けるクライエントに対する非倫理的行為であるとみなされても仕方がありません。筆者は，実証に基づく心理療法の着想から，どのような問題に対してどのような心理療法が有効であるかを明らかにすることについて興味・関心をもち，心理療法の効果を検証するための方法論について日々考えるようになりました。

　そこで本章では，まず，心理療法によってどのような側面に対する変化をねらうかについて概観します。次に，心理療法がねらいとする変化をどのように測定するかについて概観します。そして最後に，心理療法の効果を明らかにするための方法について考えてみたいと思います。

Old 1　心理療法によってどのような側面の変化をねらうのか

　心理療法は，クライエントが抱える困りごとが心理的問題であったり，困りごとに心理的要因が影響していると考えられたりしたとき，心理的要因の解消を目的として行われます。つまり，心理療法は，クライエントの生活に悪影響を及ぼす心理的要因の変化を狙うことによって，困りごとを解消することが目的となります。

　ところで，心理療法の理論に関する研究と実践のスタート地点は，精神力動的心理療法の誕生でした。その後，認知行動療法や来談者中心療法などといった発想の異なる様々な心理療法が提唱され，たくさんの研究者・心理療法家がそれぞれの心理療法に関する理論をまとめました。現在でも，様々な心理療法の理論に関する研究の知見が積み重ねられ，新しい心理療法が続々と提唱されたり，これまでの心理療法に改良が加えられたりしています。特に，無意識と呼ばれるこころの領域で生じる葛藤の解消を目指す「精神力動的心理療法」・実生活の仕方に工夫をこらしていく「認知行動療法」・理想の自己と実際の自己との不一致状態の解消を目指す「来談者中心療法」は，代表的な心理療法として多くのテキストで紹介されています。「来談者中心療法」は，"無条件の肯定的関心（クライエントを批判しないこと）" "純粋性あるいは自己一致（相談を受ける専門家の言動が一致していること）" "共感的理解（クライエントの困りごとをあたかも専門家自身のものであるかのように感じとること）" といった３つの態度が困りごとの解消に重要であるとされています。これら３つの態度は来談者中心療法における重要な要素とされてきましたが，現在では，対人援助職に従事する者にとって必須の態度であり，すべての心理療法を実践するための基本的態度として重要視されるようになってきました。そのため，来談者中心療法の中核を成す３つの態度は，他の書籍での紹介に譲ることとし，本章では，「精神力動的心理療法」と「認知行動療法」に焦点を絞って心理療法の古典と最新について紹介したいと思います。

　まずは，心理療法が発展するきっかけともいえる「精神力動的心理療法」が
どのように誕生したのかについて紹介し，「精神力動的心理療法」がねらう心
の変化について概観します。

1　精神力動的心理療法の誕生

　「フロイト（Freud, S.）」という人の名前は，心理学に興味・関心のある方で
あれば，多くの方がご存知ではないでしょうか？　「心理療法＝フロイトの治
療法」と考えている人も少なくないかもしれません。また，臨床心理学を専攻
する大学院生に臨床心理学を勉強しようと思ったきっかけを聞くと，「フロイ
トの理論に関心をもったから」といった理由を答える方も多いです。ちなみに，
フロイトは精神科医として有名ですが，意識の作用を主に研究していたブレン
ターノ（Brentano, F. C.）から心理学も学んでいます。

　心理療法が発展するきっかけとなった精神力動的心理療法は，フロイトによ
る精神分析学理論を基盤とした心理療法です。フロイトによる精神分析学理論
は，アンナ・O（当時20代・女性）と呼ばれる症例の治療過程から導き出され
ました。アンナは，吐き気や咳，手足の麻痺などといった原因不明の身体症状
に苦しんで治療を受けていました。ですが，ある日，彼女自身も忘れていたよ
うな過去の嫌な出来事（父親の看病をしていた際の罪悪感が生じるような出来事）
を思い出すと，これまで苦しんでいた原因不明の身体症状が消失しました
（Freud & Breuer, 1895）。フロイトは当初，こうしたアンナ・Oの症例などから，
人間の心は自分自身によって気づくことのできる「意識」と自分自身によって
気づくことのできない「無意識」の部分があり，意識するには耐えることので
きない嫌な体験は無意識の部分に閉じ込められ，無意識の部分に閉じ込められ
た嫌な体験が心の健康を害する原因であると考えました。その後，フロイトは，
無意識に関する自身の考えを体系化し，"自我（行動をコントロールし，適応的
に生きるための役割を担う心の領域）" "超自我（自我が良心的・理想的な方向に向
かうように働きかける心の領域）" "イド（コントロールが難しい本能的欲求の源泉
となる心の領域）" という３つの領域間の葛藤によって心の健康を害することを

想定しました。イドや超自我が強すぎる場合は，自我による現実適応の調整が困難となり，心の健康を害することが想定されています。「意識」「無意識」「自我」「超自我」「イド」の関係をまとめると，イドは無意識の領域に存在し，自我と超自我は無意識から意識までの領域にまたがって存在すると考えられています。特に，精神力動的心理療法では，耐えることのできない嫌な体験を無意識の部分に閉じ込めてしまうことは「抑圧」と呼ばれ，抑圧されたものを意識の部分へと移動させることによって，困りごとを解消することを目的としています。そして，フロイトは，無意識の部分に閉じ込められた嫌な体験に気づく過程を「洞察」と呼びました。洞察は，病識や知性の高さなどがなければ，得られにくいものであることが前提とされていたため，当初のフロイトによる精神力動的心理療法の対象者は成人のみに限定されていました。

2 精神力動的心理療法がねらう心の変化

　精神力動的心理療法は，無意識の部分へ抑圧されたものを解消することによって，困りごとが解決されるという発想が基盤となっている心理療法であり（図9-1），自分自身で気づくことのできない無意識の部分に存在するイドと無意識から意識までの領域にまたがって存在する自我や超自我の3者によって成り立っているものをパーソナリティと表現し，精神力動的心理療法ではパーソナリティの変化を重要視します。つまり，精神力動的心理療法の本質的なねらいは，症状や困りごとを解決するためのパーソナリティの変化であると言い換えることもできます。

　フロイトを中心とした精神力動的心理療法の実践家たちは，無意識の部分に閉じ込められた嫌な体験に気づくための洞察を深めたり，無意識の部分へ抑圧されたものを解消したりするために，催眠法，自由連想法，夢分析といった三つの方法を提唱しました。

　催眠状態は，無意識の部分に閉じ込められた嫌な体験が意識の部分へと移動しやすい状態であると考えられており，催眠状態を作り出すための催眠法は前述したアンナ・Oの治療で用いられた方法でした。ですが，フロイト自身は催

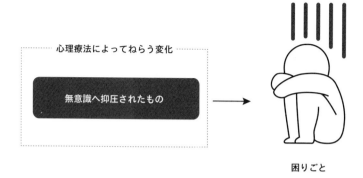

図9-1　精神力動的心理療法がねらう心の変化

眠を用いた心理療法が得意ではなかったことと，催眠状態へと誘導することのできないクライエントも多かったため，精神力動的心理療法の中で催眠法は徐々に姿を消し，他の方法が採用されることが多くなりました。

　自由連想法は，寝椅子に横たわったクライエントに頭に浮かんでくることを何でも自由に述べるように促す方法であり，その際に，無意識の部分に閉じ込められた嫌な体験の痕跡が現れることを期待して行われます。

　夢分析は，無意識の部分に閉じ込められた嫌な体験は「検閲」と呼ばれる機能によって，意識の部分へと移動することを妨げられているとする発想を基盤とした方法です。無意識の部分に存在する検閲は，眠っている間にその機能を弱める傾向があり，夢は無意識の部分に閉じ込められた嫌な体験を表すものであると考えられていました。そして，クライエントが見た夢の内容を実践家が解釈することによって対象者の洞察を促すことを期待して行われます。

3　精神力動的心理療法のさらなる展開

　フロイトによる精神力動的心理療法は，その後，ユング（Jung, C. G.），サリヴァン（Sullivan, H. S.），フロム（Fromm, E.）といった実践家が理論をさらに発展させ，当初，成人のみとしていた対象者についても児童や病識の乏しい対象者への適用へと拡大しました。わが国の臨床心理学では「箱庭療法（箱に入った砂と人や建物などのミニチュアで自身の世界観を表現することで心の問題を解消

する心理療法）」と呼ばれる心理療法が広く普及していますが，箱庭療法はユングの分析心理学理論が基盤となって発展した心理療法です。家族関係が精神病理の一因であることを想定した「家族療法」もフロイトが発表したハンスの症例が起源となっています。また，子どもに対する心理療法の一つである遊戯療法（プレイセラピー）も精神力動的心理療法の理論が基盤となっており，当初，成人のみを対象としていた精神力動的心理療法の適用範囲を広げることに大きく貢献しています。

Old 2　心理療法がねらいとする変化をどのように測定するのか

　前述のとおり，精神力動的心理療法はクライエント自身が気づくことのできない無意識の部分を変化させることを目的とした心理療法です。無意識の部分を変化させることを目的としているのであれば，当然，クライエントの無意識の部分を把握しなければなりません。クライエント自身が気づくことのできない部分をどのように理解するかが，精神力動的心理療法を効果的にすすめるキーポイントであるともいえます。フロイトをはじめとした精神力動的心理療法の実践家は，一体，どのようにクライエント自身が気づくことのできない部分を理解しようとしたのかについて紹介したいと思います。

1　心理検査による把握

　人間の心の状態を理解するための方法の一つに「心理検査」があります。心理検査にもいくつかの種類があるのですが，精神力動的心理療法の実践家は「投影法」と呼ばれる心理検査を利用して，クライエント自身が気づくことのできない無意識の部分を理解しようとすることが多いようです（Piotrowski et al., 1985）。投影法と呼ばれる心理検査は「あいまいな題材を提示し，提示された題材に対する反応を分析・解釈する検査」であり，あいまいな題材への反応は，その人の無意識やパーソナリティを反映するとされています。読者のみなさんの中には「ロールシャッハ・テスト」という心理検査の名前を聞いたこと

のある方も多いのではないでしょうか？　ロールシャッハ・テストは代表的な投影法による心理検査の一つで，10枚のインクのしみ（インクブロット）を1枚ずつ提示し，提示されたインクのしみが何に見えるか，あるいはどのようなものに似ているかを問う心理検査です。そして，何に見えるか，あるいはどのようなものに似ているかという問いへの回答が，検査を受けた人の無意識やパーソナリティを表しているとされています。ロールシャッハ・テストのほかにも投影法による心理検査には多くの種類がありますが，無意識の部分を理解することが目的であるという点で共通しています。そのため，クライエント自身が気づくことのできない無意識の部分が困りごとの根本的原因であると想定する精神力動的心理療法の根本的原因を探るために用いられることが多いようです。

2　面接をとおしての把握

　前述した投影法による心理検査は，検査時間がかかり過ぎるといった検査の実施に関する労力が問題とされることが多いです。ちなみに，ロールシャッハ・テストは検査を受けるだけでおよそ50分かかります。では，投影法による心理検査以外に精神力動的心理療法の中で重要視される無意識の部分を理解するための方法はないのでしょうか？　精神力動的心理療法の実践家は，クライエントとの面接をとおして無意識の部分を理解しようとします。精神力動的心理療法では，幼少期からの生育歴や親子関係を含めた人間関係が無意識の部分に大きな影響力をもっていると想定していることと，眠っているときに見る夢は無意識の部分に閉じ込められた嫌な体験を表すと想定していることから，幼少期からの生育歴や親子関係を含めた人間関係，最近見た夢からクライエントの無意識の部分を心理療法家が理解しようとする作業を行っているといえます。

Old3　心理療法の効果を確認するための方法

　心理療法は，クライエントが抱える困りごとに影響している心理的要因の解

消を目的として行われますが，ある心理療法が有効であるかどうかを確認する
ためには，どうすればよいのでしょうか？　また，心理療法は人の健康問題に
寄与する対人援助サービスの一つですので，有効であることが確認されていな
い心理療法をクライエントに適用することは，決して許されることではありま
せん。したがって，心理療法の実践家は，どのような問題を抱えた対象者にど
のような心理療法が有効であるかを明らかにするための研究を行う必要があり
ます。では，心理療法の効果を確認するための研究は，どのように行われてき
たのか概観してみましょう。

1　事例報告による効果の確認

　従来，心理療法の効果を確認するために「ある問題を抱えた一人のクライエ
ントに，ある心理療法を行ったらこのような変化が生じました」という報告が
叙述的になされることが一般的でした。たとえば，うつ病の診断基準を満たす
一人のクライエントに心理療法を行った経過について，心理療法家から見たク
ライエントの印象の変化などによって効果を確認するといった方法が数多く採
用され，心理療法の効果を確認する際に「変わった」あるいは「変わらない」
といった心理療法家側の直観や思弁が用いられてきました。また，クライエン
ト自身が気づくことのできない無意識の部分を測定することのできる投影法検
査の結果を表記することによって，心理療法が有効であったかどうかの判断が
なされてきました。精神力動的心理療法は，クライエント自身が気づくことの
できない無意識の部分に根本的な原因があると想定しているので，心理療法家
の直観や思弁，投影法による心理検査を用いなければなりません。つまり，精
神力動的心理療法を行う前と行った後を比較した際に，心理療法家の直観や思
弁，投影法による心理検査の結果が望ましい方向に変化したことが示されると，
精神力動的心理療法が有効であると結論づけることが可能になります。

　臨床心理学では，数値で表現できないデータを記述することは「定性的研
究」と呼ばれ，一人（または少数）のクライエントの経過を記述することは
「事例報告」と呼ばれます。精神力動的心理療法が有効であったかどうか確認

する方法は「定性的事例報告」によってなされてきたと表現しても過言ではありません。

2　定性的事例報告の必要性

定性的事例報告は，一人のクライエントに特定の心理療法が適用された経過を追って記述されたものなので，心理療法が行われる面接室の中でどのようなやり取りが行われ，面接が繰り返されることによってクライエントにどのような変化が生じたかが詳細に記述されています。特に，わが国の臨床心理学では，定性的事例報告の論文が多く公刊されています。臨床心理学を専攻する大学院生などは，定性的事例報告を読むことが推奨されることも多く，これを読んだことによって，面接室でのクライエントとのやり取りを初めてイメージできる方もいるようです。臨床心理学の初学者が，心理療法の進め方を知らないまま困りごとを抱えたクライエントの心理療法を担当するわけにもいきませんので，定性的事例報告は初学者の学習に役立っている側面があるといえます。

*

さて，本章の Old では，心理療法が誕生するきっかけとなった「精神力動的心理療法」について，①心理療法によってどのような側面に対する変化をねらうのか，②心理療法がねらいとする変化をどのように測定するのか，③心理療法の効果を確認するための方法，の３点を概観しました。確かに，精神力動的心理療法は心理療法が誕生するきっかけを提供し，臨床心理学の発展に大きな影響を与えましたが，その後，心理療法に関する新たな発想が提案されました。New では，心理療法に関する新たな発想について概観したいと思います。

◯New1　心理療法によってどのような側面の変化をねらうのか

フロイトをはじめとした心理療法家が実践してきた精神力動的心理療法は，無意識というクライエント自身が気づくことのできないものが困りごとの根本的原因であると仮定した心理療法でした。もちろん，無意識と呼ばれるものが

存在し，無意識が困りごとの根本的原因であると仮定することは可能です。しかし，後述しますが，その仮定が正しいと結論づけることはきわめて難しいことも事実です。従来，心理学は観察することが可能な現象を研究対象としてきました。精神力動的心理療法は，無意識という観察することが困難なものを扱っているため，従来の厳密な意味での心理学に基づく立場の心理療法家から多くの批判を浴びることとなりました。

1 認知行動療法の誕生と認知行動療法のねらい

　精神力動的心理療法が，観察することが難しい無意識を変化のターゲットとしている問題点が指摘された経緯から，学習心理学を基盤とした「行動療法」と呼ばれる心理療法が提唱されました（Wolpe, 1973）。そして現在，行動療法は，認知心理学を中心とした学習心理学以外の心理学分野からの知見を取り入れ，「認知行動療法」として発展を続けています（丹野，2008）。

　認知行動療法は，個人の考え（認知）の柔軟化を図る認知療法と適応的行動の形成と拡大を図る行動療法の総称と定義されています（丹野，2008）。つまり，認知行動療法は，認知と行動が困りごとの維持要因であることを想定した心理療法であるといえます（図9-2）。たとえば，気分の落ち込みを特徴とするうつ病を改善するための認知行動療法では，気分の落ち込みを持続させてしまう自分自身に対する否定的な考えが続かないように生活に工夫をこらすことが目標の一つとなります。人前で何かをすることに対する強い不安と不安を感じた際の回避行動（人前から遠ざかる行動）を特徴とする社交不安を改善するための認知行動療法では，無理のない範囲から徐々に人前での適切な行動（代替行動：会話をしたり，食事をしたりといった活動）を獲得することが目標の一つとなります。「虎穴に入らずんば虎子を得ず」といったことわざがあるように，苦手なことを避けているばかりでは目標から遠ざかってしまうので，少しずつチャレンジしながら問題を克服するといった発想が認知行動療法を理解するうえで重要かもしれません。したがって，認知行動療法では，生活を苦しめる考えや振る舞いの変化を目指すことによって，困りごとを解消することを目的と

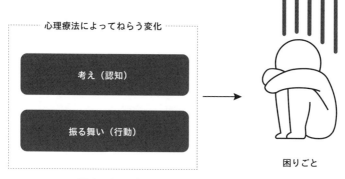

図9-2　認知行動療法がねらう心の変化

しています。「後ろ向きなことを考えてしまった」あるいは「苦手なことはしないようにしている」といった考えや振る舞いは，クライエント自身が言葉にできるものですので，認知行動療法と精神力動的心理療法との大きな違いは，観察することが可能なものをターゲットとして困りごとの解決をねらう点であると考えられています（坂野，2011）。

2　認知と行動を変容するための方法

　前述のとおり，認知行動療法は，認知や行動を変容することによって困りごとの解決を図る心理療法です。認知や行動を変容するための代表的な方法は，坂野（2011）で紹介されているとおり様々な方法があります。表9-1には，代表的な認知行動療法の方法を示してありますが，表9-1のほかにも膨大な数の方法が提案されています（たとえば，Leahy, 2003）。

　行動を変容するための方法は学習理論に基づき，レスポンデント条件づけやオペラント条件づけの原理（第3章参照）によって，不適応的な振る舞いを弱めたり，適応的な振る舞いの獲得を図ったりします（Wolpe, 1973）。つまり，行動を変容するための方法は，実験心理学による知見が活用されています。ですが，認知を変容するための方法は基礎心理学から導き出された知見による実証的基盤が乏しく，批判の的となっていました。しかし最近では，ある出来事に過度に注意を払ってしまう注意バイアスなどを中心とした情報処理過程に着

表 9-1 代表的な認知行動療法の方法

変容のターゲット	技 法	内 容
認 知	自己教示法	後ろ向きな考えが頭の中に浮かんだときに，前向きな考えを声に出して繰り返す。
	思考中断法	後ろ向きな考えが頭の中に浮かんだときに，手首にはめた輪ゴムを引っ張って痛み刺激をはじめとした嫌悪刺激を自身に与える。
行 動	社会的スキル訓練	自身の生活に重要な他者との相互作用を円滑にするための練習を行う。
	問題解決訓練	ストレスの生じる状況での対応方法についての練習を行う。
	行動活性化	生活上の目標にそった活動スケジュールを立てて，生産的な活動を増やす。

出所：坂野，2011

目した実験的手法によって，認知の機能を明らかにする試みが数多く行われており（たとえば，Hallion & Ruscio, 2011），認知行動療法は，実験心理学によって導き出された知見を活用した心理療法としての位置づけを担うようになりました。認知行動療法は，実証性に乏しい精神力動的心理療法への批判をきっかけとして拡大し，実験心理学による知見を大いに活用した科学的心理療法であるともいえます。

New2 心理療法がねらいとする変化をどのように測定するのか

前述のとおり，認知行動療法は認知と行動を変化させることを目的とした心理療法です。認知と行動を変化させることを目的としているのであれば，当然，クライエントが抱える困りごとに影響を及ぼしていると考えられる認知と行動を把握しなければなりません。認知行動療法を実践する心理療法家は，一体，どのようにクライエントの認知と行動を把握しようとしているかについて紹介したいと思います。

1 心理検査による把握

精神力動的心理療法は，困りごとの根本的原因は無意識の部分にあり，クラ

イエント自身が気づくことができないため，投影法と呼ばれる心理検査を用い
て変化をねらうターゲットを把握していました。一方，認知行動療法は，クラ
イエントの認知や行動が困りごとに影響を及ぼしていることを想定しており，
クライエント自身が気づくことのできる要因を変化のターゲットとしています。
たとえば，「つい，自分はダメだと考えてしまった……」「怖かったので，つい，
高い場所から降りてしまった……」といった認知や行動はクライエント自身が
気づくことが可能です。認知行動療法が変化をねらう認知や行動を把握するた
めには，「質問紙法」が用いられることがあります。質問紙検査は，印刷され
た質問文に対して選択肢に沿って回答する形式で実施される心理検査ですが，
ほかにも認知行動療法が変化のターゲットとする認知や行動を把握するための
検査には様々なものがあります。たとえば，うつ病の症状に影響を及ぼす認知
を把握する心理検査の一つに automatic thoughts questionnaire（自動思考質問
紙）（Hollon & Kendall, 1980）があり，クライエントの頭の中に浮かんでくる後
ろ向きな考え（自動思考）の程度を把握することができます。また，ストレス
の強さに影響を及ぼすストレス対処方法を把握する心理検査の一つにラザルス
式ストレスコーピング・インベントリーがあり，クライエントがストレスのか
かる状況でどのような行動パターンをとるかを把握することができます。

2　面接をとおしての把握

　精神力動的心理療法と同様に，認知行動療法においても面接をとおしてター
ゲットとする要因を把握することが可能です。紙に印字された質問文に回答を
求める質問紙による把握が可能ですので，心理療法家から口頭で質問をし，ク
ライエントに口頭で回答してもらうといったやり取りを行います。「困ってい
るときは，だいたい○○のようなことを考えているパターンが多いです」と
いった認知のパターンや「つい，苦手な場面で○○してしまうんです」といっ
た行動のパターンが面接をとおして把握できるようにクライエントの話に耳を
傾けます。

精神力動的心理療法が想定した困りごとの根本的原因を把握する際には，投影法が用いられていましたが，投影法は妥当性（測定したいものを本当に測定できているかを表す指標）が乏しいといった問題点が指摘されており，投影法によって測定しているものが，本当に無意識を反映できているかは未だに確証づけられていません。また，精神力動的心理療法では面接をとおして得られた情報からクライエントの無意識の状態を心理療法家が推測することがなされてきましたが，あくまで直感や思弁ですので事実であるかどうかはわかりません。そうした課題を背景にクライエントの生活の中の事実（考えや振る舞い）に問題解決のヒントが隠れているといった発想が生じてきたと考えられます。

New3　心理療法の効果研究

　前述のとおり，心理療法は，人の健康に寄与する対人援助サービスの一つですので，効果が確認されていない心理療法を対象者に適用することは，決して許されることではありません。したがって，心理療法の専門家は，どのような問題を抱えた対象者にどのような心理療法が有効であるかを明らかにするための研究を行う必要があります。精神力動的心理療法が有効であったかどうかを確認する方法は「定性的事例報告」が一般的でした。ですが，こうした定性的事例報告によってもたらされた成果は，結果の一般化可能性（他の同様の問題を抱えたクライエントに同じような心理療法を実施して，同じような結果が得られる可能性）が著しく低いなどといった問題点が指摘されています（Kazdin, 1998）。また，一人のクライエントのみを対象としており，心理療法が行われなかった場合の状態を把握することができないため，心理療法が行われなくても定性的事例報告の中で記述された変化が生じる可能性を否定できないといったこともあります。本章の冒頭で言及したように，現在は，実証に基づく心理療法の発想に伴い，研究の成果によって効果が確認された心理療法を提供することが重要視される時代へと変遷しました。すなわち，特定の問題に対する心

表9-2　研究方法とエビデンスレベルとの関係

エビデンスレベル	研究方法
1	ランダム化比較試験のメタ分析
2	少なくとも一つのランダム化比較試験
3	準実験研究
4	観察研究
5	事例集積研究
6	専門家の意見や権威者の臨床経験

出所：原田，2015 より作成

理療法が有効であるかどうかを検証するためには，心理療法を提供したこと
よって，クライエントが抱える困りごとの改善に結びついたという因果関係を
研究成果によって成立させる必要があるといえます。

　心理療法を受けたことが困りごとの解消に有効であったという因果関係を成
立させるためには，効果研究の実施は必須であり，効果研究をどのような方法
で計画するかによって，研究成果が信頼できる程度（エビデンスレベル）が異
なります。つまり，緻密に計画された効果研究によって有効であると結論づけ
られた心理療法は，エビデンスレベルが高いものとして扱われ，様々な機関や
学会がどのような方法で有効性を検証するかによって研究成果のエビデンスレ
ベルが異なることを指摘しています。表9-2は，研究方法とエビデンスレベル
の関係性を示したものです（原田，2015）。一般的に，表9-2内のエビデン
スレベル1（ランダム化比較試験のメタ分析）やエビデンスレベル2（少なくと
も一つのランダム化比較試験）による研究から有効であると結論づけられた心理
療法がエビデンスレベルの高い心理療法として扱われています。つまり，ラン
ダム化比較試験とメタ分析は，心理療法の効果を科学的に検証するために必須
な研究方法であるといえます。以降は，ランダム化比較試験とメタ分析の方法
について解説し，その後，他の研究方法について簡単に紹介します。

1　ランダム化比較試験

　図9-3は，うつ病に対する新たな心理療法の有効性を明らかにするために
計画されたランダム化比較試験の例です。ランダム化比較試験では，ある同様

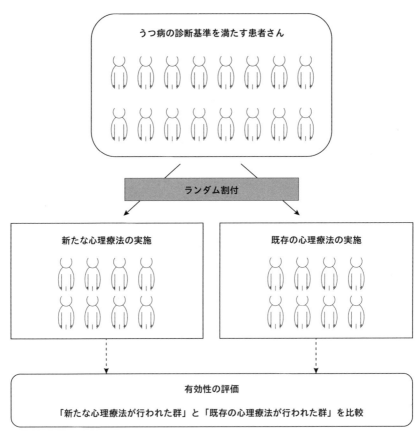

図 9 - 3　うつ病に対する新たな心理療法の効果を検証するためのランダム化比較試験の例
出所：古川，2014 より作成

　の問題を抱えた多数のクライエントが，複数のグループにランダムに割り振ら
れ，割り振られたグループ間での効果が比較されます。図 9 - 3 の例では，う
つ病の診断基準を満たす多数のクライエントが，新たな心理療法が行われるグ
ループとすでに有効性が確認された心理療法が行われるグループにランダムに
振り分けられ，2 つのグループ間で効果が比較されています。そして，新たな
心理療法が行われたグループの改善率や重症度の変化の大きさなどが，すでに
有効性が実証された心理療法と統計学的な有意差が認められなかった，あるい
は既存の心理療法よりも統計学的に優れていた場合，うつ病に対する新たな心

理療法の有効性を確認できたと判断されます。

　クライエントを異なる心理療法が実施されるグループにランダムに割り振ることには,「心理療法以外の結果に影響を及ぼす可能性のある交絡要因（confounding factor）の影響を少なくすることによって, 比較するグループ間のデータのバラツキをほぼ等しくすることができる」といった目的があります（丹後, 2003）。つまり, 行われる心理療法が異なるという以外には, 比較するグループに差がない条件を作り出すためです。

　わが国においても心理療法の効果を確認するためのランダム化比較試験が実施されており（たとえば, Oshima et al., 2023）, 心理療法の効果研究の方法として着目されはじめてきています。

2　メタ分析

　メタ分析は, あるテーマに関して過去に行われた複数の研究成果をまとめて分析することにより, 効果の大きさを確認する統計学の方法です。メタ分析は, ①いくつかの研究で得られた結果が一致しない場合, ②個々の研究の対象者数が少なく統計学的に有意な効果が検出されない場合, ③多数の対象者を確保する研究が経済的・時間的に実施不可能な場合, といった研究上の問題を解決するために実施されます。

　図9-4は, うつ病のクライエントに対して, ○○療法と△△療法はどちらが有効であるかを検証するためのメタ分析を例示しています。○○療法と△△療法の効果については, これまでに4つのランダム化比較試験の結果が報告されていると考えてみてください。

　4つのランダム化比較試験の結果は, 研究Aと研究Dにおいて, ○○療法が△△療法よりも有効であると結論づけられており, 研究Bと研究Cでは, △△療法が○○療法よりも有効であると結論づけられています。つまり, それぞれの研究結果を単純に目視するだけでは有効性に関する結論を出すことが難しいので, 各研究の効果をひとまとめにし, 統計学的に検討する分析方法がメタ分析です。

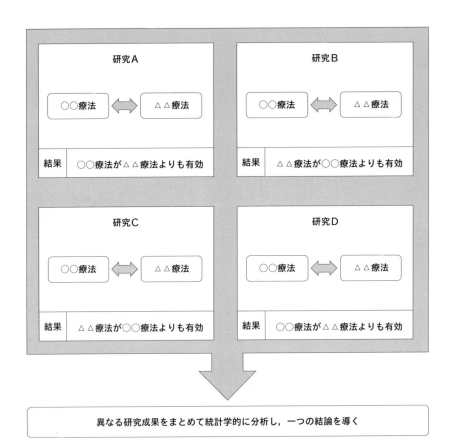

図9-4 うつ病に対する新たな心理療法の有効性に関するメタ分析の例

出所：古川，2014 より作成

3 他の研究方法

　表9-2内のエビデンスレベル3の準実験研究とは，○○療法と△△療法の効果を比較する際に，対象者をランダム化せずに対象者自身の希望によって○○療法を受けるか△△療法を受けるかが決められるような研究方法です。ランダム化比較試験では，前述のとおり，行われる心理療法が異なるという以外には，比較するグループに差がない条件を作り出すことができます。しかしながら，準実験研究は，ランダムに振り分けられていないので，2つのグループの

様々な要因に差がない条件を作り出せるとは限りません。

　エビデンスレベル4の観察研究とは，研究者が対象者に心理療法を行わずに精神病理の要因を探る研究方法です。たとえば，幼児期の虐待経験がうつ病に影響しているのではないかという仮説を立てて，うつ病患者とうつ病でない人との幼児期の虐待経験を比較したり（症例対照研究），虐待経験のある子どもたちと虐待経験のない子どもたちを長期間観察して将来のうつ病発症率を比較したり（コホート研究）します。臨床心理学における観察研究は，精神病理の発症要因を探るために行われることが多く，ある心理療法の効果を証明するためには不向きです。

　エビデンスレベル5の事例集積研究とは，ある心理療法が行われたいくつかの事例を集めて，その心理療法の有効性を証明する研究方法です。事例集積研究には，前述した定性的事例研究が多く含まれています。ちなみに，わが国の心理療法には，事例集積研究によって有効であると結論づけられているものが数多く存在します。ご想像のとおり，その心理療法が行われなくても症状が改善する場合があるかもしれないので，事例集積研究は心理療法の効果であることを証明できません。

　エビデンスレベル6の専門家の意見や権威者の臨床経験とは，心理療法の分野で著名な先生がランダム化比較試験やメタ分析の成果ではなく，個人的見解として「○○療法が有効である」と結論づけていることを指します。これはあくまで個人的な意見ですので研究結果とはいえず，もちろん○○療法の有効性を証明したことにはなりません。

　現在，ランダム化比較試験やランダム化比較試験の成果に関するメタ分析によって有効性が導き出された心理療法は，エビデンスレベルの高いものとして扱われています。定性的事例研究よりもエビデンスレベルの高い結論を得ることのできるランダム化比較試験やメタ分析による知見が蓄積され，どのような問題にどのような心理療法が有効であるかが明らかにされはじめています。

第9章のまとめ

　心理療法の効果研究については，この20年間で大きな進歩を遂げました。ま
ず，心理療法家の直観や思弁，妥当性の保証されない投影法の結果にクライエ
ントが抱える困りごとの根本的な原因を仮定する発想だけでなく，クライエン
ト自身が気づくことのできる認知や行動が困りごとに影響を及ぼすという発想
が新たに提案されました。さらに，クライエント自身が気づくことのできるも
のに焦点を当てることによって，それを数量的に把握することが可能となりま
した。数量的に把握することが可能になったことで，厳密な研究計画を立て，
統計学的に効果を分析することも可能になりました。実際に，心理療法の有効
性を確認するための統計学的手法を駆使した効果研究が数多く実施されるよう
になりました。こうして，どのような問題にどのような心理療法が有効である
かが明らかにされることは，心理療法の選択ガイドラインの作成に有益である
ことは言うまでもありません。しかしながら，わが国においては，前述したよ
うな緻密な効果研究による知見ではなく，実践家の興味・関心によって，対象
者に適用する心理療法が決定づけられていることが多々認められます。これか
ら，心理療法に関する研究に携わる実践家・研究者の方々には，心理療法の科
学性を追求するために必要な研究の方法論だけでなく，クライエントに適用す
る心理療法が有効であるという，適切な根拠に基づいて実践を行う姿勢が必要
ではないでしょうか。本章を読まれた心理学に興味をもつみなさんが，心理療
法の効果研究について少しでも考えるきっかけとなれば幸いです。

語句説明

ユング

　精神科医・心理学者。フロイトとともに精神力動的心理療法の研究・実践を行い，その後，フロイトとは独立して分析心理学を確立した。

イド

　「欲動」という言葉と同義。精神力動的心理療法におけるパーソナリティ構造の一つであり，社会のルール（現実原則）を無視してすぐに欲求の充足を得ようとする心の働き。

自　我

　精神力動的心理療法におけるパーソナリティ構造の一つであり，社会のルール（現実原則）に沿って，イド（エス）からの欲求を社会的に許容できるような行動に置き換える心の働き。

超自我

　精神力動的心理療法におけるパーソナリティ構造の一つであり，イド（エス）からの欲求を抑えたり，自我の働きを道徳的なものへ向けさせたり，理想を追求したりする心の働き。

来談者中心療法

　ロジャーズによって創始された心理療法。自己認識と実際の体験とのズレが大きくなると不適応になるとされる「自己理論」を基盤としている。

箱庭療法

　芸術療法の一つ。木枠で囲われた一面の砂上にフィギュア等を用いて自己表現を行う心理療法。

家族療法

　家族関係が精神病理の一因であることを想定して行われる心理療法。システム論的家族療法，精神分析的家族療法，行動的家族療法といったように異なる視点の心理療法を基盤とした学派がある。

遊戯療法

　遊びを用いた子どものための心理療法。子どもにとって遊びは，心身の成長を促し，治療的効果を持つことが想定されている。

文献案内
──さらに詳しいことを学びたい人に──

1 丹野義彦・石垣琢麿・毛利伊吹・佐々木　淳・杉山明子（2015）臨床心理学　有斐閣

代表的な心理療法の基本的発想を含めて臨床心理学の概要について幅広く説明がなされている。

2 古川壽亮（2000）エビデンス精神医療 ── EBPの基礎から臨床まで　医学書院

実証に基づく心理療法とはどのような発想なのか，実証に基づく心理療法の実践はどのように進めるのかについて研究方法から実践まで詳しく紹介されている。

3 サトウタツヤ（2022）臨床心理学小史　ちくま書房

臨床心理学の歴史と新たな展開について，心理療法の種類や対象となる問題を中心に幅広く説明がなされている。

健　康

Introduction：健康心理学について

　健康であり続けたいという願いは誰にでもあるものです。しかし戦後以降，生活習慣病の増加，医療費の増大など健康に関する個人・組織的問題はとどまるところを知らず，その対策を検討するために健康に関する研究や実践が行われるようになりました。心理学の立場からも健康について追求する動きが生じ，1978年にはアメリカ心理学会の部会の一つ（第38部会）として健康心理学会が誕生しました。現在では日本や世界各地で健康心理学の研究や実践が行われています。

　健康心理学（Health-Psychology）は，「健康の維持と増進，疾病の予防と治療などについての原因と対処の心理学的な究明，および健康教育やヘルスケアシステム，健康政策の構築などに対する心理学からの貢献をめざす学問」（日本健康心理学会）と定義されています。具体的には，健康を高め維持する要因とその対策，生活習慣病などの心身の疾患の予防法などについて研究しています。

　本章では，健康心理学の数あるトピックのなかでも下記の三つについて取り上げます。1つ目は，健康に関する問題を抱えた人をサポートする「健康心理カウンセリング」を扱います。2つ目は健康に関する知識や態度を学ぶ機会を通して人々の健康を支援する「健康教育」を扱います。両者は人々の健康を支援するという点では共通していますが，前者が健康に問題（意識）を抱えている人を対象に主に医療現場で行われるのに対して，後者はすべての人を対象に学校・保健福祉センター・企業など幅広い現場で行われます。健康心理学を学ぶ方には両者とも知っておいてほしいと思います。3つ目は「楽観主義」「自尊感情」という心身の健康と密接な関係がある概念を取り上げます。

　筆者は，健康という現代人にとって重要な関心事に焦点を当てる健康心理学は社会に貢献できる可能性が高い領域と考えて学びはじめました。健康心理学はまだまだ発展途上であり，かつ医学・教育学・スポーツ科学・看護学など他の分野と連携を図ることで日々新たな研究や実践が行われています。これからも多くの方に興味関心をもっていただきたい領域であります。

Old1　健康心理カウンセリング

1　健康心理カウンセリングとは

　健康心理カウンセリングとは，健康に関する問題を抱えた人の健康に関する問題や症状を解決し，心理的・身体的・社会的に良好な状態（ウェル・ビーイング：Well-being）になることを目指して行われる相談・援助活動です。健康心理カウンセリングは，がん・糖尿病・冠状動脈性心疾患など何らかの身体疾患や疼痛を有する者，過度の喫煙や飲酒・肥満・運動不足などの健康リスク低減や望ましくない生活習慣の改善を目指す者，心理的・身体的・社会的変化に伴うストレスをマネジメントする必要がある者などが対象になります。また，対象となる年齢層も乳幼児から高齢者までと幅広く，個人だけでなく集団も対象となります。健康心理カウンセリングは主に医療の現場で行われますが，保健・福祉・産業領域でも行われています。

2　健康心理カウンセリングの進め方

　健康心理カウンセリングはどのように進められるのでしょうか。対象者などによっても異なりますが，一般的なプロセスは以下のようになっています。まず，アセスメントを行います。対象者の心理的・身体的・社会的健康に関する問題の状況やニーズの把握を面接や心理検査などによって行います。また，ターゲットとする行動（例：喫煙・運動不足）についてのセルフモニタリングも行います。具体的には，ターゲット行動に関する時間，場所，先行する出来事，行動時の環境（一緒にいる人や場所など），その後に生じる反応などを対象者自身で観察し，記録する作業を行い，その記録を面接者と振り返る作業を行います。さらに，問題だけでなく解決に役立ちそうなリソース（資源：知識や過去の経験・助けになりそうな人間関係など）も確認していきます。これらを通して，どのような問題が起こっているのかについて具体的な情報を収集するこ

表 10 - 1　健康心理カウンセリングの効果

① 不安感，緊張感が低減し，安心感，リラックス感が増す
② 問題の見方を検討していくことで認知の変容が生じる
③ 自己や他者への信頼感が上昇していく
④ 自己評価が適度に上昇する
⑤ 自己効力感を感じるようになる
⑥ チャレンジする気持ちが強くなる
⑦ 自己成長から自己実現に向かう

出所：野口，2003

とができます。そして問題生起のメカニズムに関する仮説を設定し，どのように カウンセリングを進めていくのかを決めます。また，対象者自身にとっても アセスメントにより自分のことが理解できるようになり，問題の改善に向けて の動機づけを高めることができます。

　次に，アセスメントで得た情報に基づきカウンセリングにおける目標を設定 します。現実的・具体的な（数字で表現可能な）・少し努力すると達成できるよ うな目標を定めます。

　その後，目標達成のためのアプローチが行われます。対象者の目標設定に もっとも適切な方法を選択し，実行していきます。改善や変化がみられないと きは必要に応じて目標や方法の再検討を行い，目標達成に近づけていきます。

　最終的には，対象者自身が目標を設定・達成し，維持できるようになる（目 標を達成した後に逆戻りしない），つまりセルフコントロールできるようにして いきます。

　上記の健康心理カウンセリングを進めていくうちに，対象者は表 10 - 1 のよ うな効果を順に体験していくといわれています（野口，2003）。

3　健康心理カウンセリングの理論と方法

　健康心理カウンセリングの理論と方法は心理療法と同様に 1 つに定まってお らず，来談者中心療法，認知行動療法，自律訓練法などが用いられてきました。

　1 つ目の来談者中心療法（client-centered therapy）はロジャーズによって 1940年代に成立し，発展したカウンセリングの方法です（Rogers, 1951）。クラ

イエントのなかに隠れている問題解決力や成長力が発揮できるように援助することを目的とし，クライエントの話を丁寧に傾聴しながら，クライエントが自己を理解できるように，クライエントの感情を伝え返す感情の反射（伝え返し）や，体験と自己概念の相違（ズレ）に気づかせる明確化（例：「笑っていますが，声が震えているようですね」）を行っていきます。対象者自身でのセルフモニタリングやセルフコントロールを目指す健康心理カウンセリングにおいては，対象者と協同して作業を進めることが重要です。来談者中心療法の考え方や技法，特に傾聴を丁寧に行うことによって対象者を理解することは健康心理カウンセリングにおいて必要不可欠となります。

　2つ目の認知行動療法（cognitive behavioral therapy）は行動理論と認知理論が統合されて発展したカウンセリングの技法で，2000年頃より，この名称で呼ばれるようになりました（坂野，2011）。認知行動療法では，ある出来事（例：食べ過ぎる）における人間の様子を認知（例：また同じことの繰り返しだ），感情（例：落ち込み・不安），身体反応（例：だるくなる），行動（例：ふて寝する）に分けて考え，アセスメントと目標設定を行います。特に，この4要素が悪循環を起こしているときに人は悩み苦しむと考えます。健康に関する問題でも同じことがいえます。そして認知行動療法では身体反応や感情よりも変容可能な認知と行動に注目し，認知と行動を見直すことを通して4要素の悪循環から抜け出し，健康に関する問題の改善や解決につながるように援助していきます。

　認知を振り返り見直すための具体的方法の1つとして，ソクラテス式質問があります。ソクラテス式質問では，4要素の悪循環を形成・強化している考え方（認知）にクライエントが自ら気づくことができるようになることを目的に，表10-2のような質問や援助を行っていきます。

　また行動を振り返り見直すための具体的方法の1つとして，（週間）活動記録表（表10-3）があります。これはセルフモニタリングの一種といえます。人は悪循環が生じているときには同じ行動を気がつかないうちに繰り返してしまいます。1週間の行動と心理状態を記録し，客観的に眺めることで心身の健康にマイナスとなる行動や習慣がわかり，今後どのような行動をしていけばよ

表 10 - 2　ソクラテス式質問の例

名　前	内　容	具体例
数値化	客観的な数値 or 主観的な数値を答えてもらう	例）「いつも無視される」→「何回無視された？」 「気分が落ち込んでいる」→「100点満点の何点？」
具体化	曖昧な語句を詳しく説明してもらう，具体例をあげてもらう	例）「元気になりたい」→「元気になった状態がどんな感じか詳しく教えて？」
他の考え	他の見方や解釈がないか答えてもらう	例）「他に考えられる理由はないか？」「もしあなたと同じ状況の人がいて，何かアドバイスするとしたら？」
証拠探し	言っていることの証拠を答えてもらう	例）「ダイエットは絶対無理」→「絶対無理という証拠は？」
比較	比べる質問に答えてもらう	例）「つらい」→「1日（1週間）のなかではどう？」「昔と比べてどう？」

表 10 - 3　（週間）活動記録表の例

曜日	月	火	水	木	金	土	日
6：00							
7：00							
8：00							
～略～							
22：00							
23：00							
0：00							

表 10‑4　自律訓練法「標準練習」の言語公式

練習段階と名前	公式の内容
●背景公式（安静練習）	気持ちが落ち着いている
●第1公式（重感練習）	腕（脚）が重たい
●第2公式（温感練習）	腕（脚）が温かい
●第3公式（心臓調整練習）	心臓が静かに打っている
●第4公式（呼吸調整練習）	楽に呼吸している
●第5公式（腹部温感練習）	お腹が温かい
●第6公式（額部涼感練習）	額が心地よく涼しい

表 10‑5　自律訓練法の効果

①	知的側面	注意力の増大，記憶力の改善，課題の対応力の向上，学業成績の上昇
②	社会的側面	対人関係の改善，自発的な活動の増大
③	心理的側面	不安・攻撃的態度の減少，情動の安定，自信回復，神経質傾向の改善
④	生理的側面	不眠・胃腸障害・頭痛・チック・肩こり，疲労，冷え性の改善，健康増進
⑤	その他	創造性の向上，物事のとらえ方が柔軟になる，免疫力の向上

出所：内山，1979 より作成

いのかが明確になります。

　3つ目の自律訓練法（autogenic training）は，ドイツの神経科医シュルツ（Schultz, J. H.）が考案し，体系化した心身の治療法，自己調整法です（佐々木，1976）。継続的に練習を続ければ，ほとんどの人が習得可能です。さらに，一度習得すればいつでも，どこでも，どんな状況でも（例：歩きながらでも）自分で練習ができ，効果を得ることができるため利用可能性が高いといえます。自律訓練法の中心となる練習を「標準練習」といいます。ゆったりした姿勢（椅子または仰臥（仰向け）姿勢）で言語公式（表10‑4）を心のなかで繰り返しながら公式に関連する身体部位にぼんやり注意を向けて，その時の心身の感覚を味わいます。

　標準練習は生理的な背景に基づいた7つの公式から成り，原則として公式の手順，言葉は変えないで練習を進めます。公式は積み上げ方式で，最初は背景公式と第1公式のみを行います。1～2週間続けて練習に慣れてきたら次の第2公式を追加します。その後，第3，第4と順々に追加していきます。

　自律訓練法は正しいやり方で1日2分程度の練習を1日2～3回継続的に練

習することで表 10 - 5 のような効果を得ることができるといわれています。

　自律訓練法は心身のストレスを軽減，除去することによって，人間の本来
もっている力をより引き出すための方法といえます。健康心理カウンセリング
のなかでは，生活習慣病によって生じる心理的・身体的症状の緩和，行動や習
慣を変容していくときに生じる不安や緊張の低減などに用いられます。また，
自律訓練法では正しく習得できるために毎日の訓練の内容について記録をつけ
ることが推奨されますが，訓練記録をつけることで日々の生活（習慣）を見直
すことも可能になります。

Old 2　健康教育：個人要因・環境要因を重視するモデルによる実践

1　健康教育とは

　健康教育とは，「一人一人の人間が，自分自身や周りの人々の健康を管理し
向上していけるように，その知識や価値観，スキルなどの資質や能力に対して，
計画的に影響を及ぼす営み（教育的活動）」と定義されています（日本健康教育
学会）。この営みは，学校，地域，産業などの様々な場面で，また，教諭，養
護教諭，栄養教諭，医師，歯科医師，薬剤師，保健師，助産師，看護師，管理
栄養士，栄養士，歯科衛生士などの様々な職種の人が関わります。健康教育は，
喫煙・飲酒・アルコール摂取・薬物依存などをはじめとする健康上マイナスと
なる生活習慣をもつなど特別なニーズを有する人を対象にした場合と，心身の
健康の保持増進や心身の疾患の予防などを目的とした望ましい食事・運動習慣
を形成したい人，ストレス緩和法の習得を目指す人など，より広く一般の人を
対象にした場合の両方があります。健康教育においては人間の心と行動に影響
を及ぼす必要があり，健康教育を実践する際には心と行動を科学的に探究する
心理学の知識やスキルが必要になります。

2　健康教育の動向

　健康教育をどのように行うべきかについての理論や方法も時代とともに変化しています。ここでは，一連の健康教育の動向についてみていきます。

　健康教育は約100年前より衛生教育として行われてきました。1940年代頃より，健康に関連する個人の内側にある原因に働きかけることが望ましいと考える，個人内の要因を重視する理論・モデルが開発，利用されるようになりました。具体的には，KAP モデル（knowledge attitudes practices model）による健康教育をあげることができます。これは，講義や説明形式による健康に関する知識（knowledge）の伝達とその知識の習得が，態度（attitudes）の変容をもたらし，結果として習慣（practice）や行動（behavior）が変容すると考える理論で，1950年代から広く健康教育に用いられてきました（吉田，1998）。しかしながら，知識の習得，理解が必ずしも行動変容に結びつかないことが明らかにされるに伴い，そして健康に関する知識が一般に普及するにつれて KAP モデルによる健康教育は行われなくなりました。

　次に，健康信念モデル（health belief model）が台頭してきました。これは1970年代になり，健康行動の背景にある認知（特に信念）が健康行動に影響すると考えられるようになり提唱された理論です。提唱者であるローゼンストック（Rosenstock, 1974）は表10－6の4つの信念が健康行動を決めると考え，健康教育においてはこの4つの信念に働きかけるべきであると考えました。

　具体的には，「心臓病の発症率や死亡率を示す」「健康行動を行う場合と行わない場合での発症リスクの違いをデータに基づいて示す」「健康行動を行う場合の利益と不利益をリスト化し分析する」などを取り入れた健康教育を行うことによって，健康障害への脆弱性と重大性を認識し，かつ健康行動の有益性が障害より高いと感じるようになり，健康行動を実行するようになると考えます。

　この理論に基づいた健康教育は健康診断や予防接種の普及に役立ちました。しかし，個人が置かれている環境の影響を考慮した対応が十分にはできないという点に問題点があります。

表 10 - 6　健康行動の背景にある 4 つの信念

信念の名称	定　　義	具体例
認知された脆弱性	自分がその状態になりやすいという信念	自分は心臓病になるかもしれない
認知された重大性	その状態が重篤な結果をもたらすという信念	心臓病は死に至るかもしれない
認知された利益	健康行動をとることが脆弱性や重大性を減らすという信念	運動すれば心臓病を回避できる
認知された障害	健康行動をとることの負担が利益より重くないという信念	運動は面倒だが心臓病になるよりましだ

出所：Rosenstock, 1974　より作成

　1980年代になると，健康行動に影響する環境要因や社会的要因を重視したモデルが開発され，健康教育に利用されるようになりました。具体的には，グリーンとクルーター（Green & Kreuter, 1999）によって1980年代に開発されたプリシード・プロシードモデル（precede-proceed model）をあげることができます。このモデルでは，健康教育には知識や信念といった個人要因への働きかけに加えて環境要因も考慮した働きかけを組み合わせることが必要であると考えます。プリシード・プロシードモデルは以下の順に進めていきます。

　第 1 段階の社会的診断では，対象者の生活環境のなかでどのような健康問題を扱うべきかを決めるために情報収集を行います（例：心臓疾患の罹患率が高い）。

　第 2 段階の疫学的診断では，第 1 段階で決めた健康問題に影響を与える具体的健康目標や問題を確定します（例：体脂肪率が高い）。

　第 3 段階の行動・環境的診断では，第 2 段階で選んだ問題に対して直接関係している，介入すべき行動や環境を定めます（例：食習慣と運動）。

　第 4 段階の教育・組織的診断では，前段階で選択された行動・環境に影響する要因を，前提要因（知識や信念など，行動へのやる気を左右する要因），実現要因（ 1 人で取り組める運動が存在するなど，行動を実現させる要因），強化要因（周囲の継続的なサポートが存在するなど，行動を継続させる要因）の 3 つに分けて， 3 要因すべてに働きかける健康教育を計画します。

第5段階の行政・政策的診断では，決定した健康教育の計画に役立つ，もしくは妨げとなる制度，予算など組織外の様々な状況を分析し，必要な手続きを行います。

第6段階の実行では，第1〜5段階の検討に基づき，必要な健康教育や施策を実施します。

第7段階のプロセス評価では，プログラムの進行状況，スタッフ，対象者，関係機関等の反応をチェックします。

第8段階の評価では，設定された目標の達成状況をチェックします。

このモデルは個人への支援と環境への支援を両方含んでいる点に特徴があります。また，具体的な健康教育プログラムの手順と評価，見直しの仕方まで考えられている点で実用的です。実際に，アメリカの「Healthy People 2000」や日本の「健康日本21」などの国の健康政策は，このプリシード・プロシードモデルを骨組みとして策定されました。

Old 3　楽観主義と自尊感情

健康心理学では，どのような心の状態が心身の健康につながるかについても取り扱います。ここでは，健康心理学やポジティブ心理学における代表的な概念で，心身の健康と密接な関連がある楽観主義と自尊感情に関する知見をみていくことにしましょう。

(1) 楽観主義 (optimism)

「物事がうまく進み，きっと良いことが起きるにちがいないという信念をもつ傾向」とシャイダーとカーバー (Scheier & Carver, 1985) が定義した概念です。逆の傾向を悲観主義 (pessimism) といいます。セリグマン (Seligman, 1999) は楽観主義の傾向が高い者は否定的な事態を「一時的なことでチャレンジすべき機会」ととらえ，すぐに立ち直り健康な心身の状態を保つことができると指摘しています。また，病気に対しての取り組み方にも影響し，楽観主義

の傾向が高い者は悲観主義の傾向が高い者と比較して入院生活に適応しリハビリに励み退院が早いことが指摘されています。

(2) 自尊感情 (self-esteem)

　自尊感情は，「自分自身を尊重し，自分には価値があると感じていること」(Rosenberg, 1979) と定義されている，心理学のなかでもっとも用いられる重要な概念です。セルフ・エスティーム，自尊心，自己評価と呼ばれることもあります。一般に自尊感情がある程度高い人のほうが低い人よりも精神的に健康であるとされており，自尊感情の低さは抑うつにつながりやすいことが指摘されています。また，自尊感情は親子関係や友人関係などの対人関係と関係することも明らかになっています。

　しかし近年，自尊感情が高いことが必ずしも精神的な健康や適応にはつながらない場合があることが明らかになってきました。具体的には自尊感情が高い人のほうが低い人より，自分が傷つけられたと感じたときに攻撃的になりやすいこと，自尊感情が低い人でも自尊感情が低いことで現状を改善しようと向上心をもって行動して適応できている人が存在すること，従来の「自尊感情を高めることが良い」という自尊感情の考え方は病気の人を想定した考え方であって元々精神的に健康な人には当てはまらないこと，などの見解が示されました (中間，2013)。さらに自尊感情については文化差の存在も指摘されています (北山，1998)。自尊感情は広く知られている概念ですが，上記のように様々な意見があり，今後さらに研究していく必要がある概念といえます。

New1　健康心理カウンセリングにおけるポジティブ心理学の活用

1　ポジティブ心理学とは

　セリグマン (Seligman, 1999) は，「今までの心理学，特にカウンセリングの研究は，精神的な障害や人間の弱さに焦点を当て，理解し癒すことによって，

目覚ましい発展を遂げてきたが，その反面，人生をより充実したものにすることや人間の強みを研究するという使命を忘れている」という見解を示しました。セリグマンはこれらの忘れられてきた側面を研究することの必要性を強調し，ポジティブな側面を研究する心理学としてのポジティブ心理学（positive psychology）を提唱しました。ポジティブ心理学とは，「人間のもつ長所や強み（strengths）を明らかにし，ポジティブな機能を促進していくための科学的・応用的な心理学のアプローチ」（Snyder & Lopez, 2002）と定義されます。ポジティブ心理学では，感情（フロー，自尊感情，幸福感，生きがいなど），認知（創造性，楽観主義，希望，自己効力感など），対人関係（親密性の形成，思いやり，許容性，感謝など），特性（人徳，首尾一貫感覚，ハーディネスなど）について研究されています。

2　ポジティブ心理学的介入法とは

　近年，ポジティブ心理学の知見に基づく心理的援助としてのポジティブ心理学的介入法（positive psychological interventions：PPIs）が開発され，健康心理カウンセリングのなかにも取り入れられてきています（駒沢・石村，2014）。具体的な技法として，毎晩よかったことを3つあげる，お世話になった人への感謝の手紙を書く，自分がベストだったと思うときのことを書き，そこに自分の強みがどのように生かされているかを分析する，自分や家族の強みを用いて家系図をつくるなどの技法があげられます。ハフマンら（Huffman et al., 2011）は，上記のようなPPIsを8週間行うことで急性疾患入院患者の症状緩和につながることを示しています。また，セリグマンら（Seligman et al., 2006）は，PPIsは従来の介入法よりも幸福感を持続させること，抑うつの再発予防に効果があることを示しています。

　長所や強みを最初から治療計画に取り入れるPPIsは，クライエントが自分は変わりうるという希望を抱きやすく，問題の解決に向けてのモチベーションが向上・維持しやすいという効果が期待できます。一方，長所や強みを客観的に分析・査定する方法についての研究や実践は発展途上です。PPIsについて

は，今後さらなる技法の開発や研究が進んでいくものと思われます。

◇New2　健康教育：より実用的な統合モデルによる実践

　Old で紹介した理論に基づく実践では，個人の健康行動への事前の関心度や健康教育のプログラムの個別の進捗状況に合わせた柔軟な対応が十分にできないという問題点がありました。その問題点に対応するべく，多理論統合モデルに基づいた健康教育が行われるようになってきました。多理論統合モデル（トランスセオレティカル・モデル：transtheoretical model）は，Old で紹介した様々な理論を統合・発展させてプロチャスカとディクレメンテ（Prochaska & DiClemente, 1992）が提唱した，健康行動の変容と介入に関するモデルです。このモデルでは，対象者の健康行動への関心や準備の程度によって健康行動の変容過程を下記の 5 段階（前熟考期，熟考期，準備期，実行期，維持期）に分類し，この 5 つの段階をたどって健康行動が変化していくと考えました。

---

① 　前熟考期：健康行動について考えていない

② 　熟考期：半年以内に健康行動を起こそうと考えている

③ 　準備期：1 か月以内に健康行動を実行する準備ができている

④ 　実行期：半年未満，健康行動を実践している

⑤ 　維持期：半年以上，健康行動を実践している

　このモデルでは，対象者の段階に応じて必要な働きかけが以下のように異なると考えます。

---

① 　前熟考期：行動を変える必要性を自覚してもらうために，健康行動に関する
　　　　　　　知識を提供し，行動を変えることの利点と変えないことの利点を
　　　　　　　自覚してもらう

② 　熟考期：行動を変えることへの動機を高め，行動を変えることができるとい
　　　　　　　う自信をもってもらう。そのために，行動を変えることへのリソー

スや障害について具体的に考えていく
③　準備期：行動を変えるための具体的で達成可能な計画をたてる
④　実行期：行動を変えることの決意が揺らがないようにフォローする
　　　　　　計画を実行，継続できるために必要な情報やサポートを提供し続ける
⑤　維持期：行動を変える以前の状態への後戻り防止のための計画をたて，実行
　　　　　　していく

　多理論統合モデルは，元々は禁煙の健康教育のために開発されたものですが，現在ではアルコールや薬物依存，運動習慣の形成，ストレスマネジメントなど様々な目的の健康教育に用いられ，その効果が確認されています（津田，2008）。

New3　楽観主義と自尊感情に関する研究の発展

　近年，楽観主義と自尊感情の研究について，下記のような新しい概念が提唱されています。

（1）防衛的悲観主義（defensive pessimism）

　楽観主義のメリットについて上記で述べましたが，研究が進むにつれてすべての人が楽観的に物事を考えればいいわけではないことが明らかになってきました。ノーレム（Norem, 2001）は，悲観的に物事を考えることで適応，成功している人たちがいることを発見し，防衛的悲観主義者と名づけました。この防衛的悲観主義は，「重要な課題に対して過去の似たような状況において良い成績を修めていると認知しているにもかかわらず，これから迎える遂行場面に対して低い期待をもつ認知的方略」と定義されています。防衛的悲観主義者は将来に発生するであろう問題を，事前に予測し，そして，これを避けるためにどうすればいいかをいろいろな角度から考えて，あらかじめ慎重に対処するために適応，成功できると考えられています。最悪を常に想定することであらゆる準備を行って適応，成功できるともいえます。防衛的悲観主義者に無理に楽

観的に考えるように要求すると，パフォーマンスの低下などのマイナスの効果を生むことが明らかになっています。

（2）仮想的有能感（assumed competence）

　自尊感情に関する研究が進むにつれて，単純に自尊感情が高い人，低い人に分けて考えることの問題点が指摘されるようになりました。自尊感情が高い人のなかに，自己の肯定的な体験などに基づいて自己の有能感（自信）を高めているタイプと，他者を批判，軽視することで自己の有能感（自信）を高めている，保っているタイプが混在することが明らかになってきました。後者の他者を批判，軽視することで高まる自己の有能感（自信）は仮想的有能感と呼ばれています。この仮想的有能感は，「自己の直接的なポジティブ経験に関係なく，他者の能力を批判的に評価・軽視する傾向に付随して習慣的に生じる有能さの感覚」と定義されています（速水ほか，2004）。

　自尊感情と仮想的有能感の高低の組み合わせで，4つのタイプに分けることができます。具体的には自尊感情も仮想的有能感も高い全能型，自尊感情が高くて仮想的有能感が低い自尊型，自尊感情が低くて仮想的有能感が高い仮想型，自尊感情も仮想的有能感も低い萎縮型の4タイプです。仮想型の人は，自慢と批判が多いとされています。萎縮型の人は，何かあるとすぐ落ち込み，抑うつ状態や無気力になりがちです。どちらも対人関係や適応に問題を抱える可能性があります。

　このように，自尊感情が高いことが必ずしも良いとは限らないことが明らかになってきています。自尊感情と仮想的有能感の関係については研究がはじまったばかりであり，今後の研究の進展が期待されています。

第10章のまとめ

　本章では健康心理学についてみてきました。最初に取り上げた健康心理カウンセリングは，生活習慣の予防や改善，ストレス対処，心身の健康増進などに役立てることができます。加えて，様々な年代の人に活用することもできます。

また，健康心理カウンセリングの意識や考え方を学ぶことによって個人の日常生活を前向きに，建設的に考えて行動することが可能になると思います。

　次に取り上げた健康教育は，学校の健康教育からはじまりました。しかし，今日では学校に加えて，家庭，職場，地域社会，医療施設など多くの場所で健康教育が行われています。それに伴い，本章で取り上げたように健康教育に関する理論も洗練され，多くの要因をわかりやすく盛り込んだ実用的な理論・モデルが考案され，活用されるようになってきました。健康に関するリスクは誰でも直面する可能性があります。現代は特にそのリスクが高まっています。したがって，自分で自分の健康を管理することが昔以上に求められています。健康教育の考え方を学ぶことは自分自身の健康を管理することに加えて，身近な人の健康にも役立ちます。

　さらに，本章ではポジティブ心理学についても取り上げました。ポジティブ心理学で扱う，幸福感，生きがい，創造性，楽観主義，希望，思いやり，感謝，人徳は心理学以外にも様々な学問で古来より一貫して考えられていたことです。ポジティブ心理学の研究が広がり知見が蓄積されることで，人は人生をどのように生きるべきなのかという普遍的なテーマについて心理学の立場から何らかの答えを出すことができるのではないかと期待されています。また，ポジティブ心理学を学ぶことで，一人ひとりが自分自身の長所や強みにも目を向け，各自が納得できるかたちで自分の人生を歩んでいくことができるためのヒントを得ることができると思います。

　健康心理学についてさらに学びを深めることで是非みなさんの人生を豊かなものにしてください。

語句説明

ストレス（Stress）

　ラザルスとフォルクマン（Lazarus, R. S. & Folkman, S.）は，ストレスを「ストレッサー→認知的評価（ストレッサーに対する個人の意味づけ）→（ストレス）コーピング（ストレッサーにより生じるネガティブな反応を低減することを目的とした行動）→ストレス反応」という一連のプロセスとしてとらえる心理的ストレス理論を提唱した。

フロー（Flow）

　「1つの活動に深く没入しているので他の何ものも問題とならなくなる状態，その経験それ自体が非常に楽しいので，純粋にそれをすることに多くの時間や労力を費やす状態」と定義される概念で，チクセントミハイ（Csikszentmihalyi, M.）が提唱した。フロー体験の繰り返しを通して，自己の能力が向上し，成長していくと考えられている。

ハーディネス（Hardiness）

　ハーディネスは①コントロール（出来事のコントロール能力に関する自信），②コミットメント（人生の目標を明確にして様々なことに関与する），③チャレンジ（人生の難事にも積極的に挑戦する）の3つの特徴から成る，ストレッサーに対して頑健なパーソナリティ概念で，コバサ（Kobasa, S. C.）が提唱した。

ストレスマネジメント

　ストレス反応の減少，あるいはストレス反応への抵抗力増加を目的とした計画的介入の総称で，医療・教育・産業・地域社会など様々な現場で行われている。ストレスマネジメントは，環境・考え方・コーピング・ストレス反応の1つもしくは複数に働きかけることでストレスを自分でコントロールできるようになることを目指す。

文献案内
――さらに詳しいことを学びたい人に――

1　森　和代・石川利江・茂木俊彦（編）（2012）よくわかる健康心理学　ミネルヴァ書房

　健康心理学の基礎理論から応用までを，わかりやすく多面的な角度から解説する入門書。重要なトピックをそれぞれ見開き1ページ（または2ページ）でわかりやすく解説されている。

2 日本健康心理学会（編）（2002・2003）健康心理学基礎シリーズ①〜④　実務教育出版

　　「健康心理学概論」「健康心理アセスメント概論」「健康心理カウンセリング概論」「健康教育概論」と各1冊ずつにまとめられており，それぞれについて専門的に学ぶことができる。

3 島井哲志（2009）ポジティブ心理学入門　幸せを呼ぶ生き方　星和書店

　　「ポジティブ心理学とは何か」からはじまり，「幸福度」「ポジティブ感情」「フロー」「楽観主義と希望」「EI（感情知能）」「モチベーション」「強みとしての徳性」「意義」などポジティブ心理学全般を学ぶことができる。

4 セリグマン，M. E. P.（著）宇野カオリ（訳）（2014）ポジティブ心理学の挑戦"幸福"から"持続的幸福"へ　ディスカヴァー・トゥエンティワン

　　ポジティブ心理学を提唱したセリグマンの著書。ポジティブ心理学的介入の具体例やポジティブ心理学の視点からみた健康教育の実勢について学ぶことができる。

編著者あとがき

　心理学の多様なジャンルを少しずつ紹介する概論書は数多く公刊されており，そのコンセプトも多様である。とはいえ，心理学という学問領域が勃興し，各ジャンルで「王道」「古典」とされる代表的な研究が生まれ，それらの知見が紹介されている点は共通している。本書は，そのような「王道」「古典」とされる研究を，各章で「Old」と小見出しをつけて紹介している。そして，その「Old」の後，どのような新しい研究が生み出されてきたかについて，「Old」の数字に対応する形で「New」に数字をつけて紹介している点が，本書の大きな特徴である。「Old 1」を読み，同じ章の「New 1」を読むと，そのジャンルの「王道」の知見がどういうもので，その後それがどのように発展しているかを知ることができるように構成されている。

　またこのような構成となっているのには，本書ならではのもう一つの特徴が隠されている。それは各章の執筆者は，すべて若手研究者であるという点である。若手研究者は，日々研究を進め，論文という形で研究成果を発表することが一般的である。一方で若手研究者にとって，書籍という形で自身の研究分野全体をまとまった形で刊行できる機会は比較的稀である。なぜなら書籍の場合，豊富なネットワークを持ちあわせている大御所・中堅の研究者が，適任と思われる（そのジャンルの業績が複数あることで，そのジャンルで認知されている）研究者に声かけをしたり，自身の指導生に声かけをしたりすることで執筆陣が構成されることが多いためである。よってそのような機会が乏しい駆け出しの若手研究者には，書籍の執筆をする機会はなかなか回ってこない。そのような状況の中，本書は日本心理学会「若手の会」所属の運営委員複数名の有志により，書籍を刊行しようという動きから企画された。そして日本心理学会「若手の会」所属メンバーに対し，メールにて執筆陣を募る形で進められた。執筆者全員が若手研究者であり，かつそれまでお互いに見知っていない関係だったこと

から，刊行に至るまでに多くの紆余曲折があり，執筆者の変更もあり，長い時間が費やされた。そのうち，執筆陣の多くが「若手の会」の資格を満たさず，若手でない研究者になってしまったが，それでも難産の末，刊行にこぎつけられたことは喜ばしい限りである。

　読者の方々には，「Old」の項により，心理学の王道とされる知見がどのようなものかをまずはご理解いただきたい。そして「New」の項により，そのジャンルの「Oldのその後—アップデートされている知見」を知っていただくとともに，各ジャンルで奮闘している若手研究者の「現在」の様子を感じ取っていただけると幸いである。さらに，心理学の学問体系をつくり上げているのは，大御所や中堅の研究者だけでなく，若手研究者も一端を担っている。心理学は若手にも開かれた学問であることも，あわせて知っていただけると幸いである。

　本書に掲載されている「New」は，いずれ「Old」になる時が必ず訪れる。その時もその時代の若手研究者が心理学の知見をアップデートする一躍を担い，再び本書のようなコンセプトを持った書籍が刊行されることを期待したい。

2024年2月

編著者　天谷祐子・小川健二・古川洋和

文献一覧

第 1 章

Aglioti, S., Smania, N., Manfredi, M., & Berlucchi, G. (1996). Disownership of left hand and objects related to it in a patient with right brain damage. *Neuroreport*, **8**, 293-296.

Amodio, D. M., & Frith, C. D. (2006). Meeting of minds : The medial frontal cortex and social cognition. *Nature Reviews Neuroscience*, **7**, 268-277.

Baron-Cohen, S. (2009). Autism : The empathizing-systemizing (E-S) theory. *Annals of the New York Academy of Sciences*, **1156**, 68-80.

Blakemore, S. J., Frith, C. D., & Wolpert, D. M. (1999b). Spatio-temporal prediction modulates the perception of self-produced stimuli. *Journal of Cognitive Neuroscience*, **11**, 551-559.

Blakemore, S. J., Oakley, D. A., & Frith, C. D. (2003). Delusions of alien control in the normal brain. *Neuropsychologia*, **41**, 1058-1067.

Blakemore, S. J., Wolpert, D. M., & Frith, C. D. (1998). Central cancellation of self-produced tickle sensation. *Nature Neuroscience*, **1**, 635-640.

Blakemore, S. J., Wolpert, D. M., & Frith, C. D. (1999a). The cerebellum contributes to somatosensory cortical activity during self-produced tactile stimulation. *Neuroimage*, **10**, 448-459.

Blanke, O., Ortigue, S., Landis, T., & Seeck, M. (2002). Stimulating illusory own-body perceptions. *Nature*, **419**, 269-270.

Damasio, H., Grabowski, T., Frank, R., Galaburda, A. M., & Damasio, A. R. (1994). The return of Phineas Gage : Clues about the brain from the skull of a famous patient. *Science*, **264**, 1102-1105.

Daprati, E., Franck, N., Georgieff, N., Proust, J., Pacherie, E., Dalery, J., & Jeannerod, M. (1997). Looking for the agent : An investigation into consciousness of action and self-consciousness in schizophrenic patients. *Cognition*, **65**, 71-86.

Dapretto, M., Davies, M. S., Pfeifer, J. H., Scott, A. A., Sigman, M., Bookheimer, S. Y., & Iacoboni, M. (2006). Understanding emotions in others : Mirror neuron dysfunction in children with autism spectrum disorders. *Nature Neuroscience*, **9**, 28-30.

deCharms, R. C., Christoff, K., Glover, G. H., Pauly, J. M., Whitfield, S., & Gabrieli, J. D. (2004). Learned regulation of spatially localized brain activation using real-time fMRI. *Neuroimage*, **21**, 436-443.

Degos, J. D., Bachoud-Levi, A. C., Ergis, A. M., Petrissans, J. L., & Cesaro, P. (1997). Selective inability to point to extrapersonal targets after left posterior parietal lesions : An objectivization disorder? *Neurocase*, **3**, 31-39.

Dinstein, I., Thomas, C., Humphreys, K., Minshew, N., Behrmann, M., & Heeger, D. J. (2010). Normal movement selectivity in autism. *Neuron*, **66**, 461-469.

Dosenbach, N. U., Nardos, B., Cohen, A. L., Fair, D. A., Power, J. D., Church, J. A., ...& Schlaggar, B. L. (2010). Prediction of individual brain maturity using fMRI. *Science*, **329**, 1358-1361.

Frith, C. D., Blakemore, S. J., & Wolpert, D. M. (2000). Abnormalities in the awareness and control of action. *Philosophical Transactions of the Royal Society B : Biological Sciences*, **355**, 1771-1788.

Frith, C. D., & Done, D. J. (1989). Experiences of alien control in schizophrenia reflect a disorder in the central monitoring of action. *Psychological Medicine*, **19**, 359-363.

Grossman, E., Donnelly, M., Price, R., Pickens, D., Morgan, V., Neighbor, G., & Blake, R. (2000). Brain areas involved in perception of biological motion. *Journal of Cognitive Neuroscience, 12*, 711-720.

Horikawa, T., Tamaki, M., Miyawaki, Y., & Kamitani, Y. (2013). Neural decoding of visual imagery during sleep. *Science, 340*, 639-642.

Iacoboni, M., & Dapretto, M. (2006). The mirror neuron system and the consequences of its dysfunction. *Nature Reviews Neuroscience, 7*, 942-951.

Imamizu, H., Miyauchi, S., Tamada, T., Sasaki, Y., Takino, R., Putz, B., Yoshioka, T., & Kawato, M. (2000). Human cerebellar activity reflecting an acquired internal model of a new tool. *Nature, 403*, 192-195.

今水 寛（2001）．運動学習と道具の使用　乾 敏郎・安西祐一郎（編）認知科学の新展開 3　運動と言語（pp. 1-28）岩波書店

Kamitani, Y., & Tong, F. (2005). Decoding the visual and subjective contents of the human brain. *Nature Neuroscience, 8*, 679-685.

Kennedy, D. P., Redcay, E., & Courchesne, E. (2006). Failing to deactivate : Resting functional abnormalities in autism. *Proceedings of the National Academy of Sciences of the United States of America, 103*, 8275-8280.

Keysers, C., Wicker, B., Gazzola, V., Anton, J. L., Fogassi, L., & Gallese, V. (2004). A touching sight : SII/PV activation during the observation and experience of touch. *Neuron, 42*, 335-346.

Maguire, E. A., Gadian, D. G., Johnsrude, I. S., Good, C. D., Ashburner, J., Frackowiak, R. S., & Frith, C. D. (2000). Navigation-related structural change in the hippocampi of taxi drivers. *Proceedings of the National Academy of Sciences of the United States of America, 97*, 4398-4403.

McGuire, P. K., Silbersweig, D. A., Wright, I., Murray, R. M., Frackowiak, R. S., & Frith, C. D. (1996). The neural correlates of inner speech and auditory verbal imagery in schizophrenia : Relationship to auditory verbal hallucinations. *The British Journal of Psychiatry, 169*, 148-159.

Miyawaki, Y., Uchida, H., Yamashita, O., Sato, M. A., Morito, Y., Tanabe, H. C., Sadato, N., & Kamitani, Y. (2008). Visual image reconstruction from human brain activity using a combination of multiscale local image decoders. *Neuron, 60*, 915-929.

Moran, J. M., Kelley, W. M., & Heatherton, T. F. (2013). What Can the Organization of the Brain's Default Mode Network Tell us About Self-Knowledge? *Frontiers in Human Neuroscience, 7*, 391.

Mulliken, G. H., Musallam, S., & Andersen, R. A. (2008). Forward estimation of movement state in posterior parietal cortex. *Proceedings of the National Academy of Sciences of the United States of America, 105*, 8170-8177.

Nishimoto, S., Vu, A. T., Naselaris, T., Benjamini, Y., Yu, B., & Gallant, J. L. (2011). Reconstructing visual experiences from brain activity evoked by natural movies. *Current Biology, 21*, 1641-1646.

丹羽真一（1988）．ロボトミーの話　杉下守弘（編）脳から心へ──神経心理学へのいざない　サイエンス社

Oberman, L. M., Hubbard, E. M., McCleery, J. P., Altschuler, E. L., Ramachandran, V. S., & Pineda, J. A. (2005). EEG evidence for mirror neuron dysfunction in autism spectrum disorders. *Brain research. Cognitive Brain Research, 24*, 190-198.

小川健二（2011）．fMRI マルチボクセルパターン分析　神経心理学, *27*, 28-34.

小川健二（2014）．ミラーシステムと社会認知ネットワーク　神経心理学, *30*, 277-283.

Ogden, J. A. (1985). Autotopagnosia. Occurrence in a patient without nominal aphasia and with an intact ability to point to parts of animals and objects. *Brain,* **108**, 1009-1022.

Ogino, Y., Nemoto, H., Inui, K., Saito, S., Kakigi, R., & Goto, F. (2006). *Inner Experience of Pain : Imagination of Pain While Viewing Images Showing Painful Events Forms Subjective Pain Representation in Human Brain.* Cereb Cortex.

Raichle, M. E. (2009). A paradigm shift in functional brain imaging. *Journal of Neuroscience,* **29**, 12729-12734.

Raichle, M. E. (2010). Two views of brain function. *Trends in Cognitive Sciences,* **14**, 180-190.

Raichle, M. E. (2011). The restless brain. *Brain Connectivity,* **1**, 3-12.

Ramachandran, V. S., & Oberman, L. M. (2006). Broken mirrors : A theory of autism. *Scientific American,* **295**, 62-69.

Rilling, J. K., Glasser, M. F., Preuss, T. M., Ma, X., Zhao, T., Hu, X., & Behrens, T. E. (2008). The evolution of the arcuate fasciculus revealed with comparative DTI. *Nature Neuroscience,* **11**, 426-428.

Rizzolatti, G., & Fabbri-Destro, M. (2008). The mirror system and its role in social cognition. *Current Opinion in Neurobiology,* **18**, 179-184.

Rizzolatti, G., Fadiga, L., Gallese, V., & Fogassi, L. (1996). Premotor cortex and the recognition of motor actions. *Cognitive Brain Research,* **3**, 131-141.

Shibata, K., Watanabe, T., Sasaki, Y., & Kawato, M. (2011). Perceptual learning incepted by decoded fMRI neurofeedback without stimulus presentation. *Science,* **334**, 1413-1415.

Southgate, V., & Hamilton, A. F. (2008). Unbroken mirrors : Challenging a theory of Autism. *Trends in Cognitive Sciences,* **12**, 225-229.

Subramanian, L., Hindle, J.V., Johnston, S., Roberts, M.V., Husain, M., Goebel, R., & Linden, D. (2011). Real-time functional magnetic resonance imaging neurofeedback for treatment of Parkinson's disease. *Journal of Neuroscience,* **31**, 16309-16317.

Tsakiris, M. (2010). My body in the brain : A neurocognitive model of body-ownership. *Neuropsychologia,* **48**, 703-712.

第 2 章

Atkinson, R. C., & Shiffrin, R. M. (1968). Human memory : A proposed system and its control processes. In K. W. Spence & J. T. Spence (Eds.), *The Psychology of Learning & Motivation,* **2** (pp. 89-195). New York : Academic Press.

Baddeley, A. D. (2000). The episodic buffer : A new component of working memory? *Trends in Cognitive Sciences,* **4** (11), 417-423.

Baddeley, A. D., & Hitch, G. (1974). *Working memory.* In G. H. Bower (Ed.), *The Psychology of Learning and Motivation : Advances in Research and Theory,* **8** (pp. 47-89). New York : Academic Press.

Botvinick, M., & Cohen, J. (1998). Rubber hands 'feel' touch that eyes see. *Nature,* **391**, 756.

Broadbent, D. E. (1958). *Perception and Communication.* New York : Pergamon Press.

Chase, W. G., & Simon, H. A. (1973). Perception in chess. *Cognitive Psychology,* **4**, 55-81.

Cherry, E. C. (1953). Some experiments on the recognition of speech, with one and with two ears. *Journal of the Acoustical Society of America,* **25**, 975-979.

Dalrymple-Alford, E. C., & Budayr, B. (1966). Examination of some aspects of the Stroop color word test. *Perceptual & Motor Skills,* **23**, 1211-1214.

Deutsch, J. A., & Deutsch, D. (1963). Attention : Some theoretical considerations. *Psychological Review*, **70**, 80-90.

Ehrsson, H. H., Holmes, N. P., & Passingham, R. E. (2005). Touching a rubber hand : Feeling of body ownership is associated with activity in multisensory brain aeas. *Journal of Neuroscience*, **25** (45), 10564-10573.

Eriksen, B. A., & Eriksen, C. W. (1974). Effects of noise letters upon the identification of a target letter in a nonsearch task. *Perception & Psychophysics*, **16**, 143-149.

Eysenck, M. W., & Keane, M. T. (2020). *Cognitive Psychology : A Student's Handbook* (8th ed.). Psychology Press.

Henke, K. (2010). A model for memory systems based on processing modes rather than consciousness. *Nature Reviews Neuroscience*, **11** (7), 523-532.

Jacoby, L. L., Linsay, D. S., & Hessels, S. (2003). Item-specific control of automatic processes : Stroop process dissociations. *Psychonomic Bulletin & Review*, **10**, 638-644.

Johnson-Laird, P. N., Legrenzi, P., & Legrenzi, M. S. (1972). Reasoning and a sense of reality. *British Journal of Psychology*, **63**, 395-400

Kroll, J. F., & Stewart, E. (1994). Category interference in translation and picture naming : Evidence for asymmetric connections between bilingual memory representations. *Journal of Memory and Language*, **33**, 149-174.

Logan, G. D. (1988). Toward an instance theory of automatization. *Psychological & Review*, **95**, 492-527.

Logan, G. D., & Zbrodoff, N. J. (1979). When it helps to be misled : Facilitative effects of increasing the frequency of conflicting stimuli in a Stroop-like task. *Memory & Cognition*, **7**, 166-174.

Luchins, A. S. (1942). Mechanization in problem solving. *Psychological Monographs*, **54**, 6.

MacLeod, C. M. (1992). The Stroop task : The "gold standard" of attentional measures. *Journal of Experimental Psychology : General*, **121**, 12-14.

McGurk, H., & MacDonald, J. (1976). Hearing lips and seeing voices. *Nature*, **264** (5588), 746-748.

Miller, G. A. (1956). The magical number seven, plus or minus two : Some limits on our capacity for processing information. *Psychological Review*, **63**, 81-97.

Moray, N. (1959). Attention in dichotic listening : Affective cues and the influence of instructions. *The Quarterly Journal of Experimental Psychology*, **11**, 56-60.

Neisser, U. (1976). *Cognition and Reality : Principles and Implications of Cognitive Psychology*. W. H. Freeman and Company.（ナイサー，U.（著）古崎敬・村瀬旻（訳）(1978)．認知の構図——人間は現実をどのようにとらえるか　サイエンス社）

Oaksford, M., & Chater, N. (2007). *Bayesian Rationality : The Probabilistic Approach to Human Reasoning*. Oxford University Press.

Perfetti, C. A., Liu, Y., & Tan, L. H. (2005). The lexical constituency model : Some Implications of research on Chinese for general theories of reading. *Psychological Review*, **112**, 43-59.

Schmidt, J. R., & Besner, D. (2008). The Stroop effect : Why proportion congruent has nothing to do with congruency and everything to do with contingency. *Journal of experimental Psychology : Learning, Memory, and Cognition*, **34**, 514-523.

Shiffrin, R. M., & Schneider, W. (1977). Controlled and automatic human information processing : II. Perceptual learning, automatic attending, and a general theory. *Psychological Review*, **84**, 127-190.

Simon, J. R. (1990). The effects of an irrelevant directional cue on human information processing. In R. W. Proctor & T. G. Reeve (Eds.), *Stimulus-response Compatibility : An Integrated Perspective* (pp. 31-86). Amsterdam : Elsevier, North-Holland.

Sperling, G. (1960). The information available in brief visual presentation. *Psychological Monographs,* **74**, 1-29.

Stroop, J. R. (1935). Studies of interference in serial verbal reactions. *Journal of Experimental Psychology,* **18**, 643-661.

Tipper, S. P. (1985). The negative priming effect : Inhibitory priming with to be ignored objects. *Quarterly Journal of Experimental Psychology,* **37A**, 571-590

Treisman, A. M. (1964). Selective attention in man. *British Medical Bulletin,* **20**, 12-16.

Tulving, E. (1972). *Episodic and semantic memory.* In E. Tulving & W. Donaldson (Eds.), *Organization of Memory* (pp. 381-402). New York : Academic Press.

Wason, P. C. (1966). *Reasoning.* In B. M. Fos (Ed.), *New Horizons in Psychology.* Harmondsworth, Middlesex, UK : Penguin Books.

第 3 章

Baker, A. G., Berbrier, M. W., & Vallée-Tourangeau, F. (1989). Judgments of a 2×2 contingency table : Sequential processing and the learning curve. *Quarterly Journal of Experimental Psychology,* **41B**, 65-97.

Baum, W. M. (1993). Performances on ratio and interval schedules of reinforcement : Data and theory. *Journal of the Experimental Analysis of Behavior,* **59**, 245-264.

Bechterev, V. M. (1933). *General Principles of Human Reflexology : An Introduction to the Objective Study of Personality.* London : Jarrolds Publishers.

Beckers, T., De Houwer, J., Pinéno, O., & Miller, R. R. (2005). Outcome additivity and outcome maximality influence cue competition in human causal learning. *Journal of Experimental Psychology : Learning, Memory, and Cognition,* **31**, 238-249.

Beckers, T., Miller, R. R., De Houwer, J., & Urushihara, K. (2006). Reasoning rats : Forward blocking in Pavlovia animal conditioning is sensitive to constraints of causal inference. *Journal of Experimental Psychology : General,* **135**, 92-102.

Blaisdell, A. P., Sawa, K., Leising, K. J., & Waldmann, M. S. (2006). Causal reasoning in rats. *Science,* **311**, 1020-1022.

Cooper, J. O., Heron, T. E., & Heward, W. L. (2007). *Applied Behavior Analysis* (2nd ed.). Upper Saddle River, NJ : Prentice Hall.（クーパー，J. O., ヘロン，T. E., & ヒューワード，W. L.（著）中野良顯（訳）（2013）．応用行動分析学　明石書店）

林 髞（1950）．条件反射学応用論　評論社

Ferster, C. B., & Skinner, B. F. (1957). *Schedules of Reinforcement.* New York : Appleton-Century-Crofts.

堀 麻佑子・沼田恵太郎・桂田恵美子（2019）．子どもの因果学習における刺激弁別の発達的変化——直接学習と観察学習の比較検討　関西学院大学心理科学研究，**45**，49-54.

堀 麻佑子・沼田恵太郎・中島定彦（2014）．迷信行動は負の強化で獲得され易いか？——結果の正負極性と持続時間の検討　心理学研究，**84**，625-631.

Hull, C. L. (1943). *Principles of Behavior : An Introduction to Behavior Theory*. New York : Appleton-Century-Croft.

Kamin, L. (1968). "Attention-like" processes in classical conditioning. In M. R. Jones (Ed.), *Miami Symposium on the Prediction of Behavior : Aversive Stimulation* (pp. 9-31). Coral Gables, FL : University of Miami Press.

Kamin, L. (1969a). Predictability, surprise, attention, and conditioning. In B. A. Campbell & R. M. Church (Eds.), *Punishment and Aversive Behavior* (pp. 279-296). New York : Appleton-Century-Crofts.

Kamin, L. (1969b). Selective association and conditioning. In N. J. Mackintosh & W. K. Honig (Eds.), *Fundamental Issues in Associative Learning* (pp. 42-64). Halifax, Nova Scotia : Dalhousie University Press.

北口勝也（1996）．古典的条件づけにおける真にランダムな統制手続き（TRC 手続き）をめぐる諸問題　心理学評論, **39**, 224-251.

古武弥正（1944）．唾液分泌についての小実験　心理学研究, **18**, 451-454.

Mitchell, C. J., & Lovibond, P. F. (2002). Backward and forward blocking in human electrodermal conditioning : Blocking requires an assumption of outcome additivity. *Quarterly Journal of Experimental Psychology*, **55B**, 311-329.

中島定彦（2006a）．商品広告と古典的条件づけ──研究展望（1）　行動科学, **45**, 51-64.

中島定彦（2006b）．商品広告と古典的条件づけ──研究展望（2）　行動科学, **45**, 27-36.

中島定彦（2010）．テレビ CM は逆行条件づけか？　人文論究, **60**, 39-53.

中島定彦（2014）．「つばきとひきつり」から情報処理へ──現代連合学習理論の50年　基礎心理学研究, **33**, 36-47.

沼田恵太郎（2015）．高齢者の随伴性判断──連合学習の視点から　生死病死の行動科学, **19**, 21-37.

沼田恵太郎（2016）．高齢者の条件づけと学習──研究展望　生死病死の行動科学, **20**, 25-35.

沼田恵太郎・宮田洋（2011）．皮膚電気条件づけ──その意義と研究動向　人文論究, **61**, 55-88.

沼田恵太郎・嶋崎恒雄（2009）．ヒトの随伴性学習における 2 次の回顧的再価値化の実験的検討　心理学研究, **80**, 54-60.

沼田恵太郎・嶋崎恒雄（2014）．結果の強度が 2 次の回顧的再評価に与える影響　心理科学研究, **40**, 51-62.

Pavlov, I. P. (1902). *The Work of the Digestive Glands* (W. H. Thompson, Trans.). London : Charles Griffin. (Originl work published 1897)

Pavlov, I. P. (1927). *Conditioned Reflexes : An Investigation of the Physiological Activity of Cerebral Cortex* (G. V. Anrep, Trans.). Oxford, UK : Oxford University Press.

Peele, D. B., Casey, J., & Silberberg, A. (1984). Primacy of interresponse-time reinforcement in accounting for rate differences under variable-ratio and variable-interval schedules. *Journal of Experimental Psychology : Animal Behavior Process*, **10**, 149-167.

Razran, G. (1938). Conditioning away social bias by the luncheon technique. *Psychological Bulletin*, **35**, 693.

Rescorla, R. A. (1968). Probability of shock in the presence and absence of CS in fear conditioning. *Journal of Comparative and Physiological Psychology*, **66**, 1-5.

Rescorla, R. A., & Wagner, A. R. (1972). A theory of Pavlovian conditioning : Variations in the effective-ness of reinforcement and nonreinforcement. In A. H. Black & W. F. Prokasy (Eds.), *Classical Conditioning : Current Research and Theory* (pp. 64-99). New York : Appleton-Century-Crofts.

Schiller, D., Monfils, M. H., Raio, C. M., Johnson, D. C., LeDoux, J. E., & Phelps, E. A. (2010). Preventing the return of fear in humans using reconsolidation update mechanisms. *Nature*, **463**, 49-53.

Schroeder, S. R., & Holland, J. G. (1969). Reinforcement of eye movement with concurrent schedules. *Journal of the Experimental Analysis of Behavior*, **12**, 897-903.

Shanks, D. R. (2007). Associationism and cognition : Human contingency learning at 25. *Quarterly Journal of Experimental Psychology*, **60**, 291-309.

嶋崎恒雄（2003）．ヒトの随伴性判断　今田　寛（監修）中島定彦（編）　学習心理学における古典的条件づけの理論——パヴロフから連合学習研究の最先端まで（pp. 163-176）培風館

Simms, V., McCormack, T., & Beckers, T. (2012). Additivity pretraining and cue competition effects : Developmental evidence for a reasoning-based account of causal learning. *Journal of Experimental Psychology : Animal Behavior Processes*, **38**, 180-190.

Skinner, B. F. (1938). *The Behavior of Organism : An Experimental Analysis*. New York : Appleton-Century-Crofts.

首藤祐介・木村諭史・坂井　誠（2008）．反応密度が随伴性判断に与える影響　行動科学，**49**，81-90.

Tanno, T., & Silberberg, A. (2012). The copyist model of response emission. *Psychonomic Bulletin & Review*, **19**, 759-778.

Tanno, T., Silberberg, A., & Sakagami, T. (2015). The copyist model and the shaping view of reinforcement. *Behavioural Processes*, **114**, 72-77.

Thorndike, E. L. (1898). *Animal Intelligence : An Experimental Study of the Associative Processes in Animals* (Psychological Review, Monograph Supplements, No. 8). New York : Macmillan.

Thorndike, E. L. (1911). *Animal intelligence*. New York : Macmillan.

漆原宏次（1999）．古典的逆行条件づけに関する最近の研究動向　心理学評論，**42**，272-286.

漆原宏次（2014）．動物を用いた古典的条件づけ研究とヒトの連合学習研究の関係に関する一考察　行動科学，**52**，135-143.

Vallee-Tourangeau, F., Murphy, R. A., & Baker, A. G. (2005). Contiguity and the outcome density bias in action-outcome contingency judgements. *Quarterly Journal of Experimental Psychology*, **58B**, 177-192.

Wasserman, E. A., Elek, S. M., Chatlosh, D. L., & Baker, A. G. (1993). Rating causal relations : The role of probability in judgments of response-outcome contingency. *Journal of Experimental Psychology : Learning, Memory, and Cognition*, **19**, 174-188.

Watson, J. B. (1913). Psychology as the behaviorist views it. *Psychological Review*, **20**, 158-177.

Watson, J. B. (1919). *Psychology from the Standpoint of a Behaviorist*. Philadelphia : Lippincott.

Watson, J. B., & Rayner, R. (1920). Conditioned emotional reactions. *Journal of Experimental Psychology*, **3**, 1-14.

第 4 章

Bandura, A. (1977). Self-efficacy : Toward a unifying theory of behavioral change. *Psychological Review*, **84**, 191-215.

Bègue, L., Bushman, J. B., Zerhouni, O., Subra, B., & Ourabah, M. (2013). 'Beauty is in the eye of the beer holder': People who think they are drunk also think they are attractive. *British Journal of Psychology*, **104**, 225-234.

Braun, R. A., Heinz, J. A., Veileux, C. J., Conrad, M., Weber, S., Wardle, M., Greenstein, J., Evatt, D., Drobes, D., & Kassel, D. J. (2012). The separate and combined effects of alcohol and nicotine on anticipatory anxiety: A multidimensional analysis. *Addictive Behaviors*, **37**, 485-491.

Brown, S. A., Christiansen, B. A., & Goldman, M. S. (1987). The Alcohol Expectancy Questionnaire: An instrument for the assessment of adolescent and adult alcohol expectancies. *Journal of Studies on Alcohol*, **48**, 483-491.

Cannon, W. B., & Washburn, A. L. (1912). An explanation of hunger. *American Journal of Physiology*, **29**, 441-454.

Cepeda-Benito, A., Gleaves, H. D., Williams, L. T., & Erath, A. S. (2000). The development and validation of the state and trait Food-Cravings Questionnaires. *Behavior Therapy*, **31**, 151-173.

Copeland, L. A., Brandon, H. T., & Quinn, P. E. (1995). The Smoking Consequences Questionnaire-Adult: Measurement of smoking outcome expectancies of experienced smokers. *Psychological Assessment*, **7**, 484-494.

Field, M., Munafò, R. M., & Franken, A. H. I. (2009). A meta-analytic investigation of the relationship between attentional bias and subjective craving in substance abuse. *Psychological Bulletin*, **135**, 589-607.

Fromme, K., Stroot, E., & Kaplan, D. (1993). Comprehensive effects of alcohol: Development and psychometric assessment of a new expectancy questionnaire. *Psychological Assessment*, **5**, 19-26.

Gillespie, M. A. N., Derevensky, J., & Gupta, R. (2007). The utility of outcome expectancies in the prediction of adolescent gambling behavior. *Journal of Gambling Issues*, **19**.

Higgs, S. (2002). Memory for recent eating and its influence on subsequent food intake. *Appetite*, **39**, 159-166.

Hine, W. D., Honan, A. C., Marks, G. D. A., & Brettchneider, K. (2007). Development and validation of the Smoking Expectancy Scale for Adolescents. *Psychological Assessment*, **19**, 347-355.

Huntley, D. E., & Juliano, M. L. (2012). Caffeine Expectancy Questionnaire (CaffEQ): Construction, psychometric properties, and associations with caffeine use, caffeine dependence, and other related variables. *Psychological Assessment*, **24**, 592-607.

Komatsu, S. (2008). Rice and sushi cravings: A preliminary study of food craving among Japanese females. *Appetite*, **50**, 353-358.

小松さくら・友野隆成・青山謙二郎 (2009). 食物への渇望 (food craving) と気分状態との関連—— ごはん渇望の特徴 感情心理学研究, **17**, 129-133.

Leigh, B. C., & Stacy, A. W. (1993). Alcohol outcome expectancies: Scale construction and predictive utility in higher order confirmatory models. *Psychological Assessment*, **5**, 216-229.

Marlatt, A. G., & Donovan, M. D. (2005). *Relapse Prevention: Maintenance Strategies in the Treatment of Addictive Behaviors*. The Guilford Press.

Marlatt, A. G., & Gordon, R. J. (1985). *Relapse Prevention*. The Guilford Press.

Maslow, A. H. (1970). *Motivation and Personality* (2nd ed.). New York: Van Nostrand.

May, J., Andrade, J., Kavanagh, J. D., Feeney, X. F. G., Gullo, J. M., Statham, J. D., Skorka-Brown, J.,

Connolly, M. J., Cassimatis, M., Young, M. R., & Connor, P. J. (2014). The Craving Experience Questionnaire : A brief, theory-based measure of consummatory desire and craving. *Addiction, 109*, 728-735.

Meule, A., & Hormes, J. M. (2015). Chocolate versions of the Food Cravings Questionnaires : Associations with chocolate exposure-induced salivary flow and ad libitum chocolate consumption. *Appetite, 91*, 256-265.

宮本美沙子（1981）．やる気の心理学　創元社

Morgan, E. M. (2011). Associations between young adults' use of sexually explicit materials and their sexual preferences, behaviors, and satisfaction. *Journal of Sex Research, 48*, 520-530.

Murray, H. A. (1938). *Explorations in personality*. New York : Oxford University Press.

中島義明・安藤清志・子安増生・坂野雄二・繁桝算男・立花政夫・箱田裕司（編）（1999）．心理学辞典　有斐閣

中尾弘之（1998）．快の意義　中尾弘行・田代信雄（編）　快の行動科学（pp. 1-11）　朝倉書店

日本マクドナルド（2016）．データ一覧表　2016年8月31日　<http://www.mcdonalds.co.jp/quality/allergy_Nutrition/nutrient2.php?id=2>

Pliner, P. (1982). The effects of mere exposure on liking for edible substances. *Appetite, 3*, 283-290.

Rozin, P., Kabnick, K., Pete, E., Fischler, C., & Shields, C. (2003). The ecology of eating : Smaller portion sizes in France than in the United States help explain the French paradox, *Psychological Science, 14*, 450-454.

坂野雄二（1995）．認知行動療法　日本評論社

St-Pierre, R. A., Temcheff, C. E., Gupta, R., Derevensky, J., & Paskus, T. S. (2014). Predicting gambling problems from gambling outcome expectancies in college student-athletes. *Journal of Gambling Studies, 30*, 47-60.

第5章

Allport, G. W. (1937). *Personality*. London : Constable.

Allport, G. W., & Odbert, H. S. (1936). Trait-names : A psycholexical study. *Psychological Monographs, 47*, i-171.

Ashton, M. C., Lee, K., & Goldberg, L. R. (2004). A hierarchial analysis of 1,710 English-descriptive adjectives. *Journal of Personality and Social Psychology, 87*, 707-721.

Caspi, A. (2000). The child is father of the man : Personality continuities from childhood to adulthood. *Journal of Personality and Social Psychology, 78*, 158-172.

Cattel, R. B. (1943). The description of personality. *Journal of Abnormal and Social Psychology, 38*, 476-506.

Cloninger, C. R. (1987). A systematic method for clinical description and classification on personality variants : A proposal. *Archives of General Psychology, 44*, 573-588.

DeYoung, C. G., Peterson, J. B., & Higgins, D. M. (2002). Higher-order factors of the Big Five predict conformity : Are there neuroses of health? *Personality and Individual Differences, 33*, 533-552.

Digman, J. M. (1997). Higher-Order factors of the Big Five. *Journal of Personality and Social Psychology, 73*, 1246-1256.

Endler, N. S., & Magunusson, D. (1976). Toward an interactional psychology of personality.

Psychological Bulletin, **83**, 956-974.

Eysenck, H. J. (1967). *The Biological Basis of Personality*. Springfield, IL: Charles C. Thomas Publisher.（アイゼンク，H. J.（著）梅津耕作・祐宗省三ほか（訳）（1973）．人格の構造　岩崎学術出版社）

Eysenck, H. J., & Eysenck, S. B. G. (1975). *Manual of the Eysenck Personality Questionnaire*. London: Hodder & Stroughton.

Fiske, D. W. (1949). Consistency of the factorial structure of personality ratings from different sources. *Journal of Abnormal and Social Psychology*, **44**, 329-344.

深町珠由・伊藤由香・中川正宣・前川眞一（2004）．人間関係における動態的相互作用の実験研究——動態的相互作用における個人特性の測定　実験社会心理学研究，**43**，123-139.

Goldberg, L. R. (1990). An alternative "description of personality": The Big-Five factor structure. *Journal of personality and social psychology*, **59**, 1216-1229.

Hendriks, A. A. J., Hofstee, W. K. B., & De Raad, B. (1999). The Five-Factor Personality Inventory (FFPI). *Personality and Individual Differences*, **27**, 307-325.

堀毛一也・川原正広・若松輝美・森尾博昭（2004）．パーソナリティ測定に関する文脈的・動態的アプローチ（1）　日本社会心理学会第45回大会発表論文集，80-81.

James, W. (1892/1985). *Psychology: The Briefer Course*. University of Notre Dame Press.

Jung, C. G. (1921). *Psychologische Typen*. Zürich: Rascher Verlag.

川本哲也・小塩真司・阿部晋吾・坪田祐基・平島太郎・伊藤大幸・谷 伊織（2015）．ビッグ・ファイブ・パーソナリティ特性の年齢差と性差——大規模横断調査による検討　発達心理学研究，**26**，107-122.

Kretschmer, E. (1921). *Körperabu und Charakter*. Berlin: Springer.

Lee, K., & Ashton, M. C. (2004). Psychometric properties of the HEXACO Personality Inventry. *Maltivariate Behavioral Research*, **39**, 329-358.

Levinson, D. J. (1986). A conception of adult development. *American Psychologist*, **4**, 3-13.

Lewin, K. (1935). *A Dynamic Theory of Personality*. New York: McGraw.

McCrae, R. R., & Costa, P. T., Jr. (1985). Comparison of EPI and psychoticism scale with measures of five factor theory of personality. *Personality and Individual Differences*, **6**, 587-597.

Mischel, W. (1968). *Personality and Assessment*. NY: Wiley.

Norman, W. T. (1963). Toward an adequate taxonomy of personality attributes: Replicated factor structure in peer nomination personality ratings. *Journal of Abnormal and Social Psychology*, **66**, 574-583.

Ozer, D. J., & Benet-Martinez, V. (2006). Personality and the prediction of consequential outcomes. *Annual Review of Psychology*, **57**, 401-421.

Paulhus, D. L., & Williams, K. M. (2002). The Dark Triad of personality: Narcissism, Machiavellianism, and psychopathy. *Journal of Research in Personality*, **36**, 556-563.

Philippe, J. R., & Paul, I. (2008). A General Factor of Personality (GFP) from two meta-analyses of the Big Five: Digman (1997) and Mount, Barrick, Scullen, and Rounds (2005). *Personality and Individual Differences*, **45**, 679-683.

Roberts, B. W., Caspi, A., & Moffitt, T. (2003). Work experiences and personality development in young adulthood. *Journal of Personality and Social Psychology*, **84**, 582-593.

Roberts, B. W., Walton, K. E., & Viechtbauer, W. (2006). Patterns of mean-level change in personality traits across the life course : A meta-analysis of longitudinal studies. *Psychological Bulletin*, **132**, 1-25.

下司忠大・小塩真司（2017）．日本語版 Short Dark Triad（SD3-J）の作成　パーソナリティ研究，**26**，12-22.

Shiner, R. L., Masten, A. S., & Tellegen, A. (2002). A developmental perspective on personality in emerging adulthood : Childhood antecedents and concurrent adaptation. *Journal of Personality and Social Psychology*, **83**, 1165-1177.

Shiner, R. L., Masten, A. S., & Roberts, J. M. (2003). Childhood personality foreshadows adult personality and life outcomes two decades later. *Journal of Personality*, **71**, 1145-1170.

Spranger, E. (1914). *Lebensformen*. Berlin : Niemeyer.

Srivastava, S., John, O. P., Gosling, S. D., & Potter, J. (2003). Development of personality in early and middle adulthood : set like plaster or persistent change? *Journal of Personality and Social Psychology*, **84**, 1041-1053.

高橋雄介・山形伸二・星野崇宏（2011）．パーソナリティ特性研究の新展開と経済学・疫学など他領域への貢献の可能性　心理学研究，**82**，63-76.

田村紋女・小塩真司・田中圭介・増井啓太・ジョナソン ピーター カール（2015）．日本語版 Dark Triad Dirty Dozen（DTDD-J）作成の試み　パーソナリティ研究，**24**，26-37.

辻 平治郎（編）（1998）．5因子性格検査の理論と実際——こころをはかる5つのものさし　北大路書房

Tupes, E. C., & Christal, R. E. (1961/1992). Recurrent personality factors based on trait ratings. *Journal of Personality*, **60**, 225-261.

山田ゆかり（2010）．性格　山崎史郎（編）教育心理学ルック・アラウンド　（pp. 59-73）　おうふう

第6章

Ainsworth, M. D. S., Blehar, M. C., Waters, E., & Wall, S. (1978). *Patterns of Attachment : A Psychological Study of the Strange Situation*. Lawrence Erlbaum Associates, Publishers.

Allen, J. P., Moore, C. M., Kupermine, G. P., & Bell, K. L. (1998). Attachment and adolescent psychosocial functioning. *Child Development*, **69**, 1406-1419.

Al-Owidha, A., Green, K. E., & Kroger, J. (2009). On the question of an identity status category order : Rasch model step and scale statistics used to identify category order. *International Journal of Behavioral Development*, **33**, 88-96.

安藤智子・遠藤利彦（2005）．青年期・成人期のアタッチメント　数井みゆき・遠藤利彦（編著）アタッチメント——生涯にわたる絆　（pp. 127-173）ミネルヴァ書房

Baron-Cohen, S., Leslie, A., & Frith, U. (1985). Does the autistic child have a "theory of mind"? *Cognition*, **21**, 37-46.

Becker-Stoll, F., & Fremmer-Bombik, E. (1997). *Adolescent-mother interaction and attachment : A longitudinal study*. Paper presented at the biennal meeting of the Society for Research in Child Development, Washington, D. C.

Bowlby, J. (1969). *Attachment and Loss*. Vol. 1. The Hogarth Press.（ボウルビイ，J.（著）黒田実郎・大羽 蓁・岡田洋子（訳）（1976）．母子関係の理論 I 愛着行動　岩崎学術出版社）

Carlson, S. M. (2005). Developmentally sensitive measures of executive function in preschool children. *Developmental Neuropsychology*, **28**, 595-616.

Carlson, S. M., & Moses, L. J. (2001). Individual differences in inhibitory control and children's theory of mind. *Child Development*, **72**, 1032-1053.

Crocetti, E., Rubini, M., & Meeus, W. (2008). Capturing the dynamics of identity formation in various ethnic groups : Development and Validation of a three-dimensional model. *Journal of Adolescence*, **31**, 207-222.

Denett, D. (1978). *Brainstorms : Philosophical essays on mind and psychology*. Harvest Press.

Erikson, E. H. (1950). *Childhood and Society*. New York : W. W. Norton（エリクソン，E. H.（著）仁科弥生（訳）（1977）．幼児期と社会 1　みすず書房）

遠藤利彦（1992）．愛着と表象：愛着研究の最近の動向──内的作業モデル概念とそれをめぐる実証研究の概観　心理学評論，**35**，201-233.

遠藤利彦・田中亜希子（2005）．アタッチメントの個人差とそれを規定する諸要因　数井みゆき・遠藤利彦（編著）アタッチメント──生涯にわたる絆（pp. 49-79）ミネルヴァ書房

Fadjukoff, P., Pulkkinen, L., & Kokko, K. (2005). Identity processes in adulthood : Diverging domains. *Identity : An International Journal of Theory and Research*, **5**, 1-20.

Fraley, R. C. (2002). Attachment stability from infancy to adulthood : Meta-analysis and dynamic modeling of developmental mechanisms. *Personality and Social Psychology Review*, **6**, 123-151.

フラレイ，R. C., & ブラムバウ，C. C.（2004）．アタッチメントの持続性と変化を概念化し検討するためのダイナミックシステムアプローチ（ロールズ，W. S., & シンプソン，J. A.（編）遠藤利彦・谷口弘一・金政祐司・串崎真志（監訳）（2008）．成人のアタッチメント──理論・研究・臨床　北大路書房）

Frye, D., Zelazo, P. D., & Palfai, T. (1995). Theory of mind and rule-based reasoning. *Cognitive Development*, **10**, 483-527.

Gavin, L. A., & Furman, W. (1996). Adolescent girls' relationships with mothers and best friends. *Child Development*, **67**, 375-386.

George, C., Kaplan, N., & Main, M. (1984). Assessing adult attachment. In M. B. Sperling & W. H. Berman (Eds.), *Attachment in Adults : Clinical and Developmental Perspectives* (pp. 128-152). New York : Guilford Press.

畑野　快・杉村和美（2014）．日本人大学生における日本版アイデンティティ・コミットメント・マネジメント尺度（Japanese version of the Utrecht-Management of Identity Commitment Scale ; U-MICSJ）の因子構造，信頼性，併存的妥当性の検討　青年心理学研究，**25**，125-136.

林　創（2002）．児童期における再帰的な心的状態の理解　教育心理学研究，**50**，43-53.

Hazan, C., & Shaver, P. R. (1987). Romantic love conceptualized and an attachment process. *Journal of Personality and Social Psychology*, **52**, 511-524.

東山　薫（2007）．“心の理論”の多面性の発達──Wellman & Liu 尺度と誤答の分析　教育心理学研究，**55**，359-369.

乾　敏郎・永井知代子・小川健二（2010）．認知発達の神経基盤──生後 9 ヶ月から 2 歳まで　心理学評論，**53**，169-195.

Kobak, R. R., & Sceery, A. (1988). Attachment in late adolescence : Working models, affect relation, and representations of self and others. *Child Development*, **59**, 135-146.

子安増生（1997）．子どもの発達と教育 7　子どもが心を理解する時　金子書房

子安増生・木下孝司（1997）．〈心の理論〉研究の展望　心理学研究，**68**，51-67.

Kroger, J. (2000). *Identity Development : Adolescence Through Adulthood*. Thousand Oaks, CA : Sage.（クロガー，J.（著）榎本博明（編訳）(2005). アイデンティティの発達——青年期から成人期　北大路書房）

Kroger, J., & Haslett, S. J. (1991). A Comparison of ego identity status transition pathways and change rates across five identity domains. *International Journal of Aging and Human Development*, **32**, 303-330.

Kroger, J., Martinussen, M., & Marcia, J. E. (2010). Identity status change during adolescence and young adulthood : A meta-analysis. *Journal of Adolescence*, **33**, 683-698.

黒田実郎（1976）．この本の翻訳にあたって（ボウルビィ，J.（著）黒田実郎・大羽蓁・岡田洋子（訳）(1976). 母子関係の理論 I　愛着行動　岩崎学術出版社）

Lamb, M. E. (1987). Predictive implications of individual differences in attachment. *Journal of Consulting and Clinical Psychology*, **55**, 817-824.

レヴィット，M. J.（2007）．提案論文 2　児童・青年期の人間関係——コンボイ・モデルによる検討　ルイス，M.（編）高橋惠子（編・監訳）(2007). 愛着からソーシャル・ネットワークへ（pp. 39-71）新曜社

Lewis, M. (1987). Social development in infancy and early childhood. In J. Osofsky (Ed.). *Handbook of Infancy* (Ed. 2) (pp. 419-493). New York : Wiley.

ルイス，M.（2007）．提案論文 1　子どもと家族——ソーシャル・ネットワーク・モデル　ルイス，M.（編）高橋惠子（編・監訳）(2007). 愛着からソーシャル・ネットワークへ（pp. 7-38）新曜社

Main, M., & Solomon, J. (1986). Discovery of an insecure-disorganized/disoriented attachment pattern. In T. B. Brazelton & M. W. Yogman (Eds.), *Affective Development in Infancy*. Ablex.

Marcia, J. E. (1966). Development and validation of ego-identity status. *Journal of Personality and Social Psychology*, **3**, 551-558.

Meins, E., Fernyhough, C., Wainwright, R., Das Gupta, M., Fradley, E., & Tuckey, M. (2002). Maternal mind-mindedness and attachment security as predictors of theory of mind understanding. *Child Development*, **73**, 1715-1726.

三宅和夫（1990）．子どもの個性——生後 2 年間を中心に　東京大学出版会

小川絢子（2007）．幼児期における心の理論と実行機能の発達　京都大学大学院教育学研究科紀要，**53**，325-337.

小川絢子（2011）．心の理論と実行機能の関連に文化はどのように影響するか——比較文化研究からの示唆　京都大学大学院教育学研究科紀要，**57**，463-475.

小川俊樹（1999）．心理——性的発達　中島義明・安藤清志・子安増生・坂野雄二・繁枡算男・立花政夫・箱田裕司（編）心理学辞典（p. 460）有斐閣

岡本祐子（1999）．現役引退危機から見た老年期のアイデンティティ様態と心理社会的課題達成の特徴　広島大学教育学部紀要第二部，**47**，141-148.

Onishi, K. H., & Baillargeon, R. (2005). Do 15-month-old infants understand false belief? *Science*, **308**, 255-258.

Perner, J., & Wimmer, H. (1985). "John thinks that Mary thinks that ...": Attribution of second-order beliefs by 5-10-year-old children. *Journal of Experimental Child Psychology*, **39**, 437-471.

Premack, D., & Woodruff, G. (1978). Does the chimpanzee have a theory of mind? *The Behavioral and Brain Science*, **1**, 515-526.

瀬野由衣（2011）．幼児期の「心の理論」研究の展望　愛知県立大学教育福祉学部論集，**60**，25-34.

Shaver, P. R., & Mikulincer, M. (2006). ロマンティック関係への行動システム・アプローチ——愛着，世話，および性（スタンバーグ，R. J., & ヴァイス，K.（編）和田　実・増田匡裕（訳）（2009）．愛の心理学（pp. 31-54）北大路書房）

清水紀子（2003）．中年期女性のアイデンティティ混乱の様相とその変化過程——子の巣立ち，職業，友人の効果　金城学院大学大学院人間生活学研究科論集，**3**，53-64.

清水紀子（2008）．中年期のアイデンティティ発達研究——アイデンティティ・ステイタス研究の限界と今後の展望　発達心理学研究，**19**，305-315.

篠原郁子（2011）．母親の mind-mindedness と子どもの信念・感情理解の発達——生後5年間の縦断調査　発達心理学研究，**22**，240-250.

Stephen, J., Fraser, E., & Marcia, J. E. (1992). Moratorium-achievement (Mama) cycles in lifespan identity development : Value orientations and reasoning sysem correlates. *Journal of Adolescence*, **15**, 283-300.

杉村和美（2008）．アイデンティティ　稲垣佳世子・高橋惠子（責任編集）児童心理学の進歩——2008年版（pp. 111-137）金子書房

鈴木淳子（2002）．調査的面接の技法　ナカニシヤ出版

高橋惠子（2013）．絆の構造——依存と自立の心理学　講談社

鑢幹八郎（2002）．鑢幹八郎著作集Ⅰ　アイデンティティとライフサイクル論　ナカニシヤ出版

戸田弘二（2013）．ボウルビィの愛着理論の貢献——過去・現在・未来　田島信元・南徹弘（編）発達科学ハンドブック第1巻　発達心理学と隣接領域の理論・方法論（pp. 43-55）新曜社

Wellman, H., & Liu, D. (2004). Scaling of theory-of-mind tasks. *Child Development*, **75**, 523-541.

Wimmer, H., & Perner, J. (1983). Beliefs about beliefs : Representation and constraining function of wrong beliefs in young children's understanding of deception. *Cognition*, **13**, 103-128.

第 7 章

Allport, G. W. (1954). *The Nature of Prejudice*. Reading, MA : Addison-Wesley.

Aronson, E., Blaney, N., Stephan, C., Sikes, J., & Snapp, M. (1978). *The Jigsaw Class-room*. Beverly Hills, CA : Sage.

Asch, S. E. (1951). Effects of group pressure upon the modification and distortion of judgments. In H. Guetzkow (Ed.), *Groups, Leadership and Men*. Carnegie Press.

Baumeister, R. F., Bratslavsky, E., Muraven, M., & Tice, D. M. (1998). Ego depletion : Is the active self a limited resource? *Journal of Personality and Social Psychology*, **74**, 1252-1265.

Becker, J. C., & Wright, S. C. (2011). Yet another dark side of chivalry : Benevolent sexism undermines and hostile sexism motivates collective action for social change. *Journal of Personality and Social Psychology*, **101**, 62-77.

Bower, G. H. (1981). Mood and memory. *American Psychologist*, **36**, 129-148.

Bradley, G. W. (1978). Self-serving biases in the attribution process : A reexamination of the fact or fiction question. *Journal of Personality and Social Psychology*, **36**, 56-71.

Brewer, M. B. (1991). The social self : On being the same and being different at the same time.

Personality and Social Psychology Bulletin, **17**, 475-82.

Brewer, M. B., & Miller, N. (1988). Contact and cooperation : When do they work? In P. A. Katz & D. A. Taylor (Eds.), *Eliminating Racism : Profiles in Controversy*. New York : Plenum Press.

Brown, R., & Cehajic, S. (2008). Dealing with the past and facing the future : Mediators of collective guilt and shame in Bosnia and Herzegovina. *European Journal of Social Psychology*, **38**, 669-684.

Bullock, H. (2006). *Justifying Inequality : A Social Psychological Analysis of Beliefs About Poverty and Psychology : From Global Perspective to Local Practice*. New York : Kluwer Academic/Plenum Publishes.

Campbell, D. T. (1965). Ethnocentric and other altruistic motives. In D. Levine (Ed.), *Nebraska Symposium on Motivation* (pp. 283-311). Lincoln : University of Nebraska Press.

Cantor, N., & Mischel, W. (1977). Traits as prototypes : Effects on recognition memory. *Journal of Personality and Social Psychology*, **35**, 38-48.

Carver, C. S., & Scheier, M. F. (1981). *Attention and Self-regulation : A Control-theory Approach to Human Behavior*. New York : Springer-Verlag.

Cottrell, C. A., & Neuberg, S. L. (2005). Different emotional reaction to different groups : A sociofunctional threat-based approach to "prejudice". *Journal of Personality and Social Psychology*, **88**, 770-789.

Cozzarelli, C., Wilkinson, A. V., & Tanger, A. V. (2001). Attitudes toward the poor and attributions for poverty. *Journal of Social Issues*, **57**, 207-227.

Crocker, J., Voelkl, K., Testa, M., & Major, B. (1991). Social stigma : The affective consequences of stigma. *Psychological Review*, **96**, 608-630.

Cuddy, A. J., Fiske, S. T., & Glick, P. (2008). Warmth and competence as universal dimensions of social perception : The stereotype content model and the BIAS map. In M. P. Zanna (Ed.), *Advances in Experimental Social Psychology*, **40** (pp. 61-149). New York : Academic.

Devine, P. G. (1989). Stereotypes and prejudice : Their automatic and controlled component. *Journal of Personality and Social Psychology*, **56**, 5-18.

Dovidio, J. F., Kawakami, K., & Gaertner, S. L. (2000). Reducing contemporary prejudice : Combating explicit and implicit bias at the individual and intergroup level. In S. Oskamp (Ed.), *Reducing Prejudice and Discrimination* (pp. 137-164). Mahwah, NJ : Erlbaum.

Dovidio, J. F., Kawakami, K., Johnson, C., Johnson, B., & Howard, A. (1997). The nature of prejudice : Automatic and controlled processes. *Journal of Experimental Social Psychology*, **33**, 510-540.

Ehrlinger, J., & Dunning, D. (2003). How chronic self-views influence (and potentially mislead) estimates of performance. *Journal of Personality and Social Psychology*, **84**, 5-17.

Eisenberger, N. I., Lieberman, M. D., & Williams, K. D. (2003). Does rejection hurt? An fMRI study of social exclusion. *Science*, **302**, 290-292.

Festinger, L. (1957). *A Theory of Cognitive Dissonance*. Evanstone, IL : Row, Peterson.

Fiske, S. T., & Neuberg, S. L. (1990). A continuum of impression formation, from category-based to individuating processes : Influences of information and motivation on attention and interpretation. *Advances in Experimental Social Psychology*, **23**, 1-74.

Fiske, S. T., Cuddy, A. J. C., Glick, P. S., & Xu, J. (2002). A model of (often mixed) stereotype content : Competence and warmth respectively follow from perceived status and competition. *Journal of*

Personality and Social Psychology, **82**, 878-902.

Gailliot, M. T., Baumeister, R. F., DeWall, C. N., Maner, J. K., Plant, E. A., Tice, D. M., Brewer, L. E., & Schmeichel, B. J. (2007). Self-control relies on glucose as a limited energy source : Willpower is more than a metaphor. *Journal of Personality and Social Psychology,* **92**, 325-336.

Glick, P., & Fiske, S. T. (2001). Ambivalent sexism. In M. P. Zanna (Ed.), *Advances in Experimental Social Psychology.* **33** (pp. 115-188). Thousand Oaks, CA : Academic Press.

Gray, H. M., Gray, K., & Wegner, D. M. (2007). Dimensions of mind perception. *Science,* **315**, 619.

Greenwald, A. G., McGhee, D. E., & Schwartz, J. L. K. (1998). Measuring individual differences in implicit cognition : The Implicit Association Test. *Journal of Personality and Social Psychology,* **74**, 1464-1480.

Harris, L. T., & Fiske, S. T. (2009). Social neuroscience evidence for dehumanised perception. *European Review of Social Psychology,* **20**, 192-231.

Heider, F. (1958). *The Psychology of Interpersonal Relations.* New York : Wiley.

Heine, S. J., & Buchtel, E. E. (2009). Personality : The universal and the culturally specific. *Annual Review of Psychology,* **60**, 369-394.

Izuma, K., Kennedy, K., Fitzjohn, A., Sedikides, C., & Shibata, K. (2018). Neural activity in the reward-related brain regions predicts implicit self-esteem : A novel validity test of psychological measures using neuroimaging. *Journal of Personality and Social Psychology,* **114**, 343-357.

Jones, E. E., & Davis, K. E. (1965). From acts to dispositions : The attribution process in person perception. In L. Berkowitz (Ed.), *Advances in Experimental Social Psychology,* **2** (pp. 219-266). New York : Academic.

Jost, J. T., Liviatan, I., van der Toorn, J., Ledgerwood, A., Mandisodza, A., & Nosek, B. A. (2010). System justification : How do we know it's motivated? In R. Bobocel et al. (Eds.), *The Psychology of Justice and Legitimacy : The Ontario Symposium,* **11** (pp. 173-203). Hillsdale, NJ : Erlbaum.

Kawakami, K., Phills, C. E., Steele, J. R., & Dovidio, J. F. (2007). (Close) Distance makes the heart grow fonder : Improving implicit racial attitudes and interracial interactions through approach behaviors. *Journal of Personality and Social Psychology,* **92**, 957-971.

Kelley, H. H. (1950). The warm-cold variable in first impressions of persons. *Journal of Personality,* **18**, 431-439.

Kelly, D. J., Quinn, P. C., Slater, A. M., Lee, K., Gibson, A., Smith, M., Ge, L., & Pascalis, O. (2005). Three-month-olds, but not newborns, prefer own-race faces. *Developmental Science,* **8**, F31-F36.

Kitayama, S., & Ishii, K. (2002). Word and voice : Spontaneous attention to emotional utterances in two languages. *Cognition and Emotion,* **16**, 29-59.

Leary, M. R., & Baumeister, R. F. (2000). The nature and function of self-esteem : Sociometer theory. In M. P. Zanna (Ed.), *Advances in Experimental Social Psychology,* **32** (pp. 1-62). San Diego : Academic Press.

Levin, S., Federico, C. M., Sidanius, J., & Rabinowitz, J. L. (2002). Social dominance orientation and intergroup bias : The legitimation of favoritism for high-status groups. *Personality and Social Psychology Bulletin,* **28**, 144-157.

Lieberman, M. D., Jarcho, J. M., & Satpute, A. B. (2004). Evidence-based and intuition-based self-knowledge : An fMRI study. *Journal of Personality and Social Psychology,* **87**, 421-435.

Macrae, C. N., Hewstone, M., & Griffith, R. J. (1993). Processing load and memory for stereotype-based information. *European Journal of Social Psychology,* **23**, 77-87.

Maddux, W. W., Galinsky, A. D., Cuddy, A. J. C., & Polifroni, M. (2008). When being a model minority is good ... and bad : Ralistic threat explains negativity toward Asian Americans. *Personality and Social Psychology Bulletin,* **34**, 74-89.

Markus, H., & Nurius, P. (1986). Possible selves. *American Psychologist,* **41**, 954-969.

Milgram, S. (1974). *Obedience Authority : An Experimental View.* Harper & Row/Tavistock.

三隅二不二（1978）. リーダーシップ行動の科学　有斐閣

Moghaddam, F. M. (1993). Managing cultural diversity : North American experiences and suggestions from German unification process. *International Journal of Psychology,* **28**, 727-741.

Morris, M. W., & Peng, K. (1994). Culture and cause : American and Chinese attributions for social and physical events. *Journal of Personality and Social Psychology,* **67**, 949-971.

Noor, M., Brown, J. R., & Prentice, G. (2008). Precursors and mediators of intergroup reconciliation in Northern Ireland : A new model. *British Journal of Social Psychology,* **47**, 481-495.

Pettigrew, T. F. (1979). The ultimate attribution error : Extending Allport's cognitive analysis of prejudice. *Personality and Social Psychology Bulletin,* **5**, 461-476.

Pettigrew, T. F., & Tropp, L. R. (2006). A meta-analytic test of intergroup contact theory. *Journal of Personality and Social Psychology,* **90**, 751-783.

Phelps, E. A. O'Connor, K. J., Cunningham, W. A., Funayama, E. S., Gatenby, J. C., Gore, J. C., & Banaji, M. R. (2000). Performance on indirect measures of race evaluation predicts amygdala activation. *Journal of Cognitive Neuroscience,* **12**, 729-738.

Pratto, F., Sidanius, J., Stallworth, L. M., & Malle, B. F. (1994). Social dominance orientation : A personality variable predicting social and political attitudes. *Journal of Personality and Social Psychology,* **67**, 741-763.

Richeson, J. A., & Trawalter, S. (2005). Why do interracial interactions impair executive function? A resource depletion account. *Journal of Personality and Social Psychology,* **88**, 934-947.

Rosenberg, M. (1965). *Society and the Adolescent Self-image.* Princeton, NJ : Princeton University Press.

Ross, L. (1977). The intuitive psychologist and his shortcomings. In L. Berkwitz (Ed.), *Advances in Experimental Social Psychology,* **10** (pp. 173-220). New York : Academic Press.

Schmitt, M. T., Branscombe, N. R., Kobrynowicz, D., & Owen, S. (2002). Perceiving discrimination against one's gender group has different implications for women and men. *Personality and Social Psychology Bulletin,* **28**, 197-210.

Schwarz, N., Bless, H., & Bohner, G. (1991). Mood and persuasion : Affective states influence the processing of persuasive communications. In M. Zanna (Ed.), *Advances in Experimental Social Psychology,* **24** (pp. 161-199). San Diego, CA : Academic Press.

Sherif, M., & Sherif, C. W. (1969). *Social Psychology.* New York : Harper & Row.

Sinclair, S., Dunn, E., & Lowery, B. S. (2005). The relationship between parental racial attitudes and children's implicit prejudice. *Journal of Experimental Social Psychology,* **41**, 283-289.

Steele, C. M., Spencer, S. J., & Aronson, J. (2002). Contending with group image : The psychology of stereotype and social identity threat. In M. P. Zanna (Ed.), *Advances in Experimental Social*

Psychology, **34** (pp. 379-440). San Diego, CA: Academic Press.

Stephan, W. G., & Stephan, C. W., & Gudykunst, W. B. (1999). Anxiety in intergroup relations: A comparison of anxiety/uncertainty management theory and integrated threat theory. *International Journal of Intercultural Relations, **23***, 613-628.

Tajfel, H., & Turner, J. C. (1979). An integrative theory of intergroup conflict. In W. G. Austin & S. Worchel (Eds.), *The Social Psychology of Intergroup Relations*. Mondterey, CA: Brooks/Cole.

Taylor, D. M., & Moghaddam, F. M. (1994). *Theories of Intergroup Relations: International Social Psychological Perspectives* (2nd ed.). New York: Praeger.

Todorov, A. (2008). Evaluating faces on trustworthiness: An extension of systems for recognition of emotions signaling approach/avoidance behaviors. *Annals of New York Academy of Science*, **1124**, 208-224.

Weiner, B. (1979). A theory of motivation for some classroom experiences. *Journal of Educational Psychology*, **71**, 3-25.

Wilson, T. D., Lindsey, S., & Schooler, T. Y. (2000). A Model of Dual Attitudes. *Psychological Review*, **107**, 101-126.

Wohl, M. J. A., & Branscombe, N. R. (2008). Remembering historical victimization: Collective guilt for current ingroup transgressions. *Journal of Personality and Social Psychology*, **94**, 988-1006.

山岸俊男（1998）．信頼の構造──心と社会の進化ゲーム　東京大学出版会

Zebrowitz, L. A., Wang, R., Bronstad, P. M., Eisenberg, D., Undurraga, E., Reyes-Garcia, V., & Godoy, R. (2012). First impression from faces among U.S. and culturally isolated Tsimane people in the Bolivian rainforest. *Journal of Cross-cultural Psychology*, **43**, 119-134.

第8章

American Psychiatric Association (2013). *Diagnostic and Statistical Manual of Mental Disorders* (5th ed.). （日本精神神経学会（監修）髙橋三郎・大野　裕（監訳）・染矢俊幸・神庭重信・尾崎紀夫・三村　將・村井俊哉（訳）（2014）．DSM-5　精神疾患の診断・統計マニュアル　医学書院）

Anderson, C. A., & Bushman, B. J. (2002). Human aggression. *Annual Review of Psychology*, **53**, 27-51.

有光興記（2021）．不安　子安増生・丹野義彦・箱田裕司（監修）有斐閣　現代心理学辞典（p. 661）有斐閣

Beck, A. T., Rush, A. J., Shaw, B. F., & Emery, G. (1979). *Cognitive Therapy of Depression*. Guilford Press. （ベック，A. T., ラッシュ，A. J., ショウ，B. F., & エメリィ，G.（著）坂野雄二（監訳）神村栄一・清水里美・前田基成（訳）（2007）．新版　うつ病の認知療法　岩崎学術出版社）

Berkowitz, L. (1990). On the formation and regulation of anger and aggression. A cognitive-neoassociationistic analysis. *American Psychologist*, **45**, 494-503.

Bower, G. H. (1981). Mood and memory. *American Psychologist*, **36**, 129-148.

Clark, D. M. (2001). A cognitive perspective on social phobia. In W. R. Crozier & L. E. Alden. (Eds.), *International Handbook of Social Anxiety: Concepts, Research and Interventions Relating to the Self and Shyness* (pp. 405-430). John Wiley & Sons.

Clark, D. M., & Wells, A. (1995). A cognitive model of social phobia. In R. Heimberg, M. Liebowitz, D. A. Hope & F. R. Schneier (Eds.), *Social Phobia: Diagnosis, Assessment and Treatment* (pp. 69-93). New York: Guilford Press.

Crick, N. R., & Dodge, K. A. (1994). A review and reformulation of social information-processing mechanisms in children's social adjustment. *Psychological Bulletin,* **115**, 74-101.

Davison, G. C., Neale, J. M., & Kring, A. M. (2004). *Abnormal Psychology* (9th ed.). John Willey & Sons. (デビソン，G. C., ニール，J. M., & クリング，A. M.（著）下山晴彦（編訳）(2007). テキスト臨床心理学1 理論と方法 誠信書房)

Dollard, J., Miller, N. E., Doob, L. W., Mowrer, O. H., & Sears, R. R. (1939). *Frustration and Aggression.* New Haven: Yale University Press.（ドラード，J., ミラー，N. E., ドーブ，L. W., マウラー，O. H., & シアーズ，R. R.（著）宇津木 保（訳）(1959). 欲求不満と暴力 誠信書房)

Engel, G. L. (1980). The clinical application of the biopsychosocial model. *The American Journal of Psychiatry,* **137**, 535-544.

Felson, R. B., & Tedeschi, J. T. (1993). Social interactionist perspectives on aggression and violence: An introduction. In R. B. Felson & J. T. Tedeschi (Eds.), *Aggression and Violence: Social Interactionist Perspectives* (pp. 1-10). Washington, D. C.: American Psychological Association.

Freud, S. (1933). *Warum Krieg? Gesammelte Werke.* Bd. XIV. London : Imago Publishing.（フロイド，S.（著）土井正徳・吉田正己（訳）(1970). 何故の戦争か フロイド選集8改訂版 宗教論──幻想の未来 日本教文社)

福井 至 (2010). 社交不安障害の認知行動療法 坂野雄二・貝谷久宣・福井 至・不安抑うつ臨床研究会（編）不安障害の認知行動療法（pp. 65-78）日本評論社

Hamilton, E. W., & Abramson, L. Y. (1983). Cognitive patterns and major depressive disorder: A longitudinal study in a hospital setting. *Journal of Abnormal Psychology,* **92**, 173-184.

伊藤義徳 (2006). 感情と認知行動療法 北村英哉・木村 晴（編）感情研究の新展開（pp. 263-278）ナカニシヤ出版

伊藤義徳・長谷川 晃・甲田宗良 (2010). うつ病の異常心理学──再発予防とマインドフルネス認知療法の観点から 感情心理学研究，**18**，51-63.

Kabat-Zinn, J. (1994). *Wherever You Go, There You Are: Mindfulness Meditation in Everyday Life.* New York: Hyperion.

勝倉りえこ・伊藤義徳・根建金男・金築 優 (2009). マインドフルネストレーニングが大学生の抑うつ傾向に及ぼす効果──メタ認知的気づきによる媒介効果の検討 行動療法研究，**35**，41-52.

越川房子 (2010). マインドフルネス認知療法──注目を集めている理由とその効果機序 ブリーフサイコセラピー研究，**19**，28-37.

Kovacs, M., & Beck, A. T. (1978). Maladaptive cognitive structures in depression. *The American Journal of Psychiatry,* **135**, 525-533.

Miranda, J., & Persons, J. B. (1988). Dysfunctional attitudes are mood-state dependent. *Journal of Abnormal Psychology,* **97**, 76-79.

Mowrer, O. H. (1939) A stimulus-response analysis of anxiety and its role as a reinforcing agent. *Psychological Review,* **46**, 553-565.

中川敦夫 (2021). 統合失調症 子安増生・丹野義彦・箱田裕司（監修）有斐閣 現代心理学辞典（pp. 560-561）有斐閣

岡島 義・坂野雄二 (2008). 社会不安障害における安全確保行動の役割 行動療法研究，**34**，43-54.

大渕憲一 (2011). 新版 人を傷つける心──攻撃性の社会心理学 サイエンス社

Pavlov, I. P. (1927), *Conditioned Reflexes: An Investigation of the Physiological Activity of the Cerebral*

Cortex. Oxford University Press.

Rapee, R. M., & Heimberg, R. G. (1997). A cognitive-behavioral model of anxiety in social phobia. *Behaviour Research and Therapy, 35*, 741-756.

坂本真士（2005）．抑うつにおける臨床と基礎のインターフェイス――エビデンス・ベイストをめざして　坂本真士・丹野義彦・大野　裕（編）　抑うつの臨床心理学（pp. 29-48）東京大学出版会

坂本真士・大野　裕（2005）．抑うつとは　坂本真士・丹野義彦・大野　裕（編）　抑うつの臨床心理学（pp. 7-28）東京大学出版会

坂野雄二（2012）．不安障害に対する認知行動療法　精神神経学雑誌，**114**，1077-1084.

佐々木　淳・有光興記・金井嘉宏・守谷　順（2010）．社会不安障害の異常心理学と認知行動療法　感情心理学研究，**18**，33-41.

Schachter, S., & Singer, J. E. (1962). Cognitive, social, and physiological determinants of emotional state. *Psychological Review, 69*, 379-399.

Schlenker, B. R., & Leary, M. R. (1982). Social anxiety and self-presentation : A conceptualization and model. *Psychological Bulletin, 92*, 641-669.

Segal, Z. V., Williams, J. M. G., & Teasdale, J. D. (2002). *Mindfulness-Based Cognitive Therapy for Depression : A New Approach to Preventing Relapse*. The Guilford Press.（シーガル，Z. V.，ウィリアムズ，J. M. G.，& ティーズデール，J. D.（著）越川房子（監訳）（2007）．マインドフルネス認知療法――うつを予防する新しいアプローチ　北大路書房）

下山晴彦（2002）．臨床心理学における異常心理学の役割　下山晴彦・丹野義彦（編）講座　臨床心理学(3)　異常心理学Ⅰ（pp. 21-40）東京大学出版会

下山晴彦（2008）．臨床心理アセスメント入門――臨床心理学は，どのように問題を把握するのか　金剛出版

下山晴彦（2010）．これからの臨床心理学　東京大学出版会

下山晴彦（2014）．異常心理学の原因論　下山晴彦（編集代表）誠信心理学辞典（新版）（pp. 399-401）誠信書房

新村　出（編）（2018）．広辞苑　第七版　岩波書店

Skinner, B. F. (1938). *The Behavior of Organisms : An Experimental Analysis*. Appleton-Century.

Strack, F., & Deutsch, R. (2004). Reflective and impulsive determinants of social behavior. *Personality and Social Psychology Review, 8*, 220-247.

杉若弘子（2021）．パーソナリティ障害群　子安増生・丹野義彦・箱田裕司（監修）有斐閣　現代心理学辞典（p. 616）有斐閣

滝沢　龍（2014）．精神医学　下山晴彦（編）誠信　心理学辞典［新版］（pp. 401-403）誠信書房

丹野義彦（2001）．エビデンス臨床心理学――認知行動理論の最前線　日本評論社

丹野義彦（2002）．異常心理学の成立に向けて　下山晴彦・丹野義彦（編）講座　臨床心理学(3)　異常心理学Ⅰ（pp. 3-20）東京大学出版会

丹野義彦（2006）．認知行動アプローチと臨床心理学――イギリスに学んだこと　金剛出版

丹野義彦（2021）．異常心理学　子安増生・丹野義彦・箱田裕司（監修）有斐閣　現代心理学辞典（p. 28）有斐閣

Teasdale, J. D. (1985). Psychological treatments for depression : How do they work? *Behaviour Research and Therapy, 23*, 157-165.

Teasdale, J. D. (1988). Cognitive vulnerability to persistent depression. *Cognition and Emotion, 2*, 247-

274.

Teasdale, J. D. (1999). Emotional processing, three modes of mind and the prevention of relapse of depression. *Behaviour Research and Therapy*, **37**, S53-S77.

Teasdale, J. D., & Barnard, P. J. (1993). *Affect, Cognition and Change : Re-modelling Depressive Thought*. London : Lawrence Erlbaum.

Teasdale, J. D., Moore, R. G., Hayhurst, H., Pope, M., Williams, S., & Segal, Z. V. (2002). Metacognitive awareness and prevention of relapse in depression : Empirical evidence. *Journal of Consulting and Clinical Psychology*, **70**, 275-287.

VandenBos, G. R. (Ed.). (2008). *APA Concise Dictionary of Psychology*. American Psychological Association.（ファンデンボス，G. R.（監修）繁桝算男・四本裕子（監訳）(2013).　APA　心理学大辞典　培風館）

Watkins, E., & Teasdale, J. D. (2004). Adaptive and maladaptive self-focus in depression. *Journal of Affective Disorders*, **82**, 1-8.

Watson, J. B., & Rayner, R. (1920). Conditioned emotional reactions. *Journal of Experimental Psychology*, **3**, 1-14.

山崎勝之（2002).　発達と教育領域における攻撃性の概念と測定方法　山崎勝之・島井哲志（編）　攻撃性の行動科学——発達・教育編（pp. 19-37）ナカニシヤ出版

第 9 章

Chambless, D. L., & Ollendick, T. H. (2001). Empirically supported psychological interventions : Controversies and evidence. *Annual Review of Psychology*, **52**, 685-716.

Freud, S., & Breuer, J. (1895). Studies on hysteria. *SE*, **2**. London : Hogarth.

古川洋和（2014).　治療効果のエビデンスの考え方と臨床研究のデザイン　自律訓練研究，**33**，8-16.

Hallion, L. S., & Ruscio, A. M. (2011). A meta-analysis of the effect of cognitive bias modification on anxiety and depression. *Psychological Bulletin*, **137**, 940.

原田隆之（2015).　心理職のためのエビデンス・ベイスト・プラクティス入門——エビデンスを「まなぶ」「つくる」「つかう」　金剛出版

Hollon, S. D., & Kendall, P. C. (1980). Cognitive self-statements in depression : Development of an automatic thoughts questionnaire. *Cognitive Therapy and Research*, **4**, 383-395.

Kazdin, A. E. (1998). *Single-case Research Designs : Methods for Clinical and Applied Settings*. Oxford University Press.

Leahy, R. L. (2003). *Cognitive Therapy Techniques : A Practitioner's Guide*. Guilford Publications.

Oshima, F., Mandy, W., Seto, M., Hongo, M., Tsuchiyagaito, A., Hirano, Y., Sutoh, C., Guan, S., Nitta, Y., Ozawa, Y., Kawasaki, Y., Ohtani, T., Masuya, J., Takahashi, N., Sato, N., Nakamura, S., Nakagawa, A., & Shimizu, E. (2023). Cognitive behavior therapy for autistic adolescents, awareness and care for my autistic traits program : A multicenter randomized controlled trial. *BMC Psychiatry*, **23**.

Piotrowski, C., Sherry, D., & Keller, J. W. (1985). Psychodiagnostic test usage : A survey of the Society for Personality Assessment. *Journal of Personality Assessment*, **49**, 115-119.

坂野雄二（2011).　認知行動療法の基礎　金剛出版

丹後俊郎（2003).　無作為化比較試験　デザインと統計解析　朝倉書店

丹野義彦（2008).　認知行動療法とは　内山喜久雄・坂野雄二（編）認知行動療法の技法と臨床（pp.

2-8) 日本評論社

Wolpe, J. (1973). *The Practice of Behavior Therapy* (2nd ed.), Pergamon Press.

第 10 章

Green, L. W., & Kreuter, M. W. (1999). *Health Promotion Planning 3rd Edition An Educational and Ecological Approach.* Mayfield Publishing Company.

速水敏彦・木野和代・高木邦子（2004）．仮想的有能感の構成概念妥当性の検討　名古屋大学大学院教育発達科学研究科紀要（心理発達科学），**51**，1-8

Huffman, J. C., Mastromauro, C. A., Boehm, J. K., Seabrook, R., Fricchione, G. L., Denninger, J. W., & Lyubomirsky, S. (2011). Development of a Positive Psychology Intervention for Patients With Acute Cardiovascular Disease. *Heart International,* **6**, 47-54.

北山 忍（著）日本認知科学会（編）（1998）．認知科学モノグラフ9　自己と感情——文化心理学による問いかけ　共立出版

駒沢あさみ・石村郁夫（2014）．ポジティブ心理学的介入法の研究動向とその臨床的応用　東京成徳大学臨床心理学研究，**14**，169-178.

中間玲子（2013）．自尊感情と心理的健康との関連再考——「恩恵享受的自己感」の概念提起　教育心理学研究，**61**，374-386.

野口京子（2003）．健康心理カウンセリングの進め方　日本健康心理学会（編）健康心理カウンセリング概論（pp. 71-81）実務教育出版

Norem, J. K. (2001). Defensive pessimism, optimism and pessimism. In E. C. Chang (Ed.), *Optimism and Pessimism : Implications for Theory, Research, and Practice* (pp. 77-100). Washington, D. C. : American Psychological Association.

Prochaska, J. O., & DiClemente, C. C. (1992). Stages of Change in the modification of problem behaviors. *Progress in Behavior Modification,* **28**, 183-218.

Rogers, C. R. (1951). *Client-centered Therapy : Its Current Practice, Implications, and Theory.* Boston : Houghton Mifflin.（ロジャーズ，C. R.（著）保坂 亨・末武康弘・諸富祥彦（訳）（2005）．クライアント中心療法　ロジャーズ主要著作集2　岩崎学術出版社）

Rosenberg, M. (1979). *Conceiving the Self.* New York : Basic Books.

Rosenstock, I. M. (1974). Historical origins of the Health Belief Model. *Health Education Monographs,* **2**, 328-335.

坂野雄二（2011）．認知行動療法の基礎　金剛出版

佐々木雄二（1976）．自律訓練法の実際　創元社

Scheier , M. F., & Carver, C. S. (1985). Optimism, coping, and health : Assessment and implications of generalized outcome expectancies. *Health Psychology,* **4**, 219-247.

Seligman, M. E. P. (1999). The President's Address. APA 1998 Annual Report. *American Psychologist,* **54**, 559-562.

Seligman, M. E. P., Rashid, T., & Parks, A. C. (2006). Positive psychotherapy. *American Psychologist,* **61**, 774-788.

Snyder, C. R., & Lopez, S. J. (2002). *Handbook of Positive Psychology.* Oxford University Press.

津田 彰（2008）．科学的根拠のあるストレスマネジメントの理論と実際　長崎純心大学心理教育相談センター紀要，**7**，3-25.

内山喜久雄（1979）．自律訓練法と心理・教育　自律訓練研究，**1**，16-22.

吉田 亨（1998）．健康教育の動向　石井敏弘（編）健康教育大要（pp. 14-159）ライフ・サイエンス　センター

索 引

《監修者紹介》

なかざわ　じゅん
中澤　潤（監修者のことば）

植草学園大学・植草学園短期大学　学長

【主著】『*Applied Developmental Psychology : Theory, Practice, and Research from Japan*』
（共編著，2005年，Information Age Publishing）
『よくわかる教育心理学　第2版』（編著，2022年，ミネルヴァ書房）

さかもとしんじ
坂本真士（監修者のことば）

日本大学文理学部　教授

【主著】『抑うつと自殺の心理学──臨床社会心理学的アプローチ』（単著，2010年，金剛出版）
『「新型うつ」とは何だったのか──新しい抑うつへの心理学アプローチ』（編著，
2022年，遠見書房）

《編著者紹介》

あまやゆうこ
天谷祐子（第6章，編著者あとがき）

名古屋市立大学大学院人間文化研究科　准教授

【主著】『私はなぜ私なのか──自我体験の発達心理学』（単著，2011年，ナカニシヤ出版）
『発達心理学［第2版］（いちばんはじめに読む心理学の本③）』（共著，2019年，ミ
ネルヴァ書房）

お がわけんじ
小川健二（第1章，編著者あとがき）

北海道大学大学院文学研究院　准教授

【主著】『時を編む人間──人文科学の時間論』（共著，2015年，北海道大学出版会）
『有斐閣　現代心理学辞典』（共著，2021年，有斐閣）

ふるかわひろかず
古川洋和（第9章，編著者あとがき）

鳴門教育大学大学院学校教育研究科　准教授

【主著】『60のケースから学ぶ認知行動療法』（共著，2012年，北大路書房）
『エビデンスに基づく　認知行動療法スーパービジョン・マニュアル』（共訳，2022
年，北大路書房）

《執筆者紹介》＊執筆順

芦高勇気（第2章）
（あしたかゆうき）

西日本旅客鉄道株式会社鉄道本部安全研究所　研究員

【主著】『品質管理に役立つ統計的手法入門』（共著，2021年，日科技連出版社）

『職場がうまくいかないときの心理学100――チームリーダーにおくるマネジメント・ガイド』（共著，2023年，有斐閣）

沼田恵太郎（第3章）
（ぬまたけいたろう）

帝塚山学院大学総合心理学部　准教授

【主著】「高齢者の条件づけと学習――研究展望」（単著，2016年，『生老病死の行動科学』20巻，25〜35頁）

「テレビCMと古典的条件づけ」（単著，2018年，『心理学ワールド』83号，5〜8頁）

丹野貴行（第3章）
（たんのたかゆき）

明星大学心理学部　准教授

【主著】「The copyist model of response emission」（共著，2012年，『Psychonomic Bulletin & Review』19巻5号，759〜778頁）

「実験的行動分析と徹底的行動主義の関係性――概念分析」（単著，2021年，『行動分析学研究』35巻2号，111〜127頁）

小松さくら（第4章）
（こまつ）

元 中央大学研究開発機構　機構助教

【主著】「Rice and sushi cravings：A preliminary study of food craving among Japanese females」（単著，2008年，『Appetite』50巻2〜3号，353〜358頁）

『心理学からみた食べる行動――基礎から臨床までを科学する』（共著，2017年，北大路書房）

坪田祐基（第5章）
（つぼたゆうき）

愛知淑徳大学健康医療科学部　准教授

【主著】「完全主義と選択的注意の関連の検討――ドット・プローブ課題を用いて」（共著，2017年，『パーソナリティ研究』26巻1号，49〜60頁）

「完全主義と選択的注意における定位バイアス・解放困難バイアスとの関連」（共著，2019年，『心理学研究』90巻2号，137〜146頁）

谷　伊織 <ruby>谷<rt>たに</rt></ruby> <ruby>伊織<rt>いおり</rt></ruby>（第5章）

愛知学院大学心理学部　准教授

【主著】「バランス型社会的望ましさ反応尺度日本語版（BIDR-J）の作成と信頼性・妥当性の検討」（単著，2008年，『パーソナリティ研究』17巻1号，18〜28頁）

『心理学・社会科学研究のための構造方程式モデリング──Mplus による実践　基礎編』（共著，2018年，ナカニシヤ出版）

伊藤健彦 <ruby>伊藤健彦<rt>いとうたけひこ</rt></ruby>（第7章）

法政大学経済学部　准教授

【主著】「Effects of area differences of relational mobility on willingness to communicate in a second language : A multilevel analysis of japanese prefectures」（単著，2022年，『*Current Psychology*』42巻4号，31309〜31316頁）

「Effects of general trust as a personality trait on willingness to communicate in a second language」（単著，2022年，『*Personality and Individual Differences*』185巻1号，111286頁）

新井　雅 <ruby>新井<rt>あらい</rt></ruby> <ruby>雅<rt>まさる</rt></ruby>（第8章）

跡見学園女子大学心理学部　教授

【主著】『心理専門職によるアセスメントを基盤とした教師との協働的援助』（単著，2016年，風間書房）

「日本におけるスクールカウンセリング研究の動向に関する実証的検討」（単著，2022年，『教育心理学研究』70巻3号，313〜327頁）

佐瀬竜一 <ruby>佐瀬竜一<rt>させりゅういち</rt></ruby>（第10章）

和洋女子大学人文学部　教授

【主著】「オンライン指導を通して見えてきた自律訓練法の可能性と課題」（単著，2022年，『自律訓練研究』41巻2号，38〜44頁）

「役割交換書簡法における感情変容プロセスに関する理論的検討」（単著，2023年，『役割交換書簡法・ロールレタリング研究』6巻，9〜21頁）

心理学概論アップデート
──古典とその後の研究から学ぶ日常にいきる心理学──

2024 年 4 月 30 日　初　版第 1 刷発行　　　　　〈検印省略〉

定価はカバーに
表示しています

監 修 者	中	澤	潤
	坂	本	真士
編 著 者	天	谷	祐子
	小	川	健二
	古	川	洋和
発 行 者	杉	田	啓三
印 刷 者	坂	本	喜杏

発行所　株式会社　ミネルヴァ書房

607-8494 京都市山科区日ノ岡堤谷町 1
電話代表 (075) 581-5191
振替口座 01020-0-8076

ISBN978-4-623-08000-7

Printed in Japan

社会でいきる心理学　　　　　　　　　　　　A5判　274頁
　　　　　　　　　　　　　　　　　　　　　　本体 2500円
増地あゆみ 編著

絶対役立つ教養の心理学　　　　　　　　　　A5判　226頁
　　──人生を有意義にすごすために　　　　　本体 2500円
藤田哲也 編著

絶対役立つ教養の心理学　展開編　　　　　　A5判　226頁
　　──人生をさらに有意義にすごすために　　本体 2800円
藤田哲也 編著

絶対役立つ社会心理学　　　　　　　　　　　A5判　256頁
　　──日常の中の「あるある」と「なるほど」を探す　本体 2500円
藤田哲也 監修／村井潤一郎 編著

よくわかる心理学　　　　　　　　　　　　　B5判　370頁
　　　　　　　　　　　　　　　　　　　　　　本体 3000円
無藤隆・森敏昭・池上知子・福丸由佳 編
──────────────── ミネルヴァ書房 ────────────────
https://www.minervashobo.co.jp/